茨威格传记
作品集

海洋征服者
麦哲伦

CONQUEROR
of THE SEAS

THE STORY OF
MAGELLAN

[奥地利] 斯蒂芬·茨威格 —— 著

迲东晨　冯春波 —— 译

华中科技大学出版社
http://press.hust.edu.cn
中国·武汉

图书在版编目（ＣＩＰ）数据

海洋征服者：麦哲伦 /（奥）斯蒂芬·茨威格著；迮东晨，冯春波译. —— 武汉：
华中科技大学出版社，2024.5
（茨威格传记作品集）
ISBN 978-7-5772-0679-0

Ⅰ . ①海… Ⅱ . ①斯… ②迮… ③冯… Ⅲ . ①麦哲伦 (Magellan, Ferdinand
约 1480–1521) —传记 Ⅳ . ① K835.525.89

中国国家版本馆 CIP 数据核字 (2024) 第 085012 号

海洋征服者：麦哲伦　　　　　　　　　　　　　[奥] 斯蒂芬·茨威格　著
Haiyang Zhengfuzhe：Maizhelun　　　　　　　迮东晨　冯春波　译

策划编辑：亢博剑　田金麟
责任编辑：田金麟
责任校对：林凤瑶
责任监印：朱　玢
装帧设计：璞茜设计

出版发行：华中科技大学出版社（中国·武汉）　　　电话：（027）81321913
　　　　　武汉市东湖新技术开发区华工科技园　　　邮编：430223
印　　刷：湖北新华印务有限公司
开　　本：880mm×1230mm　1/32
印　　张：9.75
字　　数：206 千字
版　　次：2024 年 5 月第 1 版第 1 次印刷
定　　价：42.00 元

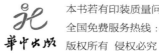

致　谢

当本书付梓时，有关麦哲伦的一部已酝酿多年的葡萄牙语纪实作品在里斯本面世。虽然我只能查看这部作品的开头部分，但我还是得感谢令人敬重的作者拉戈亚子爵（Visconde de Lagoa），他曾好心当面向我提供这部作品的信息。我还要感谢布宜诺斯艾利斯的卡纳西德子爵（Visconde Carnaxide），他给予我莫大的鼓励。里奥·巴格罗（Leo Bagrow）博士积极地协助我选择插图，克里斯蒂娜·罗尔（Christine Rohr）博士协助我翻译了附录中的文件，还有维也纳的欧根·奥伯胡姆（Eugen Oberhummer）教授，作为研究地理大发现时代的顶级专家，他甚至在这本书进入最后印刷环节之前就对它表现出兴趣，并积极参与了相关准备工作。

——S.Z.

环球航海第一人的姓名以多种形式流传下来。在葡萄牙文文献中，这位伟大的航海家有时被称为费尔南·德·马卡莱什（Fernão de Magalhãis），有时又被称为费尔南·德·马加良斯（Fernão de Magalhães）。开始为西班牙效力后，他交替使用 Maghallanes（马加利亚内斯）和 Maghellanes（马加雷亚内斯）这两个名字签署文件，制图师们随后又将这种西班牙文形式的名称拉丁化为 Magellanus。我不想用这些不必要的名称变体困扰我的读者，因此决定在本书中始终使用早已通行国际的半拉丁化形式——Magellan（麦哲伦）来称谓他。无独有偶，哥伦布的称谓已成为这方面的先例，很少有人称他为 Cristoforo Colombo（克里斯托福罗·科隆博）[①]或 Cristóbal Colón（克里斯托瓦尔·科隆）[②]。

---

① 意大利文变体。（以下除另有说明外均为译者注）
② 西班牙文变体。

我几乎总是用查理五世①这个耳熟能详的名称来描述哈布斯堡王朝的统治者，正是在他的支持下，麦哲伦的航行才最终成行。不过，在我叙述的这段历史最初几年，他还只是西班牙国王卡洛斯一世，尚未被加冕为神圣罗马帝国的皇帝。

---

① Charles V（1500-1558 年）：尼德兰君主（1506-1555 年在位），西班牙哈布斯堡王朝首位国王（称卡洛斯一世，1516-1556 年在位），德意志国王（1519-1556 年在位），神圣罗马帝国哈布斯堡王朝皇帝（1520-1556 年在位）。即位尼德兰君主之前，通称奥地利的查理。查理五世统治的领域包括西班牙（除本土外，还包括那不勒斯、撒丁岛、西西里岛和美洲殖民地）、奥地利、低地国家及名义上的神圣罗马帝国，还有非洲的突尼斯、奥兰等，他的帝国被称为"日不落帝国"。作为西班牙的国王，卡洛斯一世（西班牙文：Carlos I）在 1518 年重用在葡萄牙遭冷遇的航海家麦哲伦，并出资帮助麦哲伦进行环球航行。

引言①

　　书籍是在最丰富多彩的情感刺激下诞生的。有些人写作或为激情触发，或由感恩激励；痛苦、愤怒或烦恼也可能点燃必不可少的热情。好奇心经常提供写作原动力，通过描写人或他们的所作所为向自己解释这些情感的方式，获得心理上的愉悦。在很多情况下，一些不那么光彩的因素，如虚荣、贪婪或孤芳自赏，激起人们写作的欲望。每位写作者都应该仔细揣摩，是什么样的冲动，是何种寻求个人满足的欲望，促使他抑制不住地要将所思所想付诸笔端。就本人而言，我可以明确无误地指出我创作这部作品的内在推动力。迫使我这么做的是一种相当不寻常又非常强烈的情绪——羞愧。

　　事情的原委是这样的。去年，我期待已久的南美洲之旅终于成行。我对此行满怀憧憬：在巴西，一些世上最美丽的风景将呈现在我眼前；

---

① 本书中所有数据均参照原文，未做修改，因年代久远已无法考证。——编者注

在阿根廷，我会借此无与伦比的机遇面见许多神交挚友。单是这样的期待就足以令本次旅行终生难忘，何况另有诸多赏心悦目之情事伴随左右。海上风平浪静；我也借机在这快速航行且宽敞的邮轮上，摆脱了各种精神羁绊和日常烦恼，彻底放松身心。起初，我尽情享受着这身处天堂般的境遇。然后，在第七天或第八天，我开始意识到内心生发出一股挥之不去的烦躁感。天空永远那么蔚蓝，海面永远那么湛蓝和平静。在恼怒情绪的影响下，我渐渐感觉时间过得太慢了。我渴望早日抵达目的港；每天都迫不及待地想知道航海时钟被拨回了多少①；并因原本期望享受这种完全无所事事的日子却不能而感觉心烦意乱。我也厌烦了无日不见的老面孔，而邮轮上单调乏味的日常活动也使我难以忍受。向前，向前；再快点，再快点。这艘精致、舒适、快捷的蒸汽轮船行驶得太慢，已远远不能满足我内心的急迫。

然而，意识到自己的不耐烦时，我对自己的这种表现感到无比羞愧。"好好想一下吧，"我责备自己道，"你坐着最安全的船，进行着没有比这更加妙不可言的航行，身边满是世间各种奢华物品供你享用。日落后，如果你觉得船舱里有点冷，你只需打开开关，空气就会变暖。正午时分，如果觉得赤道的太阳灼热难耐，你只需走两三步，就可以进入阴凉的房间，让一直运转的电风扇迎面吹拂；只要再多走几步，你就能跳进游泳池享受清凉。晚餐时，你可以安闲地坐在这家

---

① 在海上，为了调整航程与目的地之间的时间差，船员通常会调整时钟，使它们与目的地的时区保持一致。在这里表示渴望时间快速流逝、快点到达目的地的心情。

　　　　　　　　　　　　　　海洋征服者麦哲伦

极尽奢华的移动酒店里，随意翻看菜单并挑选中意的食物和饮品；无论你想要什么——哪怕超出你想象的稀奇玩意——都能奇迹般地出现在你的面前。你想独处时，可以一个人静静地读书，或者聆听优美的音乐；你想有人陪伴时，可以去甲板上与人玩游戏。你得到了安逸和安全。你知道你旅行的终点，而且几乎每时每刻都知道你什么时候会到达目的地，知道那里有人正翘首以待，盼着你的到来。因此，同样地，无论是在伦敦、巴黎、布宜诺斯艾利斯还是纽约，任何一个人，只要想知道，都能随时查清此时此刻你置身何处。假如你不嫌费事，你还可以上几级台阶，进入无线电收发室，那里的工作人员会遵照你的指令，即刻向世界上几乎任何地方发出一个问题或一句问候，并在一小时之内得到你想要的回复。你如此不耐烦和忘恩负义，真该回忆一下以前的人们是怎样航行的。想想你现在的经历，再想想当年大无畏的航海家们在横渡这片海洋，为我们探知这个世界时的遭遇。当你想到他们的时候，相比之下，你难道不为自己的表现深感羞愧吗？试着想象一下他们当时扬帆起航的情景，乘着比渔船大不了多少的远洋帆船，去探索未知的世界，航行到无名之地，迷失在浩瀚无垠的海洋里，置身于险象环生的境地，经受狂风暴雨的冲击，并承受缺衣少食的艰难困苦。夜幕降临后周边没有一星灯火；除了微咸的温吞水——储存在大木桶中和偶尔得到的雨水补充，再无其他可以喝的；除了发霉的饼干就是腐臭的腌猪肉，再无其他可以吃的——而且即便是如此难以下咽的食物也并不能保证充足的供应。没有床，没有休息室；一路上不是闷热就是寒冷，更糟糕的是，水手们心里都清楚，他们在绵延无际的水上沙漠中踽踽独行。就这样过了好几个月、好几年，家里没有人知道他们究竟怎样了，连他们自己也不知道要去哪里。给养匮乏是他们如影随形的旅伴；死亡以各种形式在海上或陆地上紧紧追随着他们，随时要面对人类和自然界带给他们的危险。

月复一月、年复一年，他们屈身于空间有限的小船上，忍受着与世隔绝产生的无以名状的痛苦折磨。没有人会朝他们伸出援手。在汪洋大海上，他们会连续航行数月却不见片帆。他们势必会遇险，但不能指望任何人提供救助，只能凭一己之力脱困；假如他们遭遇船毁人亡，很可能没有任何人会记录他们的命运。"

是的，每当我开始回忆起早期海上征服者的航行时，我都对自己表现出的不耐烦感到十分羞愧。

这种羞耻感一旦被唤起，就会一直伴随着我余下的旅程。我的思绪从此便始终萦绕在这些无名英雄的际遇上。这使我渴望更多地了解那些最初敢于与自然力量对抗的人，阅读更多航海冒险家们探索未知海洋的故事，那些在我还是个小男孩时就痴迷的航海事迹。我去图书馆，随便挑了几本这类书籍。当我静心细读这些书时，心中冒出一个念头，也许这其中最值得称道的，是完成了在发现之旅中堪称最精彩探险活动的那个人——费迪南德·麦哲伦（Ferdinand Magellan），他率领五艘远洋帆船从塞维利亚出发，去探寻环球航行的航线。265 名义无反顾的男子汉登船远航，其中只有 18 人乘坐一艘破船侥幸回到了西班牙，而他们的船头却飘扬着凯旋的旗帜，这难道不是人类历史上最辉煌的一次伟大航程吗？

这些书中涉及麦哲伦的记述不多，就算有也肯定不足以令我满意。因此，我一回到家就继续潜心研究。在查阅了更多资料之后，我也越发吃惊地注意到，关于这一惊天之举的可信资料竟如此之少。就像以前多次发生在我身上的情形一样，我发现把这个故事讲述给别人，是让自己解开谜团的最佳方式。这就是本书的来源，我可以坦率地说，它最终得以付梓也出乎我的意料。因为在我查询了所有可用的资料之后，以及尽可能忠实地叙述这次伟大航程的过程中，我心中始终激荡着一种奇怪的感觉，那就是我一定是在描绘一幅奇幻的画面，一定是在叙述一个伟大的梦想、一则神圣的人类童话故事。然而，还有什么比一个看起来完全不可能的事实真相更好的呢？人类的惊天壮举总是带有一些不可思议的东西，原因很简单，它们极大地超越了普通人的能力；但正是通过创造奇迹之举，人类才能重新获得自信。

——斯蒂芬·茨威格

目 录
CONTENTS

1

NAVIGARE NECESSE EST ①

① 这句话来源于 Navigare necesse est, vivere non est necesse，拉丁文，意为"出海是必须的，但活着不是"。据希腊历史学家普鲁塔克（Plutarch）在《庞培传》的记载，公元前56年，格涅乌斯·庞培所率运粮队从非洲返航时，海上风暴袭来，众多船长见状心生畏惧，庞培下令起航时喊出了这句话。

对香料的追求开启了这一进程。

从罗马人在旅途和战争中初尝东方火辣鲜香、辛辣醉人的调味品之日起，西方世界的人们就发现他们的日常生活已经离不开印度香料了，家里的地窖和储藏室必须有足够的储备。由于缺少香料，北欧的食物极其单调乏味，这种状况一直持续到进入中世纪之后很久。又过了数百年，欧洲人才开始食用或引种如今随处可见的水果、块茎和其他产品。在那之前，欧洲人不知道这世上还有土豆、番茄和玉米。那时没有柠檬来调制酸味饮料，没有糖来增加甜味，还没有用来提神的茶和咖啡；即使在有钱有势的人家的餐桌上，也没有什么可以调剂口味的，只有永远单调的饕餮大餐——直到有一天，人们发现了一种奇妙的现象，只要添加一些来自东方的香料，少许胡椒、一点肉豆蔻粉、一小片生姜或肉桂，哪怕是用极粗劣的食材烹制的菜肴，都能带来一种出人意料、有益健康的刺激，促使麻木的味觉苏醒。烹饪基调成了难得的点缀，散布在犹如纯粹的高低音交替的酸与甜、浓与淡的滋味转换之间；仍未开化的中世纪味蕾一下子苏醒，再也离不开这些有着异域风味的调味品。人们对这些调料的需求量越来越大。一道菜如果没有加入大把胡椒，把食客的舌头辣得火烧火燎的，就不能算是做好了。就连啤酒也要用姜加重口味，而添加了香料的热葡萄酒让人觉得是在喝燃烧的液体。

然而，西方对香料和类似东方产品的需求并不仅限于厨房。欧洲的女人们消费着越来越多的阿拉比[①]甜香制品：浓郁的麝香、扑鼻的龙涎香、香气袭人的玫瑰油。她们要求织工和染匠给她们提供中国丝绸和印度花缎，金匠和珠宝商提供采自锡兰[②]的、光泽迷人的珍珠和产自印度的、光彩夺目的钻石。看似矛盾的是，天主教信仰的传播反而促进了东方产品的应用，因为在欧洲无数教堂用于献祭的数不清的香炉中，没有一个采用了欧洲本土出产的香料，每一个香炉点燃的都是经海路或陆路从阿拉伯半岛运来的香薰材料。同样，制售药品的药剂师们也不得不刻意强调他们有印度或黎凡特[③]的特效药，如鸦片、樟脑和昂贵的树胶脂，因为经验告诉他们，顾客们不会相信任何香脂或其他药物是真正有效的，除非在它们的陶瓷容器上用蓝色字母标着"阿拉伯的"或"印度的"这种具有魔力的词语。任何东方药物所具有的稀缺性、异国情调和毋庸置疑的高昂价格，都足以在西方增强其暗示的功效。在整个中世纪，欧洲人一听到诸如"阿拉伯的""波斯的"和"印度的"之类的词，立刻就会联想到那十之八九是精选的、精美的、尊贵的、珍贵的和昂贵的——就像18世纪的人听到"法国的"

---

① 阿拉伯半岛古时的称谓。
② 锡兰（Ceylon）：斯里兰卡的旧称。
③ 古时包括地中海东部岛屿及邻近诸国一带。

一词时的反应，当然只有法国本土之外的人才会这样。没有什么商品比东方香料更让人垂涎了，直到有一天，这些来自遥远东方的制品所散发出的神秘的异域气味似已彻底迷醉了欧洲人的头脑。

正因为印度货受到如此热捧，它们的价格也就水涨船高，而且有越发高昂的趋势。如今我们很难估量它们价格暴涨的情形，因为众所周知，关于这类事情的历史记载模糊不清，虚构成分居多，不足采信。也许对比一下香料的前世今生，比如胡椒，才能让我们认识到香料的价格曾高到多么疯狂的程度：在我们所处的时代，任何一家餐厅都会在每张餐桌上随意放些胡椒，就像不值钱的沙子一样任人取用，这种情景在 11 世纪是不可想象的，因为那时的胡椒金贵到要一粒一粒地数，绝对跟白银一样值钱。如今"胡椒租金"①只是象征性的租金，但以前可不是这样。许多邦国和城镇用胡椒记账，就好像它是白银或黄金。你可以用胡椒买地、当陪嫁，也可以换取城市自治权。许多亲王以胡椒的重量来评估他们的税收。在中世纪，如果你想描述一个人像克洛伊索斯②那样富得流油且生活奢侈时，就说他是个"胡椒袋"。

胡椒并非孤例，类似的产品还有生姜、肉桂和樟脑。药剂师在给它们称重时，通常会格外小心地关上窗户，生怕不期而至的一阵风吹走这些昂贵粉状物中的细微碎屑。在现代人眼里，这种高估香料价值

---

① 胡椒租金（Pepper-corn Rent）：源自英国并应用至今。租客在租用建筑或土地时，需交付很少量的一笔钱，以确定双方合约与业主的合法性。
② 克洛伊索斯（Croesus）：小亚细亚古国吕底亚（Lydia）王国国王（公元前 560- 公元前 546 年在位），以富有闻名。

的现象简直太荒谬了，然而，如果我们回想一下当初货物运输会遭遇何种艰难和风险的话，就会发现这种现象完全可以理解。在那些时日，东方与西方之间的距离长到无法估量。陆上的商道永远受到强盗的威胁，海上的贸易通道又难逃海盗的袭扰。整个旅程困难重重，商队和货船时刻面临着极大风险。

真是不可思议！每一粒胡椒、每一朵干花，从马来群岛的绿色植物开始，到被一位欧洲店主摆放在柜台上的最后一站，都要历经横渡大洋、翻山越岭的漫长旅程。在原产地，这些香料没有一种是稀有的。在地球的另一边，月桂叶生长在锡兰，丁香产自安波那岛[①]，肉豆蔻来自班达群岛[②]，胡椒植物则出自马拉巴尔——那里的这类植物就和我们故乡土地上生长的蓟一样，枝繁叶茂，随处可见。上述任何一种产品在马来西亚的一英担[③]与在西方的不足一茶匙等值。但是交易的货物要从一个人手中转到另一个人手中，而且每倒一次手都要加一次价；我们现在讨论的商品在到达最后一位买家，也就是消费者手上之前，必须穿过沙漠和海洋，经过许多人的手。一般来说，在整个交易环节中，第一道手所获最少——那个棕色皮肤的马来亚奴隶摘下鲜花，背着它们去市场；他付出了辛勤的汗水，得到的报酬却少得可怜。收获利润的是他的主人，一位伊斯兰教的商人从他的主人那里买下货物，

---

① 安波那岛（Amboina）：又名"安汶岛"，位于印度尼西亚马鲁古群岛南部。1521 年，葡萄牙人在此设立殖民点。
② 班达群岛（Banda）：由位于印度尼西亚班达海的十余座火山岛组成。
③ 英担（Hundredweight）：重量单位，1 英担约等于 112 磅，或约等于 50.80 公斤。

装上快速的三角帆船①，顶着热带阳光，从香料群岛出发，前往距今新加坡不远的马六甲②。这里盘踞着众多吸血蜘蛛中的第一个，海港之主，本地的苏丹，每个想要转运货物的商人都要先向他进贡。货主交过贡品后，他的香料才能被转移到另一条更大的货船上，然后利用由帆或桨推动的货船将这些货物运到更远的下一程，进入印度北方某个海港。这种连续转运要耗时数月，因为在这些纬度地带，帆船常因无风而停航，在晴朗无云的天空下静待一周又一周，或者眼看着飓风和海盗来袭，仓促逃离时因慌不择路而偏离正常航路。整个航程要穿越两三个热带海域，不仅苦不堪言，而且极其危险。通常，每5艘船中至少有1艘会在风暴中沉没或遭到海盗劫掠。然而，如果某次航行运气好的话，货船就可以最终穿过坎贝湾（Gulf of Cambay），绕过阿拉伯半岛南部海岸，并抵达亚丁港（如果最终目的地是红海和埃及）；或者（如果希望早点上岸）靠泊波斯湾入口处的霍尔木兹岛（Hormuz）。

但是，接下来的陆运与海运不相上下，行程同样艰难，也同样危险。成千上万的骆驼排成长队在这些海港等候着。它们依照主人的指示驯顺地跪下身，任凭人们把整包的胡椒或肉豆蔻，或者叫不出名的某种东西放到它们忍辱负重的背上。随后，这些四条腿的"沙漠之舟"继续向西北方向行进。这里的商路分为东西两条路线，走东线的比较多，

---

① 三角帆船（Prahu，马来文：Perahu）：Proa（变体），又名马来帆船，通常指东南亚和印度尼西亚常见的快速帆船，主要特征是配备一个舷外支杆和三角帆。
② 马六甲（Malacca，马来文：Melaka）：马六甲港，或马六甲海峡，又名麻六甲港（海峡），马六甲海峡位于马来半岛与印度尼西亚的苏门答腊岛之间，因马来西亚的著名古城马六甲而得名。

在持续数月的旅程中，阿拉伯商队经由巴士拉、巴格达和大马士革将印度货物运送到贝鲁特或特拉布宗[1]；走西线的商队则将货物运至沙特吉达（Jidda）和埃及开罗。这些穿越沙漠的路径十分古老，自法老和巴克特里亚时代以来，就为商队头领们所熟知。问题是，行商们都知道的线路，沙漠中的海盗——贝都因人，同样也了然于胸。只需一次大胆突袭，商队辛劳数月的成果就将荡然无存。此外，侥幸逃过沙尘暴和贝都因人并不算完，前路还有自认为依法行事的"强盗"等着他们。汉志（El Hejaz）[2]的埃米尔、埃及的苏丹，以及叙利亚的统治者，要求商队为通过他们地盘的每一个布袋进贡（而且数额不小）。据估计，仅埃及一地从香料过境贸易中获得的年收入就高达数十万达克特（Ducat）[3]金币。假设一支商队顺利抵达亚历山大港，它便有幸见到一群张着大口、伺机而动的"章鱼"——威尼斯商船队。事实将证明，他们既不是最后一批，也不是无足轻重的分食者。自从威尼斯人背信弃义最终导致竞争对手拜占庭衰微并覆灭之后，这个海上共和国逐渐垄断了横跨地中海的香料贸易。这就意味着以前直接运往目的地的货物，如今必须先被运送到威尼斯的里阿尔托市场，由那里的德国、佛兰芒以及英国的代理商竞相分销。然后，一辆辆宽轮的四轮马车载着

---

[1] 特拉布宗（Trebizond）：土耳其港口。

[2] 汉志：又译希贾兹，原为阿拉伯半岛上最早的王国，位于沙特阿拉伯王国西部沿海地带。因其辖区有伊斯兰发祥地麦加和麦地那而闻名于世。

[3] 达克特：近似足金，重 3.5 克左右。意大利威尼斯铸造的金币，于 12—13 世纪期间开始在威尼斯共和国流通。由于其便于铸造、携带、整理，价值又高，在中世纪欧洲得以广泛流通，一直被沿用到 19 世纪初期。

这些至少两年前就已在热带地区收获的珍稀物品，穿越冰天雪地的阿尔卑斯山口，跋山涉水，一路向前。最后，它们终究会落到西方零售商的手上，而这些零售商们在把它们交到消费者手上时，又大赚一笔。

1492 年，著名航海家和宇宙学家马丁·贝海姆①重访他的出生地纽伦堡市，并制作了那个闻名于世的纽伦堡地球仪。我们从这个地球仪上可以看出，当时印度的香料至少要倒 12 次手才能到达消费者的手中。不过，尽管有如此多的分食者，每个参与者都能从印度香料贸易中成功榨取足够丰厚的收益。香料贸易固然要克服种种艰难险阻，但依然是中世纪最赚钱的交易，因为这种商品的体积极小、利润空间极大。即使在出航的 5 艘船中，有 4 艘带着满载的财富沉入海底（以麦哲伦的远洋探险为例，只有 1 艘船成功环游了地球），即使有 265 人出发，其中的200 多人再也回不了家，丢掉性命的仍然只有水手和船长，丝毫不会影响商人们收获巨额财富。在乘风破浪快三年之后，就算 5 艘船中只有 1艘满载香料回了家，那 1 船货物就会带来可观的利润。在 15 世纪，一袋胡椒比一条人命还值钱；因为在那个时代，活人数量一如既往地充足，也因为人命不值钱而香料千金难买，商人们总是能大赚特赚也就不足为奇了；威尼斯的超级豪宅，以及富格尔②家和韦尔泽家族③宫殿般的府邸，

① 马丁·贝海姆（Martin Behaim，1459—1507 年）：德国地理学家、航海家，世界上第一个地球仪的制造者。为方便读者理解，本书中很多脚注补充了正文中人名缺少的部分。
② 雅各布·富格尔（Jakob Fugger，1459—1525 年）：德国商人、采矿企业家和银行家。
③ 韦尔泽家族（Welsers family）：15、16 世纪德国著名工商业和高利贷家族。在巴托洛梅乌斯·韦尔泽（Bartholomäus Welser，1488—1561 年）的主持下，家族财富和声名达到颠峰。

瓦斯科·达·伽马

无一例外地是由印度香料贸易带来的丰厚回报堆砌起来的。

但是，正如铁注定会生锈一样，投机商的心灵也会不可避免地遭受贪欲的腐蚀。每一种贸易优势、每一种垄断，都被潜在的竞争对手视为不公平的做法。热那亚人、法国人和西班牙人侧目以对将大运河成功打造成一条黄金水道的威尼斯人。这些贸易对手对埃及和叙利亚更是满怀不断加深的敌意，因为两国盛行的伊斯兰教在印度和欧洲之间筑起了一道难以逾越的屏障。它们严禁基督教徒的船只在红海航行，同时阻止任何信仰基督教的商人沿陆路前往印度群岛。这种禁令迫使异教徒或不信神的商人们通过土耳其和阿拉伯中间商做生意，这不仅导致欧洲消费者要承担无端加诸这些商品的额外成本，还使得基督徒商人本该赚取的利润也被无情地蚕食。另一个后果也很惊心，贵金属源源不断地流入东方，因为欧洲向东输送的制品远远抵不上印度奢侈品的贸易价值。哪怕仅仅是贸易逆差也已令人难以接受，西方世界越来越急于摆脱这种毁灭性且有辱尊严的控制，直到最后忍无可忍，直接采取强制手段予以终结。十字军东征并不完全或主要（像浪漫派艺术家所认为的那样）为了把圣城耶路撒冷从异教徒手中解救出来。欧洲基督教世界初次军事结盟的首要目的是破除伊斯兰教在红海设置的障碍，从而解放通往东方的贸易路线。鉴于这次尝试最终失败，同时也没能解除穆斯林对埃及的掌控，加之伊斯兰世界继续阻碍通向印度斯坦的商路，欧洲人另辟蹊径的愿望日益迫切，他们必须摆脱先知追随者的威胁，寻找一条直通印度斯坦的新商道。

从航海家哥伦布扬帆向西，冒险家巴托洛梅乌·迪亚斯[1]和瓦斯科·达·伽马[2]起航南下，到探险家约翰·卡伯特[3]从英格兰布里斯托尔出发，前往北美拉布拉多的航行，激励他们鼓足勇气、冒险远行的重要动力，源自西方人受到长期压抑的渴望，他们急欲摆脱颐指气使的穆斯林，开辟一条连接东印度群岛且畅通无阻的航线，希望这样一条新通道可以让基督教世界的贸易活动不再屈辱地受制于伊斯兰世界。每当人们有了重大发现或发明，当事人都相信自己是在道德冲动的压力下做到的，实则不然，真正起作用的是物欲。毫无疑问，哥伦布和麦哲伦的想法会给国王及其国务顾问们留下深刻印象，会让他们出于对宏大理想的推崇而赞赏这些探险家的构想。但是，假如这些探

---

① 巴托洛梅乌·迪亚斯（Bartholmeu Dias，约 1450-1500 年）：葡萄牙著名航海家，于 1488 年最早探险至非洲最南端好望角的莫塞尔湾（Mossel Bay）。
② 瓦斯科·达·伽马（Vasco da Gama，约 1460-1524 年）：开辟西欧直达印度海路的葡萄牙航海家。他奉国王之命，于 1497 年率船队从里斯本出发，绕过好望角，第二年抵达莫桑比克，并最终到达印度西南部重镇卡利卡特。
③ 约翰·卡伯特（John Cabot，约 1450-1499 年）：效命于英格兰的意大利航海家。他曾奉英王亨利七世之命，分别于 1497 年和 1498 年进行了探寻西北航道的航行，并为英国后来宣称拥有加拿大打下了基础。

险家的理想不包括发现一条令人向往的、通向黄金和香料之乡——东印度群岛的全新贸易路线的话，国王及其国务顾问们恐怕就不会慷慨解囊予以赞助，商业家们也不会大力支持这种冒险活动并出巨资装备船队。贯穿整个惊人的地理大发现和大航海时代的推动力其实是商业精神。航海英雄身后站着商人。除了亚历山大大帝，欧洲入侵印度的第一驱动力源自纯粹的世俗诉求。对香料的追求开启了这一进程。

古往今来，当一个人的天赋异禀邂逅一个时代的创造力，当一个人敏锐地把握住他那个时代勃发的创新精神时，就会发生奇妙的事情。在欧洲诸国中，葡萄牙是个独特的存在，历经旷日持久和可歌可泣的浴血奋战之后，它摆脱了摩尔人的控制，但还没有找到合适的契机以履行其在欧洲使命中的责任。尽管最终的胜利确立了它的独立地位，但在这个年轻而充满激情的国度，本应迸发的活力仍处在蛰伏当中；每一个新兴族群跃跃欲试的天然扩张意愿尚未找到出路。在陆上扩张的可能性受到西班牙人的遏制，尽管他们曾是朋友和兄弟，因此对于一个贫穷的小国来说，广阔的海洋提供了扩张和殖民的唯一出路。

哥伦布

乍一看，葡萄牙的处境似乎非常不利。根据托勒密的地理学体系（从公元 2 世纪末至中世纪末在欧洲居主导地位的学说），以滚滚巨浪不断冲刷葡萄牙海岸的大西洋，实际上是一片无边无际、无法航行的水域。托勒密还在他绘制的世界地图上宣称，沿着非洲海岸的南线也同样不适于航行。这位生活在埃及亚历山大城的地理学家——他在所有的大学里都拥有至高无上的权威——还教导说，赤道一带或它附近都不适合人类生活。无论是动物还是植物，都无法经受阳光直射。不宜居住的沙漠一直延伸到南极。环球航行的可能性也是不存在的，因为非洲大陆绵延向南并直接与"未知的南方大陆"相连。中世纪的地理学家们公认，在所有的欧洲沿海国家中，葡萄牙的位置最差，因为它处于唯一适航的地中海之外。

葡萄牙的一位王子发下宏愿，不惜以毕生精力推翻前人有关出航不可能的断论，并依照《圣经》中耶稣的话语，努力实现"在后的将要在前"[①]。虽说托勒密是地理学领域的权威，但他的论断就不会错吗？大西洋的巨浪常给葡萄牙海岸带来一些奇特的木头，它们一定曾生长在某个地方的，如此看来，也许大西洋并非无边无际，在它的尽头是一片未知的土地？也许赤道以南的非洲大陆是适合人居住的？也许亚历山大城的那位哲人存在认知偏差，竟错误地认定在这片未知大陆的南部不可能存在海上通道，也不可能有与印度洋联通的海路？倘若托勒密认知有误，那么，正是因为葡萄牙位于欧洲的最西端，它才注定成为所有发现之旅的起点。葡萄牙或将坐拥通往东印度群岛的最近航

---

① （But many who are first will be last; and ）the last first：见和合本《圣经·马太福音》第 19 章 30 节。

线；它非但可以积极展开活动去验证适航的可能性，而且在这方面享有得天独厚的优势，令欧洲其余诸国望尘莫及。

这个心愿一旦萌生，就成了葡萄牙的亨利王子[①]念念不忘的梦想。他决心要把小小的葡萄牙变成海上强国，并在大西洋（当时被认定为不可逾越的障碍）上开辟一条新的贸易通道，他也因此成为史上著名的航海家亨利王子。这一称号既名不副实又实至名归——名不副实，是因为亨利王子除了乘战船前往休达（Ceuta）的短途航行之外，再也没有乘船远航过，没有留给我们任何相关著述、任何涉及航海的论文，也没有亲手绘制一张地图；实至名归，是因为他把自己的全部财富都贡献给了航海事业，无愧于"航海家"的称号。他年轻时曾与摩尔人作战，因休达攻城战（1415 年）而一举成名。作为葡萄牙的巨富之一、葡萄牙国王若昂一世（又名伟大的若昂）的儿子以及冈特的约翰[②]的外孙，他本可以在政治上大展宏图，因为他会在欧洲任何一个宫廷里受到欢迎，而且英格兰曾想向他委以最高军事指挥权。然而，他性情古怪，又是虔诚的基督徒，偏爱独处和创造性的生活。他将自己的总部设在萨格里什——葡萄牙西南端靠近圣文森特角的一个小海港，并在当地建立了一个观象台，用于指导他的探险活动。在他的余生，

---

① 亨利王子（Prince Henry the Navigator，葡萄牙文：Infante Dom Henrique，1394–1460 年）：或依照葡萄牙文译为恩里克亲王，同时是维塞乌公爵（Duque de Viseu）。他因设立航海学校、召集航海专家设计制造新型帆船、绘制地图并制作航海器具而得名"航海家"。
② 冈特的约翰（John of Gaunt，1340–1399 年）：兰开斯特公爵、英格兰国王爱德华三世的第三子。

也就是直到他 1460 年去世前将近 50 年
的时间里，他一直在萨格里什指挥探索
未知海洋的伟大创举。

航海家亨利王子

　　我们也许永远不会知道这位勇敢的
梦想家哪来的勇气，竟敢挑战他那个时
代最伟大的地理权威，不仅怀疑托勒密
的观点，也不信任那些托勒密的追随者，
因为那些追随者们将托勒密有关非洲大
陆一直延伸至南极的论断奉为金科玉律。尽管如此，我们仍可以猜
测航海家亨利王子何以相信绕过非洲航行到印度洋是可能的。根据
希罗多德等史学家记述的一则传闻，早在法老时期，一支腓尼基船
队从红海向南航行，两年后，船队出人意料地通过赫拉克勒斯之柱[①]
返回。还有一种可能，亲王从摩尔奴隶贩子那里得知，越过利比亚
荒漠，在撒哈拉沙漠之外，有一片富饶的土地，摩尔人称之为"bilat
ghana"。1150 年，一位阿拉伯宇宙学家为西西里王国诺曼王朝的
国王罗杰二世绘制了一幅地图。在这幅留存至今的地图上，他将我
们现在称为几内亚（Guinea）的区域标为"bilat ghana"（现代的
"Guinea"一词，无论是"几内亚"这个地名还是"基尼"这个在

---

① 赫拉克勒斯之柱（The Pillars of Hercules）：又译海格力斯之柱，形容直布罗陀海峡两
岸边耸立海岬的短语。一般认为，北面一柱是位于英属直布罗陀境内的直布罗陀巨岩，而
南面一柱并无定论，一说是位于西班牙休达的雅科山，另一说是位于摩洛哥境内的摩西山。
古代人受腓尼基传说的影响，认为这两柱是已知世界的极限。

英国流通的金币的名称，都很可能源自摩尔语中意为财富的"ghana"一词）。另外，亨利王子很可能掌握了更丰富的知识，远超当时的老派地理学家们，他们因过于迷信托勒密而拒绝接受新知识，指斥马可·波罗及其同时代的阿拉伯人伊本·巴图塔[①]的著作为"旅行者的故事"而已。

航海家亨利王子的伟大之处在于，他明白自己设定的目标极其宏大，实现这些目标的难度极大；他不得不相信，在他有生之年不可能实现宏愿，因为仅仅是为此进行的准备工作就需要不止一代人的时间。假如对必经的海域一无所知，也没有适用的船只，怎么可能从葡萄牙航行到东印度群岛？当亨利王子着手这项工作时，欧洲人的地理和航海知识都贫乏到令人瞠目的地步。在西罗马帝国解体后的黑暗时代[②]，希腊人、腓尼基人和罗马人的宇宙观早已被人遗忘。亚历山大竟曾驻足阿富汗边境，并深入印度腹地，这听上去简直令人难以置信，像是虚构的寓言故事。罗马人精心绘制的地图不见了，他们筑造的通向西北方不列颠和东南方比提尼亚[③]的军用道路早已荒废了；湮灭的不止是旅行设施，还有他们出色的信息传递服务——不管是地理上的还是政治上的。人们不再渴望地理上的新发现，航海术也被弃如敝屣。那时

---

① 伊本·巴图塔（Ibn Battuta，约 1304-1377 年）：摩洛哥穆斯林学者、大旅行家。代表作《伊本·巴图塔游记》。

② 黑暗时代（Dark Ages）：也称为大迁徙时期，或中世纪早期，西欧历史的早期中世纪时期——狭义指西方在公元 476 至 800 年没有罗马（或神圣罗马）皇帝的时期；广义指大约 500 年至 1000 年之间的时期，其特点是战争频繁，城市生活几乎消失。如今"黑暗时代"一词因隐含价值判断很少被历史学家采用。

③ 比提尼亚（Bithynia）：小亚细亚西北部的一个古老地区、王国及罗马行省。

的人们由于缺乏大胆而远大的志向，没有指南针和航海图，只能驾着小船紧贴着海岸从一个港口驶入另一个港口，无时无刻不在担心海上风暴骤起或同样危险的海盗突然现身。宇宙地理学的状况如此凄惨，而船只又小得可怜，征服海洋以及海外土地纯属白日梦，根本无法实现，而这种令人感觉无望的现状又反衬出航海家亨利王子的伟大。长达数世纪的荒废必定需要一代人的努力和奉献予以补偿。亨利王子决心以毕生精力做好这件事。

　　亨利王子在萨格里什建造的城堡，横遭他的新发现的受益者弗朗西斯·德雷克爵士①摧毁，如今仅余几段残垣断壁。我们现在很难透过种种传说的迷雾，辨识出亨利王子当年是以何种方式为葡萄牙征服世界精心策划的。根据葡萄牙编年史家的记述（其中想必掺杂了不少想象的成分），他搜集了世界各地的书籍和地图，网罗了阿拉伯和犹太的能工巧匠，并指挥他们制备更好的仪器和航海图。每一艘进港船只的船长都要接受盘问，由此收集到的信息都要分门别类，记录下来；同时还装备了众多探险队。造船技艺也大大改进了。起初他们只能制造十分简陋、仅能装载 18 个人、名为"巴尔卡"②的无甲板小渔船，但没过几年，他们的技能得以迅速提高，可以建造拿屋船③了。拿屋船

---

① 弗朗西斯·德雷克爵士（Sir Francis Drake，1540-1596 年）：英国航海家、著名私掠船船长，据知他是第二位在麦哲伦之后完成环球航海的探险家。
② 巴尔卡（Barca）：中世纪欧洲地中海地区常见的一种轻木帆船，多作为沿海航行的渔船。葡萄牙人借鉴了阿拉伯的航海技术，对帆船进行了改良，建造了多桅小型快速帆船，即卡拉维尔船（Caravel）。
③ 拿屋船（Nao 或 Nau）：也称卡拉克帆船，是一种三桅或四桅远洋帆船。

弗朗西斯·德雷克

是宽体轻型帆船，吃水量从 80 吨到 100 吨不等，能克服恶劣天气，在公海航行。这些新型船只更适于远航，也需要新一代船长操控。每个船长都要配备一位"天文学大师"，后者作为航海专家，要具备理解航路指南，并依据当时技术的最高水平粗略判断经纬度的能力。逐渐地，昔日的普通渔夫通过系统的理论研读和实操训练，转变为航海家和探险家。正如马其顿国王腓力二世所做的那样，将所向披靡的马其顿方阵留传给他儿子亚历山大用以征服世界，亨利王子也将他那个时代最先进的帆船和一批优秀海员留传给了葡萄牙，用于探索无际的海洋。

然而，这就是先驱者悲剧命运的一部分，他们在离世前最多也就能遥望一下应许之地。航海家亨利王子没有活着看到任何一个伟大的发现，那些发现使他的祖国在地理大发现史上留下了不可磨灭的一笔。当他于1460 年 11 月 13 日在萨格里什去世时，几乎未取得任何具有重大地理意义的成就。被广泛宣传的亚速尔群岛和马德拉群岛的发现只是一次重新发现，因为早在 1351 年，这些岛屿就已标注在了美第奇 - 洛伦佐航海图上。①新型拿屋船小心翼翼地沿非洲西海岸向南航行，但在长达半个世纪的时间里也未曾到达赤道。在此期间，一些人开始做起小生意，交易品的一部分是白象牙，更多的是所谓的"黑象牙"——也就是在塞内加尔海岸发动突袭并抓获的黑人，这些人会被带到里斯本奴隶市场出售。有人还从非洲带回少量黄金。这些都算是亨利光荣梦想结出的不光彩的果实。

尽管如此，探险活动确实也取得了一项重大进展。葡萄牙航海的巨大收获不在于远航的距离，而是体现在精神领域，在于不断提升的进取精神，在于打破一个导致人无所作为的传说。水手们之间数百年间都流传着一个说法，大意是在西非海岸有一处地方是航海最远点，再往前就是航海禁区。它的远端是"不归角"（Cape Non），接着就是"绿色的黑暗之海"②，任何胆敢进入这些危险区域的船只都会被无情地吞噬。

那里会发生什么？沸腾的海水会融化船只接缝处的沥青和麻絮；木板和帆会在炙热的阳光照射下起火；每个试图进入如火山口般炽烈的"撒旦之地"的基督徒，都会被炙烤成黑炭般的模样。就因为这个

---

① 美第奇－洛伦佐航海图集收藏在美第奇－洛伦佐图书馆，包括世界地图、天文日历、14 世纪波托兰海图、爱琴海、亚得里亚海和里海的专业海图。图集注明日期为 1351 年。史学家们认为该图册由热那亚一位不知名的制图师于 1321–1370 年绘制。
② 黑暗之海（Sea of Darkness）：古代阿拉伯人对大西洋的称谓，一说它源自《古兰经》第 24 章 40 节描述不信道者的字句，称他们处于"如重重黑暗，笼罩着汪洋大海，波涛澎湃，上有黑云，黑暗重重叠叠"（the depths of darkness in a vast deep ocean, overwhelmed with billow, topped by billow, topped by [dark] clouds – depths of darkness, one above the other.）之中。阿拉伯史学家和旅行家马苏第（al-Mas'udi, ?–956 年）又在其著述中称之为"绿色的海"（The Green Sea）和"围绕的海"（The Circumambient Ocean）。

可怕传说，沿着非洲海岸的航行变得如此令人惊恐，以至于为了保证亨利王子为他的初期远航招募到船员，当年的教宗不得不预先宽免每个船员的罪。如此这般之后，亨利王子才招到几名勇敢的水手开启了最初的发现之旅。

因此，可以想象吉尔·埃亚内斯[①]带回来的捷报该是多么振奋人心，他第一次绕过了传说中无法通行的"不归角"，并报告称他发现了几内亚，从而证明著名的托勒密是个骗子，"因为沿这个海岸航行就和在家门口的海岸航行一样容易，而且这片土地十分富饶且壮丽"，航行禁区被打破了。葡萄牙不再需要强迫男人们登船远航，因为各地的冒险家们闻讯蜂拥而至。每一次成功的新航行都使水手们更加大胆。一群吃苦耐劳的年轻人开始迸发活力，他们不再算计风险，也不再计较代价。一如往常，当新一代人受到新工作的激励，整个世界就会发生转变。

亨利王子的去世只不过意味着海上探险的暂停，算是在下一次大举跨越前深吸一口气。1481 年，精力充沛的国王若昂二世刚一登基，就展示出了一股出乎众人意料的冲劲。曾经以蜗牛般的速度进行着的事情，现在就像狮子猎食一样快速推进。在此之前，探险家们都小心翼翼地沿着海岸线缓缓前行，但现在他们要大踏步前进，一年要探索一百甚至几百英里。也许只有我们——正在见证人类征服天空的壮举的这一代人，只有我们，在不到 30 年前还在为一架飞机上天的消息而欢欣鼓舞，它

---

① 吉尔·埃亚内斯（Gil Eanes 或 Gilianez Eannes，1395- ？ 年）：葡萄牙探险家。他奉亨利王子之命沿非洲海岸探航，于 1434 年越过博哈多尔角（Cape Bojador，即不归角），是第一个越过博哈多尔角并返回的欧洲人。

从巴黎战神广场起飞后在空中持续飞行了 5~10 英里；1909 年，我们曾因路易·布莱里奥驾机飞越英吉利海峡的消息而激动万分；接着，仅仅过了 18 年，我们又获悉人类第一次飞越大西洋的消息，以及从英格兰到澳大利亚的成功飞行——也许只有我们才能够有切身体会，当 15 世纪末，葡萄牙取得重大地理发现的消息传到欧洲各地时，整个欧洲究竟有多么兴奋。1471 年，他们到达赤道；1483 年，迪奥戈·康[①]在刚果河口登陆；1486 年，亨利王子的梦想终于变成了现实。葡萄牙航海家巴托洛梅乌·迪亚斯绕过了非洲大陆的最南端，也就是如今众所周知的好望角，但他当时将其命名为 "Cabo Tormentoso"（风暴角）是有充分理由的，因为他在此遭遇了十分恶劣的风暴。虽然他船上的帆被撕成了碎片，部分桅杆也折断了，但这位勇敢的冒险家不为所动，继续前往非洲东海岸的起点阿尔戈阿湾（Algoa Bay）。他在此地本可以把穆斯林领航员带上船，指引他横渡印度洋，但他手下的船员集体抗命，拒绝继续向前航行。至此他已经尽了全力。他满怀悲伤被迫返航，手下的怯懦使他与行至东印度群岛的欧洲第一人的荣耀失之交臂。这一壮举就只能留待另一个葡萄牙人——瓦斯科·达·伽马去完成了；在绝大多数情况下，人们只顾着为一项事业中的后来居上者欢呼，从而忘却它的创始人、运气不佳的开拓者。不管怎样，事已至此，决定性的行动已经完成了。人类首次确切描绘出了非洲的地理形状，并且冲破了托勒密权威的

---

① 迪奥戈·康（Diogo Cão，古葡萄牙文也作 Diogo Cam，1452-1486 年）：又译迪奥戈·卡姆，葡萄牙探险家。他于1482年8月成为第一个发现并深入非洲第二大河刚果河考察的欧洲人，也是第一个到达（1486年）非洲的克罗斯角（今纳米比亚附近）的欧洲航海家。

禁锢，探明了一条通往东印度群岛的海路。航海家亨利王子去世后，他的门徒和后继者用了一代人的时间实现了他们主人的夙愿。

现在，西方世界那满是惊讶和羡慕的目光都聚焦在这个小到迄今为止没人当回事、踞于欧洲西南角的水手之国。就在法国、德国和意大利等大国在毫无意义的战争中大肆挥霍自身力量和资源的同时，无异于灰姑娘的葡萄牙却在开疆拓土，大肆扩张自己的领地，似乎这世上再也没有什么能阻挡它扩张的野心。一夜之间，葡萄牙在全世界引起轰动，赢得了比任何行省都更广阔的新疆域。10年之内，这个在欧洲国家中最微不足道的小国名下的疆域，超过了罗马帝国扩张鼎盛时期的领土面积。

这种帝国诉求脱离现实太远，实现非分之想的任何实质性努力必然会迅速耗尽葡萄牙的国力。即使是一个小孩子都不难想到，仅凭如此小的一块国土，不超过150万的国民，葡萄牙绝无可能长久占领、殖民、管理非洲、印度和巴西，哪怕只是垄断与这些地区的贸易，更不用说守护住这些令其他国家垂涎的广阔领地了。一滴石油不能平息汹涌的海水①，一个针尖大小的国家也不能永久征服一望无际的领土。因此，从合理的角度来看，葡萄牙的无限扩张是荒谬之举，是一种危险的堂吉诃德式的扩张。但是，英雄主义的非理性本质注定会有这种

---

① 原文为"One drop of oil cannot calm the waters of a stormy sea"，源于本杰明·富兰克林所做实验的典故。据信富兰克林于1757年和1762年在海上旅行时偶然发现覆盖了一层油的海面显得更平静，这促使他后来在池塘和水库做实验以验证这一现象。19世纪时，海员们在海上洒油以平息海浪的做法一度流行。

表现，每当一个人或者一个群体投身于力所不能及的事务时，他们的能量就会随之爆发至令人意想不到的程度。

　　也许葡萄牙在 15 世纪末集结国力的空前壮举令任何一个国家都相形见绌。在这个伟大的时代，阿丰索·德·阿尔布克尔克①、达·伽马和麦哲伦等人建立的功勋和开创的伟业堪与亚历山大大帝和阿尔戈英雄②比肩；贾梅士③的史诗堪与《荷马史诗》相媲美，有"葡萄牙的李维"④之称的巴罗斯⑤声名远播。学者、建筑师和著名商人犹如雨后春笋一般在四面八方崭露头角。正如在伯里克利治下的希腊、在伊丽莎白治下的英格兰、在拿破仑治下的法国，这一天，葡萄牙实现了自身的理想，并实实在在地展现在世界面前。尽管它在英勇斗争中竭尽全力、大伤元气，并在后来数百年都虚弱不堪；尽管它现在以如此代价获取的一切，最终几乎全部被夺走，但有一点不可否认，它的荣耀在言行中得以证实。在短暂的一段历史时期内，葡萄牙曾是欧洲国

---

① 阿丰索·德·阿尔布克尔克（Afonso de Albuquerque, 1453–1515 年）：葡萄牙贵族、海军将领、葡属印度殖民地总督、果阿（Goa，位于印度西岸）和马六甲的征服者，为葡萄牙在印度洋殖民帝国的形成立下了赫赫战功，享有"东方恺撒""海上雄狮"和"葡萄牙战神"的盛誉。在去世前不久被葡萄牙国王曼努埃尔一世授予第一位"果阿公爵"的称号，成为第一位非王室出身的葡萄牙公爵和第一个葡萄牙海外领地的贵族。
② 阿尔戈英雄（Argonauts）：希腊神话中同伊阿宋（Jason）一道乘快船"阿尔戈号"前往科尔喀斯（Colchis）取金羊毛的 50 位英雄。
③ 路易·德·贾梅士（Luis de Camoens，约 1524–1580 年）：又译卡蒙斯，葡萄牙文学史上最重要的诗人，曾被塞万提斯誉为"葡萄牙的珍宝"。他的诗被与荷马、维吉尔、但丁和威廉·莎士比亚的作品相提并论，主要著作是史诗《卢济塔尼亚人之歌》（又译《葡萄牙人之歌》）。全诗共分 10 章，描写航海家瓦斯科·达·伽马远航印度的事迹。
④ 蒂托·李维（Titus Livius，公元前 59 - 公元 17 年）：古罗马著名的历史学家。他写过多部哲学和诗歌著作，但最出名的是他的巨著《罗马自建城以来的历史》。
⑤ 若昂·德·巴罗斯（João de Barros，1496–1570 年）：葡萄牙著名史学家，他的著作《亚洲四十年史》（*Décadas da Ásia*）是关于欧洲海外探险和殖民的杰作。

阿丰索·德·阿尔布克尔克

家中的佼佼者，是全人类的开路先锋。

现在，一国所行的大事，就是为万国所行的。大家无不感到，向未知地域的大胆推进已经终结了迄今为止盛行的度量、概念和距离。因此，在所有的宫廷和大学里，人们无时无刻不在盼望着里斯本传来的最新消息。欧洲非常清楚地认识到，航海和地理大发现将给世界带来比战争或重炮更具决定性的变化；延续了千年的中世纪即将走到尽头；而且整个世界正在步入一个新时代——"现代"，它将给人们的思考和行动提供一个全新的尺度。作为和平理性的倡导者，佛罗伦萨人文主义者波利提安具有敏锐的历史洞察力，他为葡萄牙所取得的辉煌成就高声欢呼，他那振奋人心的话语传达了整个教养良好的欧洲所要表达的感激之情：

"这个国家不仅将赫拉克勒斯之柱远远地抛在了身后，驯服了狂暴汹涌的大海，而且还将此前相互隔绝的人居地域重新联结为一个整体。更多的可能性和更快的经济发展，极大地扩充了人的知识面，一直被斥为不可信的古代真知灼见得以确认，如此美好的前景现在都变得可以期待！隐身数世纪的新国家、新海洋、新世界（alli mundi）兀然现形，葡萄牙已成为第二宇宙的守护者。"

但是一个不可思议的事件打断了这场捷报频传的运动。葡萄牙业已在东方赢得了这个"第二宇宙"，东印度群岛的王冠和财宝也已成了国王若昂二世的囊中之物。在绕过好望角之后，遥遥领先的葡萄牙似乎再无与之争锋的对手，或者说，那些国家除了勉为其难地尾随之外，再无超越葡萄牙的余力。亨利王子未雨绸缪，从教宗那里获得一份特许状，大意是从西非海岸博哈多尔角以外所有的陆地、海洋和岛屿均由葡萄牙独家占有，这个海角距离葡萄牙西南端的圣文森特角 300 里格①。继任的三位教宗均确认了这一非同寻常的馈赠，亦即教宗大笔一挥，便将不为人知的东方及其数亿个居民划为葡萄牙王室的合法财产。

那些自认为胜券在握的人不大可能再进行更多的投机。因此，毫不奇怪，葡萄牙国王若昂二世对一个名不见经传的热那亚人所提出的目标模糊的计划毫无兴趣，这个人请求国王组建一支船队，"以便探明从西边抵达东印度群岛的航线"。实际上，克里斯托弗·哥伦布在里斯本受到了友好的接见。他没有遭到粗暴的回绝。但王室清楚地记得，为寻找传说中位于欧洲和印度之间的西部小岛安提利亚而展开的多次探险均惨遭失败。此外，在经过多年艰苦的努力后，探险家们刚刚发现了正确的航线，同时在塔古斯河②上的造船厂里，人们正在加班加点地建造大型帆船，准备在未来几年内组成庞大的船队绕过好望

---

① 里格（league）：一种长度单位，古时候用来测量距离，1 里格约等于 5 公里。
② 塔古斯河（Tagus；西班牙文：Tajo）：塔霍河的旧称，又名特茹河，是伊比利亚半岛最大的河流。

角航行到印度，在这种情况下，为什么还要冒险花费宝贵的葡萄牙金币，去探求前往东印度群岛子虚乌有的西线呢？

因此，哥伦布探险成功的消息，对里斯本来说，不啻晴天霹雳：这位挂着西班牙国旗的热那亚冒险家居然成功横渡了"神秘莫测的大海"（Oceano Tene-broso），并在几个星期内发现了西边的陆地。奇迹发生了。塞内加①悲剧作品《美狄亚》中的神秘预言终于实现了，这个以拉丁文写下的预言在昔日的悠悠岁月中一直令水手们心驰神往。

Venient annis

Saecula seris, quibus Oceanus

Sincula rerum laxet et ingens

pateat tellus, Typhisque novos

Detegat orbes, nec sit terris

Ultima Thula.

……在遥远的岁月里，将会有一个时代，俄刻阿诺斯②将解除对万物的束缚，展示广阔的大地，泰西斯③将呈现新世界，那时图勒④将

---

① 塞内加（Lucius Annaeus Seneca，约公元前 4-65 年）：又译塞涅卡，古罗马政治家、斯多葛派哲学家、剧作家、雄辩家。
② 俄刻阿诺斯（Oceanus）：又译欧申纳斯。希腊神话中的十二提坦神（Titans）中的河神，其本身是一条环绕整个地球的长河。
③ 泰西斯（Tethys）：十二提坦神之一，三千海洋女神和几乎所有河流水源的母亲，俄刻阿诺斯的姐姐兼妻子。
④ 图勒（Thule）：传言，出生于马萨利亚（即今法国马赛市）的希腊商人皮西亚斯（Pytheas）探索了欧洲的西北海岸，他航海至北极圈，抵达了被他称为"图勒"的岛屿，意为极北之地。

不再是陆地的极限。事实上，他们似乎真的要来了。

　　哥伦布其实并不知道他发现了一块新大陆。直到去世的那一天，他仍然固执地认为自己抵达了亚洲大陆，而且从他命名的"海地岛"①继续向西航行，他就能在几天之内到达恒河口。但这也正是葡萄牙如此惊慌失措的原因所在。假如西班牙能够从西部另辟蹊径进入东印度群岛，那么授予葡萄牙从东部到达的全部土地所有权的教宗谕令还有什么用呢？亨利王子呕心沥血50年，以及他去世后继任者们又奋斗了30年所取得的成果，一下子就都付之东流了。这个热那亚人实在太可恶了，就因为他的鲁莽冒险，葡萄牙痛失东印度群岛。如果葡萄牙还想保留它在东印度群岛享有的优势和特权，拿起武器对抗这些出乎意料的成功对手是唯一出路。

　　幸运的是教宗成功化解了这一危险局面。葡萄牙和西班牙可以说是他最喜欢的孩子，因为这两国的国王从来没有试图违抗过他的旨意。他们全力与非洲摩尔人战斗，驱除了异教徒；他们以火与剑为武器铲除了异端；没有哪国政府能像葡萄牙和西班牙的那样，心甘情愿地帮助异端裁判所严惩摩尔人和犹太人。他心爱的孩子不能吵架。因此，教宗决定把世界上所有未探明地域分给西班牙和葡萄牙——不是依照

---

① "海地岛"（Hispaniola，西班牙文：La Española）：又译伊斯帕尼奥拉岛或西班牙岛。1492年12月5日，哥伦布首次踏足此岛，并以西班牙的国名命名它。1493年，哥伦布在该岛建立了欧洲人在美洲的第一个殖民地。

现代外交中虚伪的术语"势力范围"来划分，而是凭借他作为地球上的基督之代表的权威，毫无保留地将其中的居民、土地、岛屿和海洋全部赐予两国。教宗仿佛将地球当成了一只苹果，于1493年5月4日以一纸训谕将其切成两半。分界线从佛得角群岛以西100里格之处划起，这条线西边所有未发现的区域均属于他亲爱的孩子西班牙，东边全部未知的地域都属于他亲爱的孩子葡萄牙。起初，这两个孩子都为收到这份礼物表达了感激之情。然而，不久之后葡萄牙就开始感觉不对劲，央求教宗帮忙把这条界线稍微向西挪动一点。双方遂于1494年6月7日签署《托德西利亚斯条约》，按照该条约的规定，分界线向西移动了270里格。由于这种重新调整，即将被发现的巴西落入葡萄牙的主权范围。

乍一看，这种全然不顾他国任何诉求，大笔一挥就将一大块土地赠予两国的慷慨举动实在是够荒唐的。尽管如此，我们不能不赞赏这种和平解决问题的做法，这种史上罕见的一项合理行动起到了化干戈为玉帛的作用，以互谅互让替代了大打出手。此后多年，不，应该说是在后来的几十年里，《托德西利亚斯条约》都发挥着重要作用，从而避免了西班牙与葡萄牙之间可能发生的暴力冲突。当然，这种解决办法终究是临时性的安排，因为这毕竟不像切苹果那么简单。假如我们用小刀把苹果切成两半，切面的线条就会清晰地显现出来，但令世人垂涎欲滴、无比宝贵的香料群岛究竟落在了哪一半呢？它们位于另一半球对应的那条分界线的东面还是西面？

香料群岛会位于葡萄牙一边还是西班牙一边？在教宗划定分界线

　　　　　　　　　　　　　　海洋征服者麦哲伦

之时，无论教宗、国王还是智者都答不上来，因为那时的地球还没有被测量过。与此同时，在等待最终决定期间，两个对手狼吞虎咽着天上掉下的馅饼，并为此忙得不亦乐乎：这边是小小的西班牙要吞下美洲的大片土地；那边是小小的葡萄牙要吞下整个印度和非洲。哥伦布的成功航行让整个欧洲瞠目结舌。紧接着，整个旧世界陷入了空前的癫狂之中，人们开始疯狂地加入了冒险和发现的队伍。一个猛士的成就即将唤醒整整一代人的勇气。在欧洲，每一个对自己的经济状况和社会地位不满意的人，每一个觉得自己遭到冷遇且没有耐心等待时机的人：刚成年的男子、失业的军官、贵族的私生子，以及逃犯——个个都想去新大陆。王子们、商人们、投机者们都忙不迭地征集任何可用的船只，但与此同时又有必要与蜂拥而至的冒险家和游侠们保持一定距离，这些人都迫不及待地想要找到雇主。当年亨利王子为了招到足够的水手加入他计划的航行，不得不恳请教宗完全赦免参与者，如今，时代不同了，整村整村的人涌向海港，纠缠船长，招募水手的代理人几乎无法招架那些拼命要当水手的人。探险队一个接一个起航。仿佛被魔法召唤一般，四面八方都涌现出新的岛屿、新的土地，有些覆盖着冰雪，有些生长着茂盛的棕榈树。从西班牙的加的斯港和帕洛斯港，以及葡萄牙里斯本出发的几百条小船取得了前所未有的成就，它们在短短二三十年间探明的区域，超过了全人类在以往数万年，乃至数十万年间所发现的总和。

这些发现之旅所取得的无与伦比的重大成果简述如下：1498 年，瓦斯科·达·伽马在前一年绕过好望角之后，最终到达了马拉巴尔海岸的卡利卡特①。同年，约翰·卡伯特到达纽芬兰和北美大陆。1500年，悬挂西班牙旗帜的平松②和悬挂葡萄牙国旗的卡布拉尔③各自独立地发现了巴西，而步维京人后尘的葡萄牙人加斯帕尔·科尔特-雷亚尔④则到达了北美拉布拉多地区。

　　在16世纪的头几年里，又有了一连串令人惊叹不已的发现。两支葡萄牙探险队沿着南美洲海岸扬帆前行，最远到了拉普拉塔河一带，亚美利哥·韦斯普奇⑤是其中一支探险队的成员。1500年，葡萄牙人发现了马达加斯加；1505年，发现了毛里求斯；1509年，他们到达了马六甲，就此把进入马来群岛的钥匙抓在了手里。1513年，庞塞·德·莱昂⑥发现了佛罗里达；同样是在1513年，努涅斯·德·巴尔沃亚⑦登上达连山的顶峰，成为眺望太平洋的第一个

---

① 卡利卡特（Calicut）：科泽科德的旧称，又译卡利库特，印度西南部喀拉拉邦港口城市。古代以手工织布著名，18世纪输往英国的棉布被称为"卡利科"（calico），卡利卡特由此得名。

② 文森特·亚内斯·平松（Vicente Yáñez Pinzón，1462-1514年）：西班牙航海家和探险家，是美洲的共同发现者，也是第一位抵达巴西的欧洲航海家。

③ 佩德罗·阿尔瓦雷斯·卡布拉尔（Pedro Álvares Cabral，约1467-1520年）：葡萄牙航海家、探险家。

④ 加斯帕尔·科尔特-雷亚尔（Gaspar Corte-Real，1450-1501年）：葡萄牙探险家。人们认为他于1500年到达了格陵兰岛后，于1501年带着3艘帆船开启第二次航行，其中2艘船带着当地俘虏回来了，但他本人所在的船失踪了。

⑤ 亚美利哥·韦斯普奇（Amerigo Vespucci，1454-1512年）：又译阿美利哥·韦斯普奇，意大利航海家。

⑥ 胡安·庞塞·德·莱昂（Juan Ponce de León，1474-1521年6月）：西班牙征服者、探险家。德·莱昂曾随同哥伦布第二次前往新大陆，参与过征服格拉纳达的行动，并且是首任波多黎各总督。

⑦ 瓦斯科·努涅斯·德·巴尔沃亚（Vasco Núñez de Balboa，约1475-1519年）：西班牙殖民探险者。1513年，他率远征队穿过巴拿马地峡，并于当年成为第一个望见太平洋的人，称太平洋为南海。

欧洲人。

从那以后，再也没有未知的海域了。在短短一个世纪的时间里，欧洲航海家们的成就突飞猛进，增长幅度何止百倍，而是一千倍。就在 1418 年，在航海家亨利王子主持探险期间，当第一只巴尔卡船到达马德拉群岛时，它令世界震惊不已，到了 1518 年，葡萄牙船只已航行到了广州。人们很快发现，印度之旅

亚美利哥·韦斯普奇

的冒险性还不如前不久去往博哈多尔角的航行。已知世界的版图得以飞速拓展，已经不再是一年又一年的变化了，而是不折不扣的日新月异。地图需要接连不断地修订，奥格斯堡的制图人员没日没夜地拼命工作，疲于应付。刚制成的地图还没来得及晾干和着色，就被迫不及待的顾客拿走了。现在每个人都想得到"mundus novus"（新世界）的消息，因此人们也开始狂热地寻求各种游记和地球仪。就在宇宙学家们刚刚根据最新情报修改了他们的地图后，更新的情报又来了。他们只好扔掉旧图，重新绘制，因为曾经以为的岛屿现在被认定为大陆，需要在一块大陆上描绘新的河流和新的山脉；蚀刻师们手里的新图刚完工，新消息便传来，要求他们做进一步的修改。

在这 50 年里，地理学、宇宙学和制图学经历了史无前例的疯狂发展，在懵懂无知了漫长岁月之后，人类终于确定了世界的形状和大小，

旋转的地球是球状的这一事实也已毋庸置疑。那时的人们仅用了比一代人多一点的时间完成了这项工作，他们中的航海家曾直面各种未知的危险，他们中的征服者驯服了大陆和海洋，他们中的英雄完成了之前那个无所事事的世界遗留下来的众多任务。接下来就只剩下一件事要做了——最后一件、最好的一件，也是最困难的一件——驾着同一艘船环游世界，从而提供一个绝对无可辩驳的证据，一反以往宇宙学家和神学家的臆断，证明这个世界在形态上是准球形的。这将是费迪南德·麦哲伦的毕生事业。

2

麦哲伦
在东印度群岛

（1505 年 3 月 – 1512 年 6 月）

　　从里斯本出发，沿着塔霍河口驶向未知远方的第一支船队，展开
的是一次发现之旅；第二支船队奉命前往新并入的领地，与之建立和
平的贸易往来；第三支是全副武装、准备战斗的船队。这看似势不可
挡的三部曲在 1505 年 3 月 25 日这一天，正式进入下一个阶段，并且
成为即将到来的殖民时代的主旋律。在接下来的数百年间，同样的进
程不断重复：先在当地设立一家"代理商行"（那时的贸易站的称谓）；
接下来以保护商行的名义修筑一个要塞。当地的统治者起初都被一派
太平生意的前景迷惑了，然而，当调遣到"代理商行"的士兵达到一
定数量后，风向逆转，它们开始强取豪夺当地统治者名下的土地和其
他财产。葡萄牙被胜利冲昏了头脑，就这样还没过 10 年，就全然忘
记了当初它的首要目标只不过是在香料贸易中分一杯羹而已。运气不
错的赌徒很快就将他最初的善意抛在了脑后。从达·伽马踏上东印度
群岛土地的那一天起，葡萄牙的主要任务就是赶走围坐在饭桌前大吃
大喝的其他国家。因为它现在把整个非洲、印度和巴西都视为自己的

专属领地。从直布罗陀到新加坡和中国，只允许属于这个欧洲最小国的船只在这半个地球上经商。

1505 年 3 月 25 日，葡萄牙的第一支海军舰队驶离里斯本港，从而揭开了新帝国东征西讨的帷幕。此行的场面声势浩大、十分壮观，其历史意义也只有当年亚历山大大帝率大军横渡赫勒斯滂①海峡之举可以与之相提并论。这支葡萄牙舰队同样浩浩荡荡，因为毕竟它也怀有征服世界的雄心。共计 20 艘战舰整装待发，静候国王一声令下便可以起锚，扬帆远航；航海家亨利王子时期占据主流的敞开式"巴尔卡"小帆船已然退出历史舞台，取而代之的是宽体、重型盖伦帆船②。这种船具有多层甲板和高耸的艏艉楼，每艘船上都有三、四根桅杆，并配备了充足的人手。除了数百名接受过军训的精悍海员外，船上还有多达 1 500 名全副武装的装甲士兵，以及数百名投弹手或炮手。除了随船的木匠之外，他们还带上了其他工匠前往东印度群岛建造船只并修筑要塞。

每个旁观者一眼就能看出，声势如此浩大的这支舰队必定肩负着重要使命——夺取东方。将东印度群岛总督的头衔授予舰队司令弗朗西斯科·德·阿尔梅达③不是毫无来由的。葡萄牙的头号英雄和航海家、"印度洋海军上将"瓦斯科·达·伽马受托装备此次远征的舰队也并

---

① 赫勒斯滂（Hellespont）：达达尼尔（Dardanelles）海峡，是著名的土耳其海峡的一部分。
② 盖伦帆船（Galleon）：著名的西班牙大帆船。
③ 弗朗西斯科·德·阿尔梅达（Dom Francisco d'Almeida，1450-1510 年）：葡萄牙贵族和探险家、葡萄牙首任印度总督。他在航海与海战方面均颇有造诣。

非出自巧合。阿尔梅达身负明确的军事任务，他要取消和废除设立在印度和非洲的所有阿拉伯人的贸易点，在所有重要的战略要地建造要塞并部署足够的兵力驻防。考虑到英格兰未来的政治主张，他还将占领扼制所有内海的重要关口：封锁从直布罗陀到马六甲的主要海峡；封锁从红海和波斯湾进入印度洋的南部海湾，从而达到使所有非葡萄牙船只无法通行的目的。阿尔梅达还接到指示，要消灭埃及苏丹和印度王公的制海权；要严格控制东部港口，从公元1505年起，严禁未获得葡萄牙许可的船只运走一粒胡椒。在落实这些陆海军计划的同时，他要在被他征服的国土上传播基督教——这个计划使他的远征具有了十字军的性质。在里斯本大教堂，葡萄牙国王亲手将一面白底锦缎配深红色十字架的新旗帜，交给弗朗西斯科·德·阿尔梅达，这面旗帜将在他战胜了摩尔人和其他异教徒的土地上迎风飘扬。海军上将跪了下来接受这个崇高的象征，业已告罪并领圣体[①]的1 500个士兵也一同跪下，宣誓效忠他们的世俗主人——葡萄牙国王，以及他们的天主，他的王国要战胜异域不信者的王国。他们庄严地列队，从大教堂向港口进发。送行的礼炮轰然响起。随后，这些战船浩浩荡荡地沿着塔霍河顺流而下，驶入公海，驶向这位海军上将发誓要为葡萄牙征服的直到地球尽头的浩瀚领地。

在低头跪在祭坛前举手宣誓效忠的1 500个人当中，有个24岁的青年，名叫费迪南德·麦哲伦，此时他还没有在世界上扬名立万。

---

① 圣体（The Host）：在天主教的弥撒中或耶稣教在圣餐中经过"祝圣"的面饼。

关于他的身世，人们所知甚少，只知道他大约出生于 1480 年，出生地也是众说纷纭。编年史家曾经提到过葡萄牙山后省①的萨布罗萨（Sabrosa），但现在人们已知这是错误的，因为最新研究结果表明，提到那个出生地的遗嘱是伪造的。目前最靠谱的推测是麦哲伦出生于葡萄牙北部港口城市波尔图（Oporto）。关于他的出身，人们只知道他来自贵族世家，尽管只位列第四级，即"戴纹章的次级贵族"②。虽然等级不高，但也足以使他成为有佩戴纹章权利的人，从而有资格进入宫廷。他极可能在少年时充当过埃莉诺王后的侍童，只是没有证据表明他曾在宫廷中担任要职。当他在 24 岁成为东方远征军一员时，还只

麦哲伦

是一名普通的替补人员，是与 1 500 名海员们同吃同住的编外人员之一，或者说是成千上万个奔赴沙场的无名小卒之一。这些人中的绝大多数将为征服世界而献出生命，仅有十几个幸存者，但唯独麦哲伦最终传承了他们共同事业的不朽声名。

麦哲伦只是一千五百分之一的存在。他的姓名在涉及东印度群岛

---

① 山后省（Traz-os-Montes）：葡萄牙北部地区的山后－上杜罗省（Trás-os-Montes e Alto Douro）。
② 戴纹章的次级贵族（fidalgos de cota de armas）：其中 fidalgo 一词源自古葡萄牙文 filho de algo（某某的儿子），地位高于普通绅士或平民骑士但低于有爵位的高级贵族，是葡萄牙最低等级的贵族。

海洋征服者麦哲伦

战争的编年史中鲜有出现；说实话，也没人能说清楚他在那些年里究竟有什么作为，最多会含混不清地说他在那段时间积累了宝贵经验。一名替补人员是不可能受到优待的；他会被人当作干杂活的女仆那样任意使唤，将不得不在暴风骤雨中与同伴一起去收帆，与人轮换着往外抽水，置身于战斗的最前线，并在战火中和烈日下挖战壕。在"代理商行"里，他将交替着充当店主和哨兵；将不得不在陆地和海上与普通士兵和水手们并肩作战；在船上抛测深锤和登陆后仗剑拼杀，既服从命令又传达命令。就这样，他通过身经种种风险和履行各种任务，学习并掌握了战争和商业贸易的各种技能，身兼士兵、水手、商人等多个身份，获得了关于人类、土地、海洋和星辰运行的知识。天将降大任于他，便从身心两方面磨练他，于是当时机来临，他将被引入崇高事业当中，而那些事业也将使他母国的地位和人类对世界的了解定格在未来的几十年乃至几百年里。事情就这样发生了，在经历了几次劫掠之类的小打小闹之后，麦哲伦终于在 1506 年 3 月 16 日的坎纳诺尔①海战中受到了真正的战火洗礼。

坎纳诺尔战役是葡萄牙征服东印度群岛历史的一个转折点。1498年，当瓦斯科·达·伽马第一次抵达马拉巴尔海岸的时候，卡利卡特王国世袭君主扎莫林热情地接待了他，并诚心要与这个陌生人群的代表建立贸易联系。然而，这位葡萄牙人在 8 年后带着一支更庞大、装

---

① 坎纳诺尔（Cannanore）：坎努尔（Kannur）的旧称，印度喀拉拉邦沿海城市，曾是历史上重要的贸易中心。

备更精良的船队再次出现时，这位印度统治者很快发现，从西方来的这群陌生人不止是要贸易，还要征服并占领本地。印度本地和阿拉伯商人惊恐地意识到，一条令人生畏的梭鱼已经侵入了他们的鲑鱼溪，这些陌生人打算以陆地和海上的主人自居。出于对西方海盗的恐惧，东方的船只被迫停泊在港口里，香料贸易陷入停顿；经由沙漠路线通往地中海的陆路贸易随之中断；威尼斯的里阿尔托市场显然难逃厄运，利润丰厚的惯常贸易渠道被强行阻断。

埃及苏丹因此失去了过境费收入，他在情急之下就想通过威胁来解决这个问题。他写信给教宗，声称如果葡萄牙人不停止在印度洋的抢劫活动，他将摧毁耶路撒冷的圣墓教堂①以示报复。但是，无论是教宗还是其他任何欧洲的皇帝或国王都无法控制葡萄牙建立帝国的意志。只有武力才能遏制这些企图占领东印度群岛的征服者。因此，受害方的唯一出路就是联手抗击，消灭立足未稳的葡萄牙人。这次袭击由卡利卡特王国扎莫林策划和组织，暗中得到了埃及苏丹的支持，毫无疑问也得到了威尼斯人的大力协助，后者（出于利益重于血缘关系的考虑）秘密派出铸造大炮的能工巧匠前往卡利卡特。只要计划能顺利实施，葡萄牙的舰队将被一举摧毁。

然而，很多时候，一个小人物表现出来的机智和活力、一个貌似微不足道的人无意间的介入，就会彻底改变历史的进程。葡萄牙人碰

---

① 圣墓教堂（Holy Sepulchre）：又称圣墓大教堂或复活大教堂，是耶稣基督遇难、安葬和复活的地方。

　　　　　　　　　　　　　　海洋征服者麦哲伦

上了好运气，躲过一劫。当时有个意大利冒险家在世界各地游荡，这个人名叫卢多维科·瓦尔泰马，他胆识过人、精力旺盛，浑身散发着魅力。这个年轻人四海为家，不是为了满足自己的野心，而是纯粹出于天生的流浪欲望。他十分认真地说自己"不愿意只学习书本上的东西"，决心要"亲眼看看世界各地，因为无论传闻多生动，总是不如眼见为实"，他是第一个闯入麦加禁城的异教徒，他对禁城内部的描述至今仍被奉为圭臬。在经历了无数次坎坷和九死一生之后，他不仅遍访了印度群岛、苏门答腊岛和婆罗洲①（马可波罗早已造访过此地），而且还是踏上令人垂涎的香料群岛的第一个欧洲人——这一事实对麦哲伦后来的探险活动产生了重大影响。他假装是伊斯兰教徒借道卡利卡特回家，路上偶遇两个变节的基督徒，从他们那里获知扎莫林有意攻击葡萄牙人。在基督徒团结互助的精神感召下，瓦尔泰马冒着生命危险前往坎纳诺尔，在那里私下面见了总督阿尔梅达的儿子洛伦索。他提供的情报对葡萄牙人来说实在太重要了。1506 年 3 月 16 日，拥有 200 艘船只的扎莫林本打算向葡萄牙人的 11 艘战舰发动突然袭击，但当印度人出现在战场上时，他们发现葡萄牙人已摆出了战阵。这是葡萄牙人迄今为止所遭遇的最重大的袭击，在付出了 80 人战死和 200人负伤（对于第一次殖民战争来说，这是一个巨大的数字）的代价之后，他们最终赢得了胜利，并在印度洋上暂时占了上风。

麦哲伦也在这次战斗中负了伤，而且在这些年里，他注定会一次

---

① 婆罗洲（Borneo）：位于东南亚的加里曼丹岛的旧称，今属印度尼西亚、马来西亚和文莱。

又一次地受伤，却没有获得任何荣誉。他和其他伤员一起被送往非洲，此后便音讯皆无，不知所踪。这也并不稀奇，谁会关心一个替补人员的生死呢？毫无疑问，他是乘坐其中一艘运输船去的非洲，而且有可能（说法不一）在1507年夏天，乘坐同一艘船与瓦尔泰马一起前往里斯本。不管怎么说，他内心已经激荡着对远方的向往。葡萄牙是个枯燥乏味的地方，即便探亲假的时间并不长，但他早就心急如焚了，盼着下一支前往印度的舰队快点起航，带他回到真正的家乡——冒险。

　　这支新舰队接到了一项特殊任务，麦哲伦便跟随着它返回了东印度群岛。毋庸置疑，他的同伴，名头响亮的卢多维科·瓦尔泰马已经向葡萄牙王室通报了马六甲如何富得流油，并且详细描述了香料群岛的确切位置。葡萄牙当局这才醒过神来，如果不能把东印度群岛的财富源泉，也就是人们趋之若鹜的香料的原产地紧紧抓在自己手里，就不能说葡萄牙完成了征服大业，也不能最大限度地开发财富之源。为此目的，葡萄牙必须先拿下马六甲海峡，这里是进入马来群岛的咽喉要道。接下来的做法还是老一套，派往马六甲的第一支探险队不能表现出要打仗的样子，这种做法固然很虚伪，但已成了传统。葡萄牙国王先派洛佩斯·德·塞凯拉[①]率领仅有5艘船的船队，以经商为名，前往马六甲打探虚实。

---

① 洛佩斯·德·塞凯拉（Diogo Lopes de Sequeira，1465–1530年）：葡萄牙小贵族（Fidalgo），曾率第一支欧洲人的探险队进入马来西亚（旧称马六甲"Melaka"）。他于1508年率船队从里斯本出发，并于1509年到达马六甲。翌年，塞凯拉得知当地统治者苏丹马末沙（Sultan Mahmud Shah）打算派人暗杀他，便逃回了葡萄牙。阿丰索·德·阿尔布克尔以索取赔偿为借口，出兵攻占了马六甲。塞凯拉后来被任命为葡属印度总督（1518–1522年）。

1509 年 4 月，这支小船队顺利抵达印度斯坦。就在不到 10 年前，瓦斯科·达·伽马开辟了前往卡利卡特的航线时，人们争相传颂这一无与伦比的英勇事迹，如今，每个葡萄牙商船船长都有能力完成这段航程。从里斯本到蒙巴萨，再从蒙巴萨到印度北部，这已经成了任何一艘远洋船都能应付的航线。靠泊港口的操作已经很熟练，不需要引航员，也不需要什么"天文学大师"的指导。塞凯拉一直在科钦待到 1509 年 8 月 19 日，才再次起航，继续向东，驶入未知的水域。

在海上航行了三个星期零两天后，这支小船队于 1509 年 9 月 11 日抵达马六甲港。船员们远远望去，眼前的景象可以证实瓦尔泰马并没有夸大其词，他说过，进出这个港口的"船只比世界上任何其他地方都多"。各条水路上充斥着中国人的戎克船①、马来人的三角帆船和暹罗人的三桅帆船。马六甲海峡以东侧的"金色半岛"②为界，地理位置十分优越，马六甲也因此在东部海域成了一个重要的交通枢纽。马六甲堪称东方的直布罗陀，控制着通往马来群岛、南海、中国和日本的航线。因此，它自然而然地发展成了各种商品的集散地：摩鹿加③的香料、锡兰的丁香和红宝石、中国的瓷器和暹罗的象牙、印度斯坦的山羊绒和帝汶岛④的檀香、马拉巴尔海岸的大马士革

---

① 戎克船（Junk）：中国式帆船。
② 金色半岛（Golden Chersonese，拉丁文：Chersonesus Aurea）：今马来半岛（Malay Peninsula）。在托勒密绘制的世界地图上，马来半岛被称为"金色半岛"。
③ 摩鹿加（Moluccas）：印度尼西亚东部岛屿，今称之马鲁古群岛（Maluku），因盛产丁香、豆蔻等香料，被称为"香料群岛"。
④ 帝汶岛（Timor）：东南亚努沙登加拉群岛（小巽他群岛）中最大、最东的岛屿。

剑①和胡椒、婆罗洲的奴隶，等等。这里的人们说着世界各地的语言，各种肤色的人摩肩擦踵，估计有（可能有点夸张）20万人，苏丹的华丽宫殿和一座巨大的石制清真寺巍然耸立，与低矮的普通百姓的木屋形成鲜明对比。

　　葡萄牙人目瞪口呆地盯着这座巨大的城市，这颗默罕默德先知崇拜者手握的宝石，在热带阳光的照射下熠熠闪光。他们心想，这座城市注定要成为他们国王王冠上最耀眼的宝石，而他们的国王也将因此成为东方的葡萄牙皇帝。反过来，马来苏丹打量着不期而至的新型船只，同样惊讶不已，同时又深感不安。苏丹本人及其大臣们的不祥预感并非空穴来风。他们终于露面了，这些未受割礼的强盗，遭受诅咒的不信者竟然真的找到了马六甲。长久以来，卡利卡特扎莫林的军队遭难的消息早在此前就从宽阔的孟加拉湾那边传了过来。马六甲的君主非常清楚，这些可怕的外国人不止是（像飘洋过海来到这里的暹罗人、日本人和中国人那样）来这里做买卖的，而是为了寻找有利时机，先建立一个稳固的根据地，再露出本来面目，开始烧杀抢掠。有人建议谨慎为上，一开始就不让葡萄牙船只进入马六甲港，因为一旦放任入侵者进来会招致不可挽回的后果。然而，苏丹也听说过他们装备的重型火炮威力巨大，从海岸上就能清楚地看到那些看着瘆人、黑黢黢且无言的炮口。他知道这些白人强盗可以像魔鬼一样战斗，而且实际

---

① 大马士革剑（Damascened Sword）：采用剑身镶嵌金银并带有波纹装饰工艺制作的刀剑，因最早产于叙利亚大马士革地区而得名。

上也是无法抵抗的。那么，最好的办法就是用谎言对付谎言，以虚情回应假意，用欺骗反击欺骗，在他们集结兵力展开攻击之前，静候良机，出其不意地予以打击。

因此，马六甲的苏丹极其高调地热情接待了塞凯拉的使者，兴高采烈地接受了他们的礼物并且连声感谢。苏丹宣称，他由衷地欢迎他们的到来，他的市场完全对他们开放，可以在这里随心所欲地做生意。几天之内，苏丹就为葡萄牙人收集到了大量胡椒和其他调味品，足以让他们满载而归。他还殷勤地邀请船长们去他的宫殿参加宴会，虽然他的盛情邀请被拒（有人警告葡萄牙人这是鸿门宴），但士兵们和水手们满心欢喜地享受到了登岸假，他们终于可以在坚实的地面上活动一下腿脚，而且岸上还有许多随时投怀送抱、迎接他们的各色女人。能逃离臭气熏天的船舱简直是再惬意不过的事了！这些人坐在茶馆里聊天，在市场上买各自中意的物品，尽情享用马来人特制的酸饮料和本地的新鲜水果。自从离开里斯本之后，海员们还从未得到过如此盛情的款待。数以百计的马来人则划着怪模怪样的双体船，前来察看葡萄牙人的大帆船；他们像猴子一样熟练地攀上悬挂在船边的绳索，并惊讶地发现，船上竟然有这么多以前从未见过、新奇的洋玩意。双方随即开始了热热闹闹的物物交换。但好景不长，船员们得知苏丹很快就如约准备好了货物，塞凯拉可以在第二天早上派船去取货，并在当天傍晚之前装上船，心里别提多不痛快了。

塞凯拉听说事情这么快就办妥了非常高兴，随即派出 4 艘大帆船配置的小舢板，分派了充足的人手去取货。他是一个葡萄牙贵族，认为交易商品的事与自己的身份不符。因此，他留在原地，与他的一个同僚下棋，这是在船上度过漫长炎热的一天的最惬意的方式。另外 3 艘盖伦帆船也懒洋洋地停泊在原地。但是，葡萄牙舰队的第 5 艘船——较小的卡拉维尔帆船的船长加西亚·德·索萨突然发现了一个异常现象：马来人的三角帆船越来越多，围住了另外 4 艘大帆船，它们表面上是运货过来的，但越来越多棕色皮肤、赤身裸体的家伙正沿着船边的绳索往上爬。他顿时起了疑心。也许苏丹并没有看上去那么友好，他很可能要撕破脸，打算从陆地和海上偷袭葡萄牙舰队。

幸运的是，卡拉维尔帆船上的舢板没被派出去，索萨当即命令一个最可靠的手下立刻划船前往旗舰报警。索萨很有眼光，因为他选择的信使正是费迪南德·麦哲伦。他用力划过去，上船后发现塞凯拉船长正在平静地下棋，但他很快注意到，两位棋手身后都站着几个马来人，他们表面上是在观棋，实际上每个人手里都握着一把波状刃短剑。他凑近塞凯拉耳语几句，告知他有危险。塞凯拉不露声色，镇定地继续下棋，但悄悄命令一个水手去桅顶上察看，同时暗中握紧了手中的剑。

麦哲伦的警告直到最后一刻才发出，实际上已经有些迟了。就在这一刻，一股烟从苏丹的宫殿中升起，这是事先安排好的从陆地和海上同时攻击葡萄牙人的信号。在旗舰桅顶上瞭望的水手发出了一声惊恐的喊叫。塞凯拉猛地站起来，那几个马来人还没来得及动手就被他击倒了。葡萄牙人发出了战斗信号，所有爬上大帆船的马来人都被击落到了海里，其中一些人又爬上了三角帆船，并开始联手攻击葡萄牙人。眼看着来不及起锚，塞凯拉便下令放链，逼近敌人，船上的重炮齐鸣。多亏了索萨的警觉和麦哲伦的机敏，马来人图谋夺取舰队的偷袭行动失败了。

岸上的葡萄牙人就不那么幸运了，他们遭到突然袭击，散落在街上成千上万的敌人中间。当攻击信号发出时，大多数葡萄牙人被残忍地杀死，有些人被俘。侥幸逃到海滩的几个人，发现为时已晚，因为马来人已经扣押了所有舢板，这些逃无可逃的欧洲人一个接一个地落入马来人手中。他们当中只有一个人逃脱了，他就是麦哲伦的好朋友弗朗西斯科·塞朗。他被包围了，受了伤，眼看就要死了，但他以一当十，继续作战。就在生死攸关之际，麦哲伦与另一名士兵划船上了岸，这两人冒着生命危险来救他们的同伴。在两个朋友的救助下，塞朗幸免于难。在这次灾难性的袭击中，葡萄牙人失去了他们的舢板和超过三分之一的兵力。但是麦哲伦赢得了一个好兄弟，他的情谊和信任在麦哲伦未来的发展道路上发挥了重大作用。

一向默默无闻的麦哲伦崭露头角，展现出他最显著的性格特征之一。我指的是他的刚毅，那令人敬畏的果决。他没有丝毫情绪化的表现，也没有任何引人注目之处，这可以用来解释他因何在幕后呆了这么久，因为他毕生都躲在暗处。他既不懂如何惹人注目，也不知道该怎样赢得人心，总之他缺乏这方面的才能。然而，无论何时，只要他受命去做一件事，或者他自己想要做一件事，这位鲜为人知、神秘莫测的冒险家就会变成精明与勇气的完美化身，异常迅速地行动起来。尽管如此，他从不把自己推至台前，也不会自我吹嘘。在完成了营救塞朗这类事情之后，他便一声不响、不急不躁地退回阴影之中。既然他天生就沉默寡言，他还知道该如何等待，仿佛自己意识到，为了他注定要完成的特殊使命，命运将继续培养他，并以各种方式磨练他。确实，他很快就要经受新一轮考验。他刚一到达坎纳诺尔就投入了战斗，成为葡萄牙舰队最大战绩之一的亲历者，紧接着他又在马六甲经历了一场大劫难。现在，他的勇气又要经受第三次考验，而且是对于一个水手来说，最艰难的考验之一——海难。

麦哲伦早已决定等下一个雨季来临时，就搭乘定期客船回家，不料在终于踏上回家的旅途后，他乘坐的那艘船在夜里航行至拉克代夫群岛①后，在大伯杜瓦沙洲（也被称为佩德罗礁）的浅滩上搁浅。船上人员无一伤亡，但是船被撞散了架，由于小舢板上挤不下这么多船员，有些人被迫留在沙滩上，其他人则划着舢板返回马拉巴尔海岸求救。船长、军官们和有爵位的人自然都要求享受坐船离开的特权，但这激怒了那些"见习水手"，即普通海员。就在对立双方剑拔弩张之际，麦哲伦挺身而出，宣布自愿放弃乘船离去的特权，与被迫滞留的船员们共渡难关，条件是军官和绅士们必须承诺在他们上岸后立即派遣一艘船过来救援。

麦哲伦的这一勇敢举动似乎引起了他上司的注意，因为不久之后，在1510年10月，新任总督阿尔布克尔克有一次召集"国王的船长们"征询他们的意见时，麦哲伦跻身其中。在服役5年之后，麦哲伦这个替补人员总算脱离了普通士兵和水手的行列，被授予舰队军官的职务，

---

① 拉克代夫群岛（Laccadive Island）：位于阿拉伯海东南部。

而该舰队即将奉命起航，为塞凯拉在马六甲遭受的重创展开报复行动。

相隔 2 年之后，麦哲伦再次来到远东的"金色半岛"。1511 年 7 月 1 日，由 19 艘大帆船组成的精锐舰队一抵达马六甲，便展开了激烈的战斗。经过 6 个星期的激战，阿尔布克尔克成功击败了苏丹。这些远道而来的掠夺者不仅获得了远远超出想象的战利品，而且在占领马六甲港之后，为葡萄牙掌控了通向东部所有岛屿的航线。经此一役，阿拉伯人的贸易大动脉终于被切断，经营活动在短短数星期之内便告终结。伊斯兰世界把持了数百年的商贸往来遭受了致命打击，这个惊人的消息传到了东边的中国和日本，也传回了西边的欧洲。罗马教宗在聚集的信徒面前，庄重地感谢葡萄牙人，他们取得的辉煌成就为基督王国赢得了半个世界。罗马见证了自恺撒时代以来从未有过的重大胜利。葡萄牙派出的外交使团由特里斯坦·达·库尼亚①带队，来到罗马这座永恒之城，呈献了来自被征服的东印度群岛的战利品：宝马良驹、豹子和其他野兽，其中最珍贵的礼品是一头大象，它被人牵着走在队伍中，并在罗马民众的欢呼声中，冲着教宗跪了三次。

但是，当西方世界欢庆基督教世界的胜利时，葡萄牙并没有躺在荣誉簿上睡大觉。历史经验表明，没有任何征服者会因一时的成就而止步，在葡萄牙人眼里，马六甲只不过是进入香料群岛这座宝库的大

① 特里斯坦·达·库尼亚（Tristan da Cunha，葡萄牙语：Tristão da Cunha）：又译特里斯唐·达·库尼亚，葡萄牙航海家和海军将领。他于 1506 年发现了位于南大西洋的一个岛屿，并以自己的姓名将其命名为特里斯坦－达库尼亚岛，如今由该岛组成的特里斯坦－达库尼亚群岛是英国海外领地之一。

门而已。既然已经明火执仗地闯了进来，葡萄牙人的胃口大开，巽他群岛①和摩鹿加群岛已经成为接下来的征服目标。此外，富有近乎传奇色彩的安波那岛、班达群岛、德那第岛②和蒂多雷岛③更是葡萄牙势在必得的。在安东尼奥·德·阿布雷乌④的指挥下，3艘装备齐全的帆船起航，驶向他们要发现和占领的那些地方。一些当代编年史家提到麦哲伦参与了这次前往世界最东端的行动。然而，事实并非如此，此时麦哲伦的东印度群岛之旅已接近尾声。"够了！"他听到冥冥中传来的一声断喝。"你在东方表现出了足够高的热情，积累了足够多的经验！你需要开辟一片新天地！"他从未亲眼看到他一生梦寐以求的半神话般的香料群岛。尽管它们仍然持续浮现在他的想象中，但他从未目睹它们的真实景象。这个特别的"传说中的黄金国"⑤将会成为他心中挥之不去的幻象，一个变幻多端的梦想。但是，由于一些奇妙的机缘巧合，麦哲伦借助于弗朗西斯科·塞朗的兄弟情谊，了解到了香料群岛的点点滴滴，就当时的了解程度来说，几乎无人能及；而他的挚友在那里的冒险经历令他深深着迷，并吸引着他投身于那个时代

---

① 巽他群岛（Sunda Islands）：位于太平洋和印度洋之间，由大小巽他群岛组成，面积162万平方公里，是马来群岛的主要部分。如今分属印度尼西亚、马来西亚、文莱和东帝汶。
② 德那第岛（Ternate）：又译特尔纳特岛，位于印度尼西亚东北部，是一个圆形岛屿，半径约5公里。该岛属马鲁古省，曾是丁香种植中心和豆蔻贸易中心。
③ 蒂多雷岛（Tidore）：印度尼西亚马鲁古群岛中的一个岛屿，属马鲁古省。
④ 安东尼奥·德·阿布雷乌（António de Abreu，约1480–1514年）：葡萄牙航海家及海军将领。他在阿丰索·德·阿尔布克尔克麾下参加了1507年攻打霍尔木兹的战斗，以及1511年征服马六甲的战役。1511年11月，他率领探险队离开马六甲，前往马鲁古"香料群岛"。1512年，他带领第一支欧洲探险队到达了印度尼西亚的帝汶岛和班达群岛。
⑤ 传说中的黄金国（El Dorado，西班牙语，意为"The Golden One"）：旧时西班牙征服者想象中位于南美洲的黄金国，又称黄金城。

最伟大、最大胆的探险活动。

在充斥着战争和屠杀的葡萄牙血腥编年史中，弗朗西斯科·塞朗个人的独特经历画出了一道令人愉悦和平静的风景线，也会在麦哲伦的生涯中起到决定性作用。在那些既英勇又残暴的征服者中，这个自我流放的鲁滨孙·克鲁索式人物显得格外亲切。弗朗西斯科·塞朗在马六甲与即将回国的麦哲伦告别之后，便与其他船长一起扬帆出海，前往摩鹿加群岛。他们顺利到达了目的地，并受到当地人的热情款待。好战凶猛的伊斯兰信徒的文化还没有传到这些遥远的海岸。香料群岛的原住民赤身裸体，过着自然且与世无争的生活。他们没有铸造货币，也不看重钱财。头脑简单的岛民会用 100 公斤香料换取两三个铃铛或手镯，因此，葡萄牙人只接触了最初的两个岛——班达和安波那之后，他们的船就已装得满满的了。安东尼奥·德·阿布雷乌迫不及待地想把船上的宝物运送到安全的地方，于是决定不再去香料群岛中的其他岛，而是全速返回马六甲港。

也许是因为他太贪婪，导致船只超载。不管怎样，其中由弗朗西斯科·塞朗指挥的那艘船撞上了礁石，船体断裂。这场灾难是无法挽回了，所幸海员们都活了下来。这些被遗弃的人在礁石上四处游荡了几天，最终塞朗用计获得了一艘海盗船，众人这才乘船返回了安波那岛。这群狼狈不堪的流浪汉受到了土著首领的热情接待，一如他们初次趾高气扬地来到这里时那样。现在，弗朗西斯科·塞朗船长别无选择，必须搭乘常年在海上穿梭的众多中国式帆船之一返回马六甲，并重新听命于他曾宣誓效忠的主人葡萄牙国王。

然而，此处天堂般的美景和温馨的气候，严重削弱了他的军纪意识。他不再关心远在一万或一万二千英里以外的欧洲，是否有个君主会满心不高兴。他觉得自己已经为葡萄牙做了足够多的事，替人卖命的时间也足够久了。此时此刻，他要抓住机会，像这些富足岛屿上赤身裸体、无忧无虑的居民那样，享受自己的人生。就让其他水手和别的船长继续在海上航行，四处收集肉桂和生姜之类的香料，为外国商人付出自己的鲜血和汗水吧。就让他们，如果他们足够愚蠢并足够忠诚，继续在艰难困苦和重重危险中无脑拼杀，以便里斯本的豺狼能够搜刮更多税收吧。他，弗朗西斯科·塞朗，曾经的葡萄牙海军战船船长，已经受够了战争、冒险和香料贸易。于是，他不声不响地纵身一跃，脱离了英雄的世界，跳入诗情画意的世界，决心与这些友善的野蛮人一起，过一种完全原始、极其闲适的生活。德那第国王授予他的都督头衔并没有让他觉得是什么负担。他唯一要履行的职责就是在战时充当军事顾问。作为回报，他得到了一所自己的房子，里面有足够的奴隶和一个漂亮的棕色皮肤的妻子，两人后来生养了几个混血的孩子。

　　这位新时代的奥德修斯[①]在他棕色皮肤的女神卡吕普索的怀抱中生活了多年，不曾受任何建功立业野心的滋扰，一心享受着天堂般的

---

① 奥德修斯（Odysseus）：又名俄底修斯，是古希腊神话中的英雄，对应罗马神话中的尤利西斯。是荷马史诗《奥德赛》的主角，曾参加特洛伊战争，献计攻克了顽抗 10 年的特洛伊。战后，他在海上漂流了 10 年，其间遭遇沉船，幸被希腊神话中的海之女神卡吕普索（Calypso）救起。女神爱上了奥德修斯，求他留在自己身边，并承诺给他永生。因惦念着家乡的妻子，奥德修斯拒绝了女神的爱意，后者只好用魔力迷惑他，把他留在身边一起过了整整 7 年天堂一般的生活。

美好生活。这个逃离西方文明的流亡者，直到 9 年后去世的那一天，也没有离开过巽他群岛。在葡萄牙的大时代中，他未必是众多征服者和船长中表现最英勇的，但可能是其中最有智慧的、生活最幸福的。

一开始，弗朗西斯科·塞朗归隐田园生活的举动，似乎并没有影响到麦哲伦的生活和事业。不过从实际情况看，这个好朋友享受生活的抉择对麦哲伦的人生造成了决定性的影响，进而影响到了海洋发现史。隔着浩瀚无际的大洋，这对友情深厚的朋友始终保持着联系。只要有机会经由马六甲寄信至葡萄牙，塞朗就会给麦哲伦写一封热情洋溢的长信，详细描述他的新家多么富有、生活得多么惬意。

"我在这里发现了一个新世界，比瓦斯科·达·伽马的世界更富有、更伟大。"塞朗写道，他已经被热带风情彻底征服了，并恳请他的朋友辞去收入微薄的工作，告别欧洲，尽快到香料群岛和他团聚。正因为塞朗在信中的详细描述，麦哲伦掌握了巽他群岛的精确地理方位和统计数据，他对这个区域的了解程度超越了其他任何一个欧洲人。我们几乎可以肯定，也正因为麦哲伦与弗朗西斯科·塞朗保持着密切联系，他才碰巧发现了这样一个问题：假如沿着哥伦布自西向东的航线，而非瓦斯科·达·伽马自东向西的航线走，是否更容易抵达这些位于如此遥远的东方的岛屿？

这两个朋友就此事商谈到了什么程度，我们无从得知。毫无疑问，他俩共同制订了某种计划，因为塞朗去世后，人们在他的文件中发现了麦哲伦的一封信，麦哲伦在这封信中承诺尽快赶到德那第，"如果葡萄牙不给我机会，就去别处找机会"。于是，在塞朗的诱导下，一个人开始为一个想法和不解之谜着了魔，而这个想法决定了这个人的命运。

在印度前线服役 7 年后，麦哲伦带着全部收获回了家：那个挥之不去的想法、晒黑了的身体上的几道伤疤，以及在马六甲买的一个马来奴隶。1512 年，当这位久经沙场的士兵终于回到了阔别多年的里斯本，看到与 7 年前完全不同的里斯本和面貌一新的葡萄牙时，他一定惊讶不已。他一到里斯本的贝伦区，就发现一切都那么新奇和陌生。原来的那座低矮的小教堂（早年人们曾在此为瓦斯科·达·伽马航行祈福），已经被一座宏伟壮观的大教堂所取代，这是印度香料贸易给葡萄牙带来巨额财富的第一个显著标志。不仅如此，变化无处不在。

7 年前，在塔霍河河口几乎见不到几条船。如今放眼望去，到处都鼓荡着风帆。造船木匠用锤子敲打的叮当声在船厂里回响，因为工匠们正忙着装备新的更大规模的船队。港口里桅杆林立，上面飘扬着欧洲各国的旗帜。码头上的仓库都堆满了货物。成千上万的人在街上来来往往，街道两旁是一排排新建的宫殿。每个作坊里的人们都在叽叽喳喳地议论征服东印度群岛的事。里斯本这座昔日的外省小城市，如今华丽变身，成了世界上举足轻重的首都之一，也是奢华之乡。乘坐敞篷马车的女士们炫耀着产自印度的珍珠项链；衣着华丽的侍臣们步履匆匆赶往王宫；这个还乡的士兵很快就意识到，他和战友们在东方洒下的鲜血，好像通过某种神奇的炼金术，在这里被转化为黄金。当他们头顶热带的烈日，在前线浴血奋战，受尽磨难，忍饥挨饿并万念俱灰的时候，里斯本借着他们拼杀的结果成了亚历山大港和威尼斯城的后继者，而"幸运儿"曼努埃尔一世现在是欧洲最富有的君主。

一切都改变了。一切都变得更加奢华，更加倾向于促进消费和花天酒地的享受，仿佛作为战利品的香料给它带来的黄金插上了翅膀。然而他本人，费迪南德·麦哲伦，回来时与离开时没什么两样，仍是一个"无名之卒"，一身脏兮兮、血迹斑斑的破衣服；没人盼着他回来，没人感谢他，也没人迎接他。在东印度群岛服役 7 年后，麦哲伦作为一个陌生人回到了家乡。

葡萄牙国王曼努埃尔一世

3

他宣布
放弃效忠葡萄牙

（1512 年 6 月 –1517 年 10 月）

英雄时代从来不是温情脉脉的。那些英勇无畏的征服者将整个世界纳入了西班牙和葡萄牙的版图，但两国国王对他们毫无感激之情。哥伦布戴着镣铐被押送回塞维利亚；科尔特斯失势；皮萨罗①被谋杀；第一个目睹了太平洋的欧洲人巴尔沃亚遭斩首；葡萄牙战士和诗人贾梅士曾像塞万提斯一样，在污浊不堪的监狱里度日如年。地理大发现时代忘恩负义的表现实在令人费解。那些曾经为了夺取蒙提祖马二世②的珠宝和印加帝国的财富而战斗的士兵和水手们，大部分人已埋骨异乡，而有幸回到家乡的少数幸存者则沦为乞丐和跛子，在加的斯、里斯本和其他海港的巷子里游荡，浑身脏污且无人照顾，就像肮脏的流浪狗一样被人踢来踢去。一直栖身于安全的宫殿中的侍臣们，怎么可

---

① 弗朗西斯科·皮萨罗（Francisco Pizarro，约 1478-1541 年）：西班牙殖民者，开启了南美洲（特别是秘鲁）的西班牙征服时期，也是秘鲁首都利玛的建造者。
② 蒙提祖马二世（Montezuma Ⅱ，约 1475 – 1520 年）：又译蒙特祖马二世或蒙特苏马二世，古代墨西哥阿兹特克的第九任君主。他曾一度称霸中美洲，后败于西班牙征服者埃尔南·科尔特斯，阿兹特克文明就此灭亡。

FERD·CORTES·INDOR·DOMITOR

埃尔南·科尔特斯

能会顾念士兵和水手们取得了怎样的战功呢？他们在宫中过着雄蜂的日子，用赌博打发时光，直到有一天，他们被任命为殖民地的地方行政长官，或者新省份的总督。接下来，他们不失时机地开始利用职务之便中饱私囊，并将当年殖民地的战士和开疆拓土的军官当作累赘推到一旁，认为他们在外拼杀多年，精疲力竭之后居然还回来，简直愚不可及。

麦哲伦身经坎纳诺尔、马六甲等大大小小许多战役，并且为了葡萄牙的胜利，曾数十次在紧要关头挺身而出，将自己的安危和健康抛在脑后，但这些付出到头来都毫无价值。麦哲伦回到家后发现，他的出生入死并没有为他赢得更多尊重。只是因为他有贵族血统并在早年做过"王室侍童"（criagao do Rey），才有幸重新加入退休人员或施赈人员行列，起初只是级别最低的"初级侍从"（mozo fidalgo），每月津贴仅有区区 1 000 雷阿尔[①]。不久之后，大概是在他吵闹了一通之后，他升了一级，成为"持盾侍从"（fidalgo escudeiro），每月津贴也提高到了 1 850 雷阿尔。另一个说法称他实际上晋升为"骑士侍从"（cavalleiro fidalgo），每月津贴 1 250 雷阿尔。这种华而不实的称号并没有附带任何权利或义务，只是让他有资格游走在王家接待室里。

---

① 雷阿尔（Reis，单数是 Real）：旧时葡萄牙和巴西的货币单位，9 葡萄牙雷阿尔 =1 美分。

但像他这种值得敬仰又志向高远的人，绝无可能长期满足于这样一份收入微薄的"工作"。因此，认识麦哲伦的人都确信他不会放过任何一次重新服兵役的机会。

不过，就连这种机会，他也得耐着性子等了将近一年。1513年夏天，曼努埃尔国王开始组建一支远征摩洛哥的庞大军队，希望一举歼灭摩尔人海盗，这位东印度群岛的老兵立即前往报名入伍。从这一决定可以看出，他再也受不了自己无所事事的现况，急于有所改变。此前麦哲伦参加的几乎全是海战，而且他已经成为那个时代最有经验的航海家之一，他在陆战方面完全找不到用武之地。此外，在这支进军阿则摩的部队中，他只是一名没有独立指挥权的初级长官。这次的情形与他去东印度群岛时完全一样，他同样不在首发人员名册上，但总是投身于最危险的境地。这次出征麦哲伦也受了伤（是他从军以来第三次受伤），是在肉搏战中受的伤，而且伤势非常严重。左膝关节的一条重要肌腱被长矛刺断，留下终身伤残。

一个无法快速进退的瘸子从此失去了在前线的价值。麦哲伦本可以光荣退役，并领取一笔丰厚的补助金。然而，他坚决要求继续服役，为国效力，于是他奉命与另一名军官联合担任军需官之职，负责照料大批从摩尔人那里抢来的马和牛等牲畜。其间，他们遇到了一件倒霉的事。一天夜里，羊群突然少了十几只羊。一时间，海外军中传言四起，麦哲伦及其战友偷偷转卖了一些战利品给摩尔人，或者玩忽职守让敌人进了羊圈。无独有偶，诈欺国家这种卑鄙的罪名，也曾被葡萄牙殖民局用来指控那个时代另一位杰出的葡萄牙人，诗人贾梅士。他们两人都曾在东印度群岛服役多年，假如真有心贪污和侵吞公物的话，他们享有数不清的机会，但是他们从"传说中的黄金国"回家时同样一贫如洗，他们的荣誉也同样受到可耻和无端的怀疑和玷污。

然而，麦哲伦要比性情温和的贾梅士坚韧得多，因此他肯定不会甘当牺牲品，也不愿意被囚禁几个月。麦哲伦也不像《卢济塔尼亚人之歌》的作者那样，不敢直面自己的敌人。他一听说有人要公开指控他，就离开部队，返回葡萄牙为自己辩护。

麦哲伦回国的意图既不是悔罪，也无意认罪。事实上，他一到里斯本，就求见国王，不是为了自证清白，而是要求得到更好的岗位和更高的薪水，因为他深知自己的能力和优点。他又一次浪费了两年时间，又一次在与敌拼杀时受了伤，而且这次还成了瘸子。曼努埃尔没有给他当面提要求的机会。国王早已收到非洲最高统帅部的通报，这位狂妄的下级军官擅自脱离了摩洛哥远征军。因此，曼努埃尔国王拒绝接见麦哲伦，同时严令他返回非洲的部队，听命于最高统帅部。军令如山，麦哲伦只得从命，并乘下一班船回到阿则摩。在抵达军营后，他未受任何调查，也没人向他提出任何指控。没有人敢指控这个忠心耿耿的战士；因此，在得到最高统帅部明确许可后，麦哲伦带着所有的战争荣誉，怀揣能够证明他的清白和出色服务的文件，再次回到了里斯本——这一次，很自然地，内心痛苦又平添了几分。他非但没有实现出人头地的梦想，反而招致人们的猜忌；他没有得到嘉奖，只得到了伤疤；他长期默默无闻，一直在幕后工作。但是现在，当他年满35岁时，他已经没心思为他本应享有的东西据理力争。

麦哲伦明智的做法应是返回里斯本后不立即向曼努埃尔国王报告，也不重提前不久才被轻蔑地拒绝的要求。他最好先把自己的想法埋在心里，在宫廷中寻求同盟，设法笼络能帮助自己的人。但是麦哲伦天生就不会虚与委蛇和投机取巧。尽管我们对他的个性所知甚少，但可以肯定，他身材矮小、鲜为人知、沉默寡言，完全缺乏取悦权贵或让下属喜欢他的技巧。不知何故，曼努埃尔国王总是对他怀有敌意，甚至连忠实的安东尼奥·皮加费塔[①]也不得不承认他的同僚和属下都憎恨他。他不懂得如何微笑，如何显得和蔼可亲，如何让自己有求必应，如何以富有感染力的方式申明自己的想法。他寡言少语、态度内敛，总是笼罩在孤独的乌云之中，而他始终独来独往的表现使得他深陷于冷遇、失礼和不信任的包围当中。他的伙伴们隐约感到，虽然他沉默不语，但在他的内心深处，潜藏着一种奇特而无法描述的野心。他将自己深藏起来，让人捉摸不透，从而导致人们对他心存重重戒备，认为他比那些大张旗鼓地争权夺利的人要可怕得多。在他那冷峻、深陷的双眼和被浓密胡须遮掩的嘴巴后面，总是隐藏着某种东西——一个无法穿透的谜团。那些年复一年地把自己隐藏在神秘之中、刻意避免自然流露喜怒哀乐之情的人，总是让人觉得很阴险。从一开始，麦哲伦就因为自己的讳莫如深而在自己与他人之间构筑了壁垒。任何人都很难全心全意地拥护他的事业，并心甘情愿地与他并肩前行；也许这

---

① 安东尼奥·皮加费塔（Antonio Pigafetta, 1491- 约 1534 年）：意大利水手和探险家，麦哲伦环球航行幸存下来的人之一。

个孤苦伶仃的人感觉自己过得更难，因为他的这种性情迫使他持续陷入孤独而无法自拔。

小贵族费尔南·德·麦哲伦（Fernão de magalhãis）缺乏保护人和赞助人，孤身一人求见国王的举动意味着他就此走上了一条宫廷中所有人都极力回避的途径——既无铺垫也未经人引荐。曼努埃尔一世接见了麦哲伦，地点恰好是他的前任国王若昂二世接见并拒绝了哥伦布的那间王座室，甚至有可能是同一个王座上。在同样的地方，重现了当年的情景。因为这个矮小、健壮、宽肩膀、黑胡子的葡萄牙人，这个眼神深邃正拜见曼努埃尔国王的人，心怀与那个热那亚外国人同样值得重视的想法，也同样受到轻视并遭到回绝。事实上，在勇气、决心和经验方面，麦哲伦很可能比他更著名的前辈哥伦布更胜一筹。

这次重要的觐见没有目击者，但同时代编年史家们的描述基本一致，这使我们能够透过时间的迷雾看到王座室里发生了什么。我们可以想象跛足的麦哲伦一瘸一拐地走向王座，随后鞠躬行礼，递给陛下一份文件，以无可辩驳的事实表明他受到了虚假和恶意的指控。他紧接着提出了第一个要求，鉴于他再次负伤，且伤情使他不再适合服现役，因此恳请国王将他每月的养老金数额增加半个古鲁扎多（葡萄牙的一种银币，价值相当于英国的 1 先令）。这是一个微小到近乎荒唐的要求，一个骄傲、顽强、雄心勃勃的人竟然为如此蝇头小利卑躬屈膝，实在有失体面。麦哲伦关心的当然不是银币，或者说半个古鲁扎多，而是地位和荣誉。在这个宫廷里，每个人都在为地位和权力而斗争，一定数额的贵族补助金，表明他置身于他的"moradia"（住所）之中，象征着他在王室中的地位。麦哲伦现年 35 岁，是参加过印度和摩洛哥战争的老兵，他不愿意担任比那些毛头小伙子们更低级的职位，他们的工作就是递给曼努埃尔一世一个洗手盅，或者打开陛下所乘马车的车门。他从未摆脱傲气，也正是因为自傲，他不能容忍年龄更小、能力不如他的人占有更高的地位。

然而，国王凝视着这个急不可耐的请求者，不由得皱起了眉头。富有的曼努埃尔一世与麦哲伦一样，根本没把一枚银币当回事。让他恼火的是这个人的态度，他没有低声下气地乞求，而是急火火地要求得到一项权利；这个人不愿意等到国王有一天大发慈悲，主动提高他的补助金，而是态度生硬地提醒国王他应立刻就享有所谓的正当权益。那好吧，就让这个顽固的家伙等下去，直到有一天他学会怎样谦卑地求别人。就因为这一念之差，葡萄牙国王拒绝了麦哲伦的要求，尽管他通常以"el fortunado（幸运儿）"的绰号广为人知，但他在这件事上大大失算了，没有预料到他当时省下的半个古鲁扎多最终会让他付出多少万达克特的代价。

此时，请求者本该知趣并退出了，因为国王已满脸愠怒，这预示着再说什么都未必有好结果。但是麦哲伦并没有躬身退下，离开王座室，而是骄傲地在曼努埃尔一世面前挺起胸膛，毫无顾忌地提出了他的第二个请求，这才是他最感兴趣的一个请求。他问国王是否可以给他在王室谋个职，当然是值得做的职位，因为他觉得自己还太年轻、精力充沛，不想从此以后在王室中养老，靠领救济过活。如今每月，甚至每周都有船只驶往东印度群岛、非洲，或者巴西。把其中一条航线的指挥权交给他似乎再合理不过了，因为世上恐怕没有第二个人能像他那样对东方航线了如指掌。当然，除了达·伽马，里斯本肯定没有，整个葡萄牙也没有这样一个人可以夸口说自己比麦哲伦更了解相关事务。然而，曼努埃尔一世对这个急于服侍他的人早已失去了耐心，对麦哲伦那冷酷而富有挑战的眼神忍无可忍。他断然拒绝了麦哲伦的请求，甚至断绝了他对未来抱有的任何希望。费迪南德·麦哲伦不可能得到任何为葡萄牙效力的机会。

一切都结束了。纠缠不休的请求者遭到了第二次拒绝的打击。但是麦哲伦还另有所求，第三项与其说是请求，不如说是探询。麦哲伦想知道国王陛下是否反对他去为别国效力，在那里他可能会找到晋升的机会。曼努埃尔一世的回答令人寒心，他无比冷漠地说没什么可以反对的。这无异于说麦哲伦最好放弃在葡萄牙宫廷从事的任何活动；他仍然可以得到微薄的津贴，但对国王来说，麦哲伦离葡萄牙越远越好。

由于这次觐见没有第三方在场，我们不知道麦哲伦是否在当时、后来或者更早的时候向君主透露了他正酝酿的计划。也许他没有机会详细说明他的计划；也许他确实和盘托出了，但没有得到任何鼓励。无论如何，麦哲伦毫无疑问向他的出生地表达了善意，也证明了他要为葡萄牙抛头颅洒热血的诚挚愿望。正是国王傲慢无礼的拒绝，迫使他丢掉了全部幻想，做出了每一个具有创造性气质的人平生至少要做一次的重大决定。

当麦哲伦像一个被拒绝的乞丐一样离开王宫时，他知道自己不能再等待、再犹豫下去了。他已年满 35 岁，饱经陆上的武士或海上的水手所能经历的一切。他四次绕过好望角，两次从西边绕过，两次从东边绕过。他一次又一次地冒着生命危险；他受了三次重伤。他见识过大千世界，比他那个时代最著名的地理学家和制图师都更熟知东方。在将近 10 年的时间里，他一直在接受作战技能的磨练和考验。他学会了如何使用剑和火绳枪，学会了掌舵和用指南针辨识方位，知道怎样操控船帆和大炮，以及如何使用铁锹和长矛。他学过航海，知道如何推算航迹；他既是一名优秀的测深员，又是经验极其丰富的领航员；他可以像任何"天文学大师"一样精确地操控问世不久的象限仪和六分仪。别人只敢在书本上学到的东西，他是在无所畏惧的身体力行中学到的，其中包括不断经历的风平浪静和疾风暴雨、陆地和海上的战斗、掠夺和围攻、猛攻和沉船。在以往的 10 年间，经过无数个日日夜夜，他学会了等待茫茫大海表明自己的意志，随时准备抓住千载难逢的良机。他结识了各种肤色的人，包括黄种人和白种人，黑种人和棕种人，印度人和黑人，马来人和中国人，泰米尔人和土耳其人。无论从事什么样的工作，无论是在水上还是在陆地上，在一年中的任何时候，在任何地方，在严寒中，在烈日下，他都忠实地履行着对国王和国家的职责。但是，服兵役是年轻人的事，现在，当自己将满 36 岁时，麦哲伦决定，他已经为陌生人的利益和陌生人的荣耀做出了足够多的牺牲。如同每一个具有创造性气质的人到达职业生涯中途时那样，他渴望身负重任以及自我实现。他的祖国使他陷入困境；他与公职和义务的联系被切断了。这样也好，现在他彻底自由了。世事往往会这样，当一个人甘心听凭命运安排时，他常会回归本性。

当麦哲伦下定决心后，他从不莽撞行事。尽管当时的人们极少提及麦哲伦的性格特征，但有一点是显而易见的，那就是在他的整个职业生涯中，他缄口不言的非凡禀赋总是表现为一种崇高的美德。他既不缺乏耐心，也不爱唠叨，即使在喧嚣的军队中，他也能够独善其身而不引人注意，并且总是能够暗自筹谋。他一如既往地深谋远虑，悄悄权衡每一种选择的可能性，绝不会贸然透露自己的计划或决心；他要将它们琢磨透，达到事无巨细、无懈可击的程度。

在当前的情形下，麦哲伦保持沉默的天性又有了用武之地。若是换做他人，在受到曼努埃尔国王如此轻慢之后，早就忙不迭地离开这个国家，去为他国君主效劳了。但是麦哲伦在葡萄牙默不作声地待了1年，没有告诉任何人他作何打算。他的生活方式也没有显露什么特别之处。唯一能引起众人注意的（如果一个去过东印度群岛的著名航海家如此举动也会引人注目的话）无非是他常去找领航员和船长们聊天，而且特别喜欢去找曾经航行到南半球海域的那些人。不过，这有什么好奇怪的呢？大型猎物狩猎活动爱好者喜欢谈论自己和别人的狩猎经历，而海员则向往大海和新发现的陆地。即使他钻进曼努埃尔一世的私人图书馆，查看涉及最近去巴西探险的所有航海图、航向和日志（作为秘密文件存放在档案库中）之举，也不会让人起疑心，因为一个无所事事的船长，除了看看这些文件之外，还能做什么消磨充裕的闲暇时间呢？

有件事的确非同寻常，麦哲伦结交了一个名为鲁伊·法莱罗的新朋友，而且两人的友情迅速升温。此人是个喜怒无常、有些神经质的知识分子，十分健谈又固执己见，动辄与人争吵不休，按常理来说，这个人的言谈举止与含蓄内敛、自制、讳莫如深的水手和武士格格不入，几乎不可能得到后者的青睐。但是，也正因为他们两人天生各有所长，性情迥异，反倒促使他们一时可以和谐共处。他们之间的和睦关系持续时间并不长，但就在这段时间里他俩一直形影不离。麦哲伦酷爱海上探险和对现实世界的探索，而法莱罗则热爱抽象的地理学和天文学。作为一个纯粹的理论家，一个从未上过船或离开过葡萄牙本土的学者，鲁伊·法莱罗在天文和地理方面的全部知识来自计算、阅读、数学表格和地图；但是在这个抽象知识的领域，他被视为葡萄牙最具权威的制图师和天文学家。他不懂得怎样扬帆或掌舵，但他构建了自己的一套经度体系，尽管这个体系不尽合理，但它涵盖了整个地球，并且在麦哲伦环游世界航行期间提供了帮助。虽然他不能驾船出海，但他绘制的航海图、标定的航向、制作的星盘和其他仪器似乎是他那个时代最好的航海配件。对于一贯在实干中学习的麦哲伦来说，他接受过的正规教育只有战争和冒险，只是在亲身经历的航行中学到了一些天文学和地理学的粗浅知识，能有法莱罗这样的专家相助，无异于雪中送炭。正是因为这两个人的才能和品位如此不同，他们才有幸代表了理论与实验、思想与行动、精神与物质的最圆满的结合。

像麦哲伦和法莱罗这样的交往有一种特别的含义，与他们所处的时代有着特别重要的关联。这两位卓越的葡萄牙人（他们如此不同却又都非同凡响）均遭到了曼努埃尔一世的羞辱，而且在各自的职业发展中遇阻。鲁伊·法莱罗多年来一直渴望被任命为皇家天文学家。毫无疑问，在葡萄牙没有人能比他更有资格享有这项殊荣。但是，正如麦哲伦的沉默寡言和骄傲自大毁掉了自己的前程，鲁伊·法莱罗也因贫嘴和坏脾气丢掉了自己在宫廷中的晋升机会。他的敌人说他是一个傻瓜，而嫉恨他的竞争对手，恨不得异端裁判所能出面除掉他，并为此不惜散播谣言，声称他暗中与魔鬼勾结，利用非自然力量达到自己的目的。他俩都是仇恨和猜疑的受害者，因此成了一对关系亲密的难兄难弟。

麦哲伦把他从塞朗那里听说的香料群岛的情况一股脑地转述给了法莱罗，并提出或许可以开辟一条新航线，从西边前往远在东方的这些岛屿。法莱罗研究了麦哲伦的计划，为其提供了科学依据。他通过精确的计算和详尽的图表，证实了麦哲伦凭直觉得出的结论。理论家和实践家你来我往，接连不断地提出各自的设想，对他们的问题认识得越来越全面，热情也日益高涨，一个具体计划随之逐渐成型。这个惊人的计划一旦成熟，我们就很难分辨哪些构想来自理论家、哪些来自实践家，但不管怎样，它在为这个地理大发现的伟大时期增光添彩的同时，也几乎等于为这一时期画上了句号。结果是，他们决心共同努力，实现共同的设想。他们相互承诺保守秘密，在他们的努力结出硕果之前不向外界透露任何细节；他们还决定，如有必要，在没有本国资助，甚至有可能背离母国的情况下，他们要做一件大事，不仅仅为了一国一地谋利，而是要造福全人类。

现在是时候追问一下麦哲伦和法莱罗躲在里斯本王宫的暗处，究竟密谋了怎样的神秘构想。这项计划究竟有多么新颖、史无前例、无比珍贵，以至于他们还要发誓保密？是什么让这项计划如此危险，以至于不得不把它像一把淬毒匕首一样深藏起来？从表面上看上述疑问的答案似乎会令人不安。其实它只不过是麦哲伦下决心要落实他从东印度群岛带回的那个想法——向西航行先到美洲大陆再去香料群岛（作为葡萄牙人向东绕过好望角抵达那里的替代方案），也就是因塞朗鼓动而萌生的想法。这个想法似乎没有什么新意，因为哥伦布早已横渡过大西洋，他设定的目标就是印度，而不是当时尚不为人知的美洲大陆。虽然全世界都很快认识到他的错误，但这位热那亚航海家直到去世的那一天，仍坚信他发现的是中国皇帝治下的边远领土。

　　起初，西班牙根本不想费力开拓通往东印度群岛的西行航线。哥伦布因想象力丰富但缺乏大智慧而名誉扫地。他声称圣多明各和海地岛上遍地都是黄金，但事实证明，那种说法就是个骗局。那里没有黄金，没有香料，甚至没有"黑象牙"，因为当地人体质羸弱，当征服者迫使他们做苦工后，他们就会像苍蝇一样成群死去。尽管西班牙享有发现美洲的盛誉，但并没有因此获得任何想象中的财富。这种状况直到16世纪20年代才开始有所改变。随着科尔特斯征服墨西哥，皮萨罗劫掠印加人的宝库，以及在1546年，波托西①的大银矿被发现，大量财富源源不断地流入西班牙。就商业而言，美洲是一片空白。渴望得

---

① 波托西（Potosi）：位于当今玻利维亚南部。在西班牙人征服美洲之前，波托西还仅是一个小村落，1545年西班牙殖民者在波托西附近的里科山（西班牙语：Cerro Rico，亦有富有的山丘之意）发现了一座"银山"，整个山体岩石都是银矿，并且矿石含银量极高。之后，西班牙殖民者在此建城并取名波托西。建城后，波托西得到了迅速发展，一度成为西半球最大的城市。

到黄金的卡斯蒂利亚人不想在这些新领土上定居并费心治理。他们一心想着离开美洲，找出一条捷径，前往珠宝和香料的天堂——东印度群岛。因此一批又一批冒险家遵照国王的旨意前赴后继，想要找到穿过或绕过这片新大陆的途径，争取抢在葡萄牙人之前劫掠东方的宝库，即香料群岛。

一支探险队接着另一支探险队起航。但是，在寻求通往东印度群岛航线的探险活动中，西班牙人一无所获，满怀的期望渐渐化作泡影，就如此前葡萄牙人面对非洲大陆大失所望一样。当年亨利王子以为非洲面积不大，去东印度群岛的路也要短得多。他希望在赤道一带或附近探明大陆南端，但他派出的水手们惊恐地发现，非洲大陆的南端似乎遥不可及。西班牙航海家们在美洲也有类似的经历。他们想无论在哪里，无论是在北方还是南方，只要能找到一条通往印度洋的航道就行，但是他们始终没能如愿，遇到了一个无法突破的陆地屏障。这片绵延无际的大陆一直阻碍着他们。肯定有什么地方可以通行，比如说存在一处"estrecho"（海峡）或一条"paso"（通道）吧？哥伦布在最后一次向西航行时，仍然希望可以经由印度返航。当他沿着巴西海岸航行时，并不是为了什么新发现，而是"con proposito di andare e scoprire un' isola verso Oriente che si dice Melacha"（意大利语：希望能够到达东方的摩鹿加群岛，也就是香料群岛。）

科尔特斯在他的第 4 次"汇报"中，曾向查理五世承诺自己将竭尽全力找出那处"海峡"，并为此派遣手下一名军官前往巴拿马。科尔特 - 雷亚尔和卡伯特怀着同样的梦想驶入了北方冰封的海洋。

1515—1516 年间，胡安·德·索利斯[①]上溯拉普拉塔河时是想从南边找到一条通道。

但是这种探寻最终徒劳无功。无论是在北方还是在南方，不管是在寒带还是热带，所有的探险队都遭遇了同样无法穿过的土石墙。人们的希望开始消散。一些制图师把南美洲描绘成一直延伸到极点。其他人已经不再指望经水路从大西洋进入美洲大陆另一侧的那片汪洋了，尽管他们知道，努内斯·德·巴尔沃亚曾在达连湾最高点所见的那片海域无疑是与印度洋相通的。太多的帆船在这场徒劳无功的探索中迷失了方向，当年葡萄牙人梦断非洲大陆，如今西班牙人重蹈覆辙，也未找到令人魂牵梦绕的那个海角。

就在这个时候，几乎不为人知的费迪南德·麦哲伦突然冒了出来，向世人宣称："有一条路走得通。只有我一个人，或者说我和法莱罗，知道这个地方。给我一支船队，我就可以从东向西环绕地球。"

至此，我们触及了一个历史的谜团——众多哲人和心理学家在数百年间都绞尽脑汁，各显神通要解开的谜团。我们可以断言，麦哲伦的提议并不新奇，这可以说在他那个时代到了街谈巷议的程度。麦哲伦要做的，也是哥伦布、韦斯普奇、科尔特-雷亚尔、科特斯和卡伯特想要做的。麦哲伦的提议最令人动容的不是它本身，而是他所表现出的决断。因为，从一开始，麦哲伦就不像其他人那样谨慎地说："我

[①] 胡安·德·索利斯（Juan Díaz de Solís，1470–1516 年）：西班牙探险家、西班牙海军领航官、最早进入南美洲拉普拉塔河入海口的探险家之一。

希望在某个地方找到一处海峡，一条出路。"他言之凿凿地宣称："我肯定能找到那处海峡。我知道，只有我知道，它在哪里。"

但是，麦哲伦怎么会（这就是谜团）事先知道那处海峡的方位、所在的经纬度，而别人却遍寻不见呢？他和他的搭档法莱罗都不曾去过美洲大陆，甚至都没有靠近过美洲海岸。因此，无论是他还是法莱罗都不可能直接观察到那处海峡。由于麦哲伦本人无法亲眼看到它，所以唯一的解释就是，他一定是从别人——另一个航海家、另一位欧洲人——那里获知了它的存在和地理位置，那个人一定亲眼看到了这条航线，并且确实乘船穿行了。在这种情况下，我们必须根据无情的逻辑推断，麦哲伦并不是历史所宣告的那个著名的发现者，而是一个剽窃者和篡夺者，一个坐享其成的人。如此说来，那个海峡被错误地命名为"麦哲伦海峡"，就像美洲大陆被错误地用亚美利哥·韦斯普奇命名一样。

匪夷所思的是，麦哲伦海峡的发现者并非麦哲伦这一观点最重要的见证人，却是麦哲伦旅途中最亲密的伙伴、他的崇拜者以及传记作家安东尼奥·皮加费塔。他告诉我们，当船队接近海峡时，众人都认为那是一个封闭海湾的入口，并希望驶过此处。只有麦哲伦事先知道这个入口的实情，因为他借着出入葡萄牙国王私人档案库的便利，看到了其中收藏的一张秘密地图上标注的内容。那幅地图是杰出的宇宙学家马丁·贝海姆的作品。以下是皮加费塔的原话："Il che aveva veduto descritto sopra una charta nella Thesoraria del Re di Portogallo, la qual charta fu fatta per un'eccellente uomo, detto Martin de Boernia."（意大利语："他看到葡萄牙国王私人档案库里的一幅地图，上面标注的文字表明它是由著名的马丁·贝海姆制作的。"）

那么，是否就像人们长期以来所主张的那样，马丁·贝海姆正是这位神秘的先驱呢？

根本不是。有一点是确切无疑的，在他去世（1507年）之前几年，马丁·贝海姆曾作为宫廷制图师，专为葡萄牙国王制作地图。毫无疑问，麦哲伦和法莱罗研究了他在此期间绘制的一些地图。但在关键的那些年，也就是从巴西被发现（1500年）直到他去世，贝海姆都没有去过美洲。因此，他本人肯定不会是发现海峡的那个人，至多是在地图上标注了他从去过巴塔哥尼亚的水手那里了解到的一些情形。这些水手是谁？难道在贝海姆绘制那幅地图之前的某一天，葡萄牙船只曾循着那条通道从大西洋进入了太平洋？当然，有些文件似乎无可辩驳地表明，在16世纪初，数艘葡萄牙船只（韦斯普奇在其中一艘船上）探察过巴西海岸，也许还顺便探察了阿根廷海岸。或许它们中的一艘或多艘探险船发现了那条航道。

但这又产生了更多问题。这些奇怪的探险队究竟走了多远？他们中是否有人曾到过后来以麦哲伦命名的海峡？长期以来，人们基于两点给出了肯定的答案，一是皮加费塔的有力证词，二是由著名制图师约翰·舍纳①制作的地球仪上的标注。这个流传至今的地球仪于1515

① 约翰·舍纳（Johannes Schöner，1477–1547年）：备受尊敬的德国博学者。他是16世纪最初几十年欧洲最重要的天文学家之一，同时还是教士、占星家、宇宙学家、制图师、数学家、科学仪器制造商和出版商。他还在促使哥白尼1543年出版《天体运行论》（*De Revolutionibus Orbium Coelestium*）的一系列事件中发挥了重要作用。

年问世，比麦哲伦透露探航计划的时间要早数年，它上面清楚地显示了一段位于南部的通道（尽管标错了位置）。但这本身并不能解释贝海姆和那位德国教授是从哪里得到的信息。在那个年代，各国及其统治者就像警惕性特别高的商人一样，都会竭尽全力提防这类情报泄露，因为这种情报极有可能被商业竞争对手用来为自己谋利。没有任何一个外国人能够进入葡萄牙国王的秘密档案库，存放在里面的领航员的航海日志、草图和航行路线都被严密地保管着。根据葡萄牙国王于1504 年 11 月 13 日颁布的一项法令，"禁止对外提供任何关于刚果河以外航行的信息，以免外国人从葡萄牙的发现中获利。"

因此，他们的信息源一直是个谜，但最近有人发现了一座尘封已久的信息宝藏，它表明贝海姆、舍纳，以及最终麦哲伦在何处听说了美洲南方有条海峡。《来自巴西大陆的新闻报道》[①]记载了前面提到的一个葡萄牙探险队在 1506 年前后的经历。这本小册子或《新闻报道》的内容，据称译自一位葡萄牙地产管理人写给奥格斯堡商业巨头韦尔泽家族的商业信函。我们从（这封用极其蹩脚的德语写的信）中得知，在南纬 40 度某处，一艘葡萄牙帆船绕过了一个相当于好望角的"cabo"（德语：海角）。这里有一条与直布罗陀海峡相似的海峡，航道宽阔，可从东向西通往另一个大洋，从那片水域能轻而易举到达摩鹿加群岛，即香料群岛。这不就清楚地表明船只可以从大西洋航行到太平洋吗？

---

① 《来自巴西大陆的新闻报道》（*Copia der Newen Zeytung auss Presillg Landt*），这本小册子专门描述了葡萄牙人新发现的巴西的情况，并提及绕过它航行到东方的前景。像大多数早期的新闻出版物一样，它的内容仅涉及一件事，并附带木刻插图。

难道证据看起来不完整吗？这个谜不是一劳永逸地解开了吗？麦哲伦对早期葡萄牙探索"巴西大陆"的了解并不比那位匿名的地产管理人更多，后者把自己知道的情况告诉了奥格斯堡的地理学家。如此说来，麦哲伦只不过是一个摘桃子和剽窃他人成果的人。他的全部成就仅仅是把一个被人精心守护的秘密转化为全人类都可以获得的动态知识。他只不过属于眼疾手快、肆无忌惮地攫取他人成果的那种人中的一员而已。

但峰回路转，上述论据最终被推翻。如今我们知道，早期远渡重洋前往南美洲的葡萄牙水手们从未到达过麦哲伦海峡，但当时麦哲伦并不知情。无论是麦哲伦还是贝海姆和舍纳都认为远征队的报告是可信的，殊不知他们的报告基于一个误解、一个情有可原的错误。当时的领航员们在南纬40度一带究竟发现了什么？《新闻报道》中提到的目击证人报告的实质意义是什么？其实是在40度线附近的某处，水手们偶然发现了凹进去的海岸，他们在里面航行了两天也没有到达尽头，因遭遇了一场风暴而被迫返航，失去了最终找到出口的机会。他们后来以为自己曾驶入了横穿美洲大陆的海峡的东端，但这仅是猜测。只是在麦哲伦航行之后，世人才知道，当时的探险队所寻找的真正的海峡位于南纬52度附近。

那么，船员们在南纬35度至40度一带看到的是什么呢？我们有充分的理由相信，他们是首支进入拉普拉塔河的探险队。这条河是拥有世界上屈指可数的巨大河口的河流之一，因此他们误以为这个河口是与"海峡"相连的海湾并不奇怪。欧洲人从未亲眼见过如此开阔的河口，因此才会贸然断定这就是他们梦寐以求的两个大洋之间的通道。依照他们的报告绘制的地图和制作的地球仪，都清楚地表明了他们所犯的错误。假如除了拉普拉塔河的入海口以外，探险队还在更南的地方发现了名副其实的麦哲伦海峡，那么海图上就会标出两条水道。但是，无论是在舍纳的地球仪上，还是在麦哲伦发现该海峡之前的任何图示中，都没有标出拉普拉塔河——只在那条河的确切位置上标出了那条臆想中的"海峡"。

这件事总算是水落石出了。根据这种报告而编写的"新闻报道"的故事纯属自我蒙蔽。信以为真的人是一种明显容易解释的错觉的受害者。当麦哲伦宣称他得到了可靠消息，的确存在一条海峡时，他也并非有意蒙骗世人。他其实是被前辈们犯下的错误蒙在了鼓里。他根据贝海姆的航海图、舍纳的地球仪，还有那些不知名的领航员的叙述，制订了环游世界的宏伟计划。只要我们认识到麦哲伦的计划和行动都出自无心之过，他的谜团就解开了。

我们不要低估错误的重要性。在天才的激励下，在运气的引导下，最荒谬的错误或会将人引向最富有成效的真理。在任何一个学科中，数以百计的重大发明都是错误的假设结出的果实。假如不是托斯卡内利①的地图荒谬地低估了地球的周长，从而欺骗了哥伦布，这位航海家就不会为找到一条通往东印度群岛的捷径而冒险进入未知海域。假如

---

① 托斯卡内利（全名 Paolo dal Pozzo Toscanelli，1397-1482 年）：文艺复兴时期欧洲佛罗伦萨数学家、天文学家暨地理学家。

海洋征服者麦哲伦

麦哲伦没有盲目崇信贝海姆绘制的并不准确的地图，并对此前葡萄牙领航员们富有想象力的报告无一丝一毫的怀疑，他就不可能说服一位君主交给他一支船队。正因为麦哲伦对一个神秘事物满怀信心，他才能解开他那个时代最大的地理之谜——地球的精确大小和形状。正因为他内心如火，完全委身于一个神圣的幻念，他才发现了奇妙无比的真理。

4

心想事成

麦哲伦现在必须做一个重大决定。他构思了一个任何同时代海员想都不敢想的大胆计划，并深信（无论正确与否）他掌握了非同寻常的信息，保证可以马到成功。但是，该怎样实施这一耗资巨大、危险重重的设想呢？他自己的国王以羞辱性的方式回绝了他，这样一来，葡萄牙的船主，哪怕是待他最友好的，也都指望不上了，因为他们中谁敢把船长的职位交给一个在宫廷里失势的人呢？眼下唯一的出路就是去西班牙。只有在那里他的计划才有希望获得进展。他从葡萄牙国王的档案库获取的信息价值连城，可被当作筹码换取西班牙王室的帮助。与此同时，这项创举还另有玄机，涉及对于西班牙来说毫无争议的所有权问题。他的合伙人法莱罗计算出（计算结果与麦哲伦获知的信息都是错误的），香料群岛位于教宗划定的归属西班牙的区域内，因此是属于西班牙的财产，而不是葡萄牙的。这位葡萄牙船长打算把世界上最富饶的岛屿呈送给西班牙国王查理五世，并告诉他去那里的捷径。想到这些，麦哲伦对得到西班牙国王的重用充满信心。

在西班牙的资助下，麦哲伦有望实现他的伟大构想，但也要为此付出惨重的代价。麦哲伦很清楚，假如他向西班牙求助，他不仅要冒着生命危险，还有可能失去他的骑士荣誉。他将不得不放弃他的葡萄牙姓氏 Magalhãis（马加良斯）。他自己的国王会鄙视

麦哲伦

他，而且在后来的数百年间，他的同胞们都会诬蔑他是叛徒和变节者。

他真的是叛徒吗？赞同麦哲伦的史学家们坚称这种指控毫无依据，并竭尽全力为他们的英雄辩护。他们宣称，麦哲伦效劳他国不能算是犯罪，因为当时流行这种做法。哥伦布、卡伯特、卡达莫斯托①和韦

---

① 阿尔维斯·卡达莫斯托（Alvise Cadamosto，1432- 约 1488 年）：威尼斯探险家、航海家和作家，他受聘于葡萄牙王子航海家亨利，并于 1455 年和 1456 年在热那亚船长安东尼托·乌索迪马尔的陪同下进行了两次已知的西非之旅。人们认为卡达莫斯托和他的同伴发现了佛得角群岛等地。

斯普奇都是这么做的。然而，这种类比并没有抓住要点。麦哲伦不仅脱离了他的母国，还故意损害了他的母国的利益。他获准进入里斯本的秘密档案库，并将因此获悉的机密偷带到境外，这不单是胆大妄为，而是缺乏爱国心之举。按照现代人的视角来看，身为葡萄牙贵族并曾在葡萄牙海军中任职的麦哲伦所犯的罪行，无异于一个现代军官把总参谋部的秘密地图和本国备战计划交给敌国的罪行。毫无疑问，麦哲伦辜负了他的母国，而且他在这样做时完全知道自己会因此身败名裂。如果他真像人们所说的是个变节者，那么我们也可以看出（这不是在替他找借口）这一举动的非凡之处，他在这样做时并没有遮遮掩掩，而是表现出了勇于担当的大无畏精神。

具有创造性气质的人全被超越民族性的法则引导。一个人要代表全人类完成重任，实现新发现，或者有所行动，他就不能算是任何国家的公民或臣民，因为他效忠的对象是自己的工作。他只会向一个权威低头，因为这是任务本身施加于他的；他会意识到自己可以无视一个国家或一个时代的利益，只要他忠于他的命运及其禀赋加于其身的义务。在对葡萄牙效忠多年之后，步入中年的麦哲伦开始意识到，天将降大任于自己。既然母国拒绝给他完成这一使命的机会，他就把自己的想法带到了一个精神上的祖国。他果断地玷污了自己的声名，毁弃了他的公民荣誉——由此重生的他，一心要将自己奉献给一种理念，并为一项不朽的事业而奋斗。

他耐着性子终于完成了自己的谋划。在 1517 年的秋天，他将大胆决策付诸实施。1517 年 10 月 20 日，麦哲伦暂别了犹豫不决的伙伴，在奴隶恩里克的陪同下，义无反顾地穿过了他的卢比孔河①——西班牙边境线，到达塞维利亚。此时此刻，年轻的西班牙国王并未常驻在此地，目前的卡洛斯一世后来将以帝国皇帝查理五世的身份为世人熟知。这个 18 岁的年轻人刚从佛兰德抵达桑坦德，正在去往巴利亚多利德的路上，他将从 11 月中旬开始在那里主持朝政。在那之前，麦哲伦选择塞维利亚作为暂住地再理想不过了。雄踞瓜达尔基维尔河上的塞维利亚是西班牙最大、最重要的商业城市之一，已经成为与东印度群岛通商的重要中心。不计其数的商人和船长、经纪人和地产管理人活跃在这个城市，以至于西班牙国王也要分一杯羹，在那里开办了直属王室的贸易公司——著名的"商约之家"或"印度商行"②。这里收集和储存了每一份有关航海和商业活动的文件。它同时是一个商品交易所和航运中心、一个有关贸易和航运的交易中心，以及信息交换和咨询顾问平台。资助远航探险的商人和带队出海的船长会在这里依照官方的指导达成协议。每项需要悬挂西班牙旗帜的新业务都要先向商约之家申报。

麦哲伦来到塞尔维亚之后并没有过早地走出这关键一步，这显示出他保持沉默、静待最佳时机的非凡天赋。麦哲伦不是梦想家，不是轻信的乐观主义者，不是自我欺骗者，而是一个精于算计、擅长揣摩他人心理并注重实际的人，他要仔细权衡自己的机会和胜算。他知道

① Cross the Rubicon：穿过了卢比孔河，指破釜沉舟、下了重大决心之意。
② 商约之家（Casa de contratación）：又名印度商行（India House），地理大发现时代的葡萄牙国营商业组织。

CAROLVS · VON · GOTS · GNAD · REMISCH ·
KING · ERWELTER · KAISER · KING · ZVO ·
HISSPANIA · VND · BAIDER · SICILEN · ECZ ·
ERCZHERZOG · ZVO · OSTERREICH · HERCZ ·
OG · VON · BVRGVND · BRABANT · ECZ · GRA ·
F · ZVO · FLANDER · TIROL · ECZ · I · ♦ · H · M · D · XX ·

1520 年的查理五世皇帝

+ 心想事成   087

自己去商约之家报到之前必须先争取他人的支持，为自己铺平道路。但在西班牙有谁听说过他呢？他在东印度群岛待了 7 年，在阿尔梅达和阿尔布克尔克手下打过仗，这些在塞维利亚这样的城市里根本不值得一提，因为这里的所有酒馆里都充斥着形形色色的冒险家和亡命徒。说他未能让他的君主信服他的计划价值连城，因而来到此地，这也不是什么特别好的开场白，更不能跟人说他实质上是一个难民和逃兵。即使他能提供证据证明他曾指挥过远航船只，但这也没多大意义，因为这个城市里有太多船长都曾在哥伦布、科尔特 - 雷亚尔和塞巴斯蒂安·卡伯特领导下远航过。商约之家的权威人士不会轻易相信他，毕竟他只是一个默默无闻、名誉扫地的人。这就是麦哲伦并不急于登门拜访的原因。他见多识广，深知以自己当下的处境最需要什么。像任何一个谋划者，以及任何一个为原本就不周全的计划寻求支持的人一样，他必须先找到介绍人或引荐者。

　　麦哲伦在离开葡萄牙之前，似乎就物色好了一些重要的介绍人。无论如何，他一到塞维利亚就受到了迪奥戈·巴尔博扎的热情接待，后者早就放弃了葡萄牙国籍。他担任塞维利亚城堡总管这一要职已长达 14 年，备受各方敬重，并荣获了圣地亚哥骑士团[①]骑士称号。许多权威人士都宣称巴尔博扎家与麦哲伦家是亲戚，但让这两个人亲近的原因不是血缘关系，而是很久以前迪奥戈·巴尔博扎就去过东印度群

---

① 圣地亚哥骑士团（Order of Santiago）：基督教军事 - 宗教骑士团，西班牙四大军事骑士团之一，大约 1160 年。

　　　　　　　　　　　　　　　　　　海洋征服者麦哲伦

岛——比麦哲伦还早。他的儿子杜阿尔特·巴尔博扎继承了父亲的冒险精神，也曾远航，去过印度、波斯和马来西亚的海域，还写过一本当时备受推崇的游记《杜阿尔特·巴尔博扎之书》（*O Livro de Duarte Barbosa*）。这三人很快就成了亲密的朋友。如今我们可以看到，在第一次世界大战期间，曾在同一个战壕中并肩作战的官兵们往往会结下延续终生的友情，更何况400年前历经千难万险的远航后安然返回的几十名老兵。

巴尔博扎殷勤地邀请麦哲伦住在他家里；没过多久，这位精力充沛、仪表堂堂的37岁男子就讨得了巴尔博扎的女儿比阿特丽斯的欢心。麦哲伦很快就成了总管的女婿，这使他在塞维利亚站稳了脚跟。他获得西班牙国籍后，就不再是居无定所的无名之辈。有了巴尔博扎的友谊和与其家人的婚姻作担保，麦哲伦可以大模大样地走进商约之家。

至于他在那个机构受到了怎样的接待，双方都谈了什么，我们找不到可靠的记述，也无从得知麦哲伦将他的计划透露到了什么程度，毕竟他和法莱罗共同起誓要保密。有人说商约之家的人们对他的想法嗤之以鼻并加以嘲笑，这恐怕有点夸大其词，想必他们是根据哥伦布的遭遇推测出来的。也许商约之家的人既没有权利或意向投资于这样一个模糊不清的计划，也无意向国王推荐它。他们也没有给麦哲伦任何鼓励，因为众所周知，专家们通常都对非同寻常的事物持怀疑态度。就像以往一样，在这个场合，历史上最具决定性的成就之一就这样发生了，不是借助于"主管当局"，而是在"当局"不情愿提供帮助的情况下发生了。

印度商行拒绝帮助麦哲伦。通往国王会客室的许多门中的第一扇门在他面前砰然关上了。对麦哲伦来说，那天一定是黑暗的一天。他的旅程、他人的引荐，都是徒劳的。他试图说服那些能够帮助他的人，但他发挥到极致的口才和倾注的全部热情都白费了。无论他说得多么头头是道，最终也没有让印度商行的三位专家动心。

然而，在战场上有个常见的现象，当一个指挥官认为自己已经被击败并准备撤退时，一个信使会带来消息说敌人撤军了，已经撤离战场。在这种情况下，忧心忡忡瞬间变成了喜笑颜开。这就是麦哲伦现在的经历。就在他认为委员会的三位成员都绝无可能支持他的时候，有人告诉他，他的想法给其中一位留下了深刻的印象。商行的业务负责人以及代理人胡安·德·阿兰达传话说，如果麦哲伦愿意与他取得联系的话，他希望能够私下了解有关这个计划的更多细节，他认为这个计划非常诱人，而且如他所想，是切实可行的。

对麦哲伦来说，这简直是喜从天降，但它其实是极其平凡的一件事。胡安·德·阿兰达（如同他那个时代的皇帝和国王、船长和商人）并不关心发现新世界或为人类谋幸福，这与我们小时候读到的说法不同。他愿意帮助和保护麦哲伦并非出于纯粹的精神动机。印度商行的这位代理人首先是一个商人，在他眼里，麦哲伦可能会成为一棵摇钱树。麦哲伦一定以某种方式迷住了这位要人。可能是因为麦哲伦极其清晰的表达，或者是他呈现出的充满男子气概、自信的一面，或者是因为他不可动摇的信念。无论如何，不管是通过精心算计还是仅凭直觉，阿兰达已经确信麦哲伦所陈述的绝非轻率且冒险的计划，而是隐含着真正重要的、有利可图的实质内容。因此，尽管他以官方身份拒绝了麦哲伦的建议，断定其计划不切实际，但他还是决定以一个商人的身份"自己来"，或者无论采取哪种方式，他要作为隐名合伙人为此融资。一位王国或王室官员，先拒绝一项提议，转身又以私人身份接受该提议，这无论如何都不能算是体面和正确的做法。诚然，《圣经》提到"不要叫左手知道右手所做的"①，但那说的是善事；至于胡安·德·阿兰达，他后来的确因为资助麦哲伦的探险活动而被起诉。

当然，要是麦哲伦计较阿兰达的道德立场，那他就是个大傻瓜。对他来说，当务之急就是把任何能提供前进动力的东西或人都绑在他的战车上；而且，为了尽快摆脱绝境，他似乎违背了与法莱罗一起发下的誓言，向代理人透露了过多"秘密"。阿兰达完全被说服了，这让麦哲伦喜出望外。的确，面对一个陌生人提出的可疑项目，在掏出真金白银并予以推广之前，任何一个头脑清醒的商人都会进行一番尽职调查。阿兰达紧接着派人去葡萄牙实地了解麦哲伦和法莱罗的为人。他求助的线人不是别人，正是资助了前往巴西南部首次探险活动的克里斯托弗·德·阿罗。阿罗的反馈令阿兰达特别满意。他十分肯定这两个人值得信任，并说麦哲伦是一位经验丰富、久经磨砺的航海家；法莱罗则是一位著名的宇宙学家。

最后的障碍已经被清除。从此以后，印度商行的代理人决心全力

---

① 你施舍的时候，不可在你前面吹号，像那假冒为善的人在会堂里和街道上所行的，故意要得人的荣耀……你施舍的时候，不要叫左手知道右手所做的。（《圣经·马太福音》第 6 章 1–3 节）

推进麦哲伦的计划，因为他深信这其中也有他的一份。鉴于他在航海事务方面的权威性，他的举荐在宫廷中具有决定性的影响。麦哲伦和法莱罗之间最初的合作关系因此扩展为三足鼎立的形态，其中，麦哲伦贡献的是实践经验，法莱罗和胡安·德·阿兰达则分别代表着专业知识和资本及商业头脑。阿兰达没有浪费时间。他立即给卡斯蒂利亚财政大臣写了一封长信，详细解释了这项探航活动的重要性，并力荐麦哲伦，称他为"可以为阁下做出巨大贡献的人"。他还多方联络了枢密院的一些官员，从而确保了麦哲伦直达王廷的机会。此外，这位热心的中间人宣布他已经做好准备，不仅要陪同麦哲伦前往巴利亚多利德，还要帮麦哲伦支付旅行费用和在宫廷中的开销。风向变了。麦哲伦的勃勃雄心得到了最大程度的满足。在异国他乡的西班牙，他用了不足一个月的时间，取得了他在祖国自我牺牲十多年都未获得的成就。现在，正当王宫的大门向他敞开的时候，他写信给法莱罗，要他火速赶来塞维利亚。

人们可能会认为，占星家会毫不犹豫地为谈判取得如此显著进展而欢呼，并渴望尽早见到合伙人。但我们将会不断发现，在麦哲伦的一生中，几乎没有一天是风平浪静的。鲁伊·法莱罗是一个难以相处、易怒且很敏感的人，他因合作伙伴取得的成功使自己相形见绌而怒不可遏。占星家的眼里只有星星，缺乏应对现实事务的经验。当他得知阿兰达把他们介绍给宫廷并非乐善好施之举，而是决意要从中分一杯羹，从而将减少他自己的收益时，他暴跳如雷。

这两位最初的合伙人闹得很不愉快。法莱罗指责麦哲伦背信弃义，并在得不到任何保证的情况下将他们的"秘密"泄露给第三方。尽管阿兰达已经表示愿意支付旅行费用，但火冒三丈的法莱罗拒绝和阿兰达一同前往王宫。当阿兰达收到国王将在巴利亚多利德接见他们的可喜消息时，这种愤怒的情绪仍然威胁着这件事的顺利推进。法莱罗和麦哲伦之间的争端继续激化，法莱罗不愿与阿兰达同行，后者选择了另一条路线，直到他们在巴利亚多利德郊外汇合后，三人才达成和解。猎人们在狩猎真正开始之前，就商量好如何分配猎物。三人拟就了一个契约，并签字画押，依照约定，阿兰达将作为中间人，获得这一活动收益总额的八分之一（无论是阿兰达还是麦哲伦还是法莱罗，他们均未从中获得任何利润）。当然，我们不能认定精明能干的代理人为他的服务索取了过多报酬，因为他们非常清楚，年轻而体弱的哈布斯堡统治者（尽管他还希望成为神圣罗马帝国的皇帝以及新旧两个世界的领主）并不能因为自己地位显赫感到心满意足，而是深感责任重大，想要影响他的人都必须先过枢密院这一关。

在枢密院，麦哲伦的计划获得支持的可能性似乎并不大。这个机构由 4 名成员组成，其中 3 位——伊拉斯谟[1]的朋友，乌得勒支的阿德里安，也就是后来的教宗阿德里安六世[2]；君主以前的教师纪尧姆·德·克鲁瓦；财政大臣绍瓦热·尼德兰德——都紧盯着神圣罗马帝国，而不

---

[1] 伊拉斯谟（Desiderius Erasmus，约 1466-1536 年）：又译埃拉斯默斯，史学界俗称鹿特丹的伊拉斯谟，是中世纪著名的人文主义思想家和神学家。代表作品为《愚人颂》。
[2] 阿德里安六世（Pope Adrian VI，1459-1523 年）：又名哈德良六世（Hadrian VI），于 1522 年成为唯一的荷兰籍教宗。

是东印度群岛；他们希望卡洛斯一世能在神圣罗马帝国接受帝国皇冠，从而使得哈布斯堡王朝的君主主宰全世界。他们全都是封建贵族、藏书家和人文主义者，对他们来说，一项最终可能有利于西班牙的海外计划远远超出了他们的认知范围。枢密院唯一的西班牙成员，也是唯一一个（作为商约之家的主席）航海方面的专家，可以说是著名的、也可以说是臭名昭著的布尔戈斯主教——丰塞卡枢机主教。当阿兰达第一次提到丰塞卡的名字时，麦哲伦无疑感到一阵惊慌，因为每一个航海家都知道，哥伦布一生中遭遇的最凶狠的敌人就是这位脾气暴躁的枢机主教，他总是对全新的设想持怀疑态度。尽管如此，麦哲伦不会有所失，只会有所得；因此，他满怀信心，昂首挺胸走进枢密院，决心要申张自己的创意，维护自己的使命。

关于在这次决定性会议上通过的内容，我们有几份表述各异因而并不可信的报告。我们唯一可以确定的是，这位强壮有力、一身古铜色的水手言谈举止非同凡响，从一开始就给人留下了深刻的印象。国王的顾问们立刻就看出，眼前的葡萄牙船长与受到哥伦布成功的激励而涌入西班牙宫廷、夸夸其谈或做白日梦的那种人完全不同。很少有欧洲人像他一样向东航行到那么远的地方。他谈到了香料群岛，介绍了它们所在的位置、气候及其无法估量的财富；他还提及与卢多维科·瓦尔泰马的交情以及他与塞朗的友谊，种种内情都使他看起来比那些只从书本和地图上了解远东的人更可信。麦哲伦打了个手势，他从马六甲带来的奴隶恩里克走上前来。枢密院的成员们乍一看到这个瘦小的马来人自然感到惊讶，他们还是头一次亲眼见到一个马来人。

麦哲伦还带来了一位来自苏门答腊的女奴，这两个东方人用一种没人听得懂的语言交谈着，就像在庄严的集会前吱吱叫的一对蜂鸟。最后，作为有力的佐证，麦哲伦宣读了好友弗朗西斯科·塞朗（现在是德那第岛的大维齐尔）寄给他的一封信。信中说，他所定居的这片国土是"一个比瓦斯科·达·伽马发现的更富有、更宏大的新世界"。

在唤起了听众的兴趣之后，麦哲伦开始阐述他的推论和要求。正如他刚才解释的那样，香料群岛上蕴含的财富是无法估量的，由于它位于东印度群岛的东端，因此不必像葡萄牙人那样一路向东绕过非洲的最南端，穿越辽阔的印度洋，再驶过巽他海峡，最后到达那里。从西边前往香料群岛要近得多，而且航线所及正是教宗划给西班牙人的那片区域。毫无疑问，这条路上有一道长长的屏障，那就是新发现的美洲大陆。但是他，费迪南德·麦哲伦，已经收到确切的情报，表明有一个"通道"或"海峡"可以通行。它的具体位置是他和他的朋友鲁伊·法莱罗的秘密。麦哲伦接着说，他已准备好为西班牙王室效力，只要给他一支船队，他就扬帆远行，穿过这条通道，前往香料群岛。这样一来，尽管葡萄牙人正迫不及待地向世界的宝库伸出双手，但西班牙会捷足先登。说到这里，麦哲伦恭敬地向那个脸色苍白、身体纤弱、长着哈布斯堡家族特有的大下巴的年轻人行礼，夸口说当今世界最强大的君主，也将因此成为天下首富。

或许卡洛斯一世因担心闯入教宗分配给葡萄牙人的领地而犹豫不决，不愿派遣探险队前往摩鹿加群岛？这种担心毫无根据。鉴于他对香料群岛方位了然于胸，他，麦哲伦，可以证明它们就坐落在教宗分配给西班牙的区域内。因此，对于西班牙人来说，如果等到葡萄牙人无视卡洛斯一世毋庸置疑的所有权来攫取西班牙王室的领地时，那将是一个巨大的错误。

麦哲伦停了下来。说到这里，这件事已经从实际问题转移到了理论问题，现在该用子午线和地图来证明香料群岛实际上是属于西班牙的领地，于是他让位给合作伙伴鲁伊·法莱罗，由他从宇宙志的角度出发予以论证。法莱罗也行了礼，伸手指向他带来的一个大地球仪，开始解释。大家能够清楚地看出，另一半球的香料群岛确实坐落在教宗分界线的西班牙一侧；与此同时，他指出了他和麦哲伦打算走的路线。真实情况是，人们后来发现鲁伊·法莱罗对经纬度的计算完全是错误的，因为这位学者没想到仍未被发现和航行过的太平洋竟然如此宽阔。直到 20 年后，香料群岛的归属才尘埃落定，它们确实不属于西班牙，而属于葡萄牙。在这次西班牙枢密院会议上，这位杰出的天文学家不停指指点点地证明的一切都错得离谱。但是人们总是愿意相信于己有利的观点；既然这位地理专家宣布香料群岛属于西班牙，卡洛斯一世国王陛下的顾问们当然无意予以反驳。他们中的一些人好奇地察看地球仪，想要找到南边的出路，那条传说中的"通道"或"海峡"，也就是未来的麦哲伦海峡，但他们找不到任何标记，对于这个制图上的疏漏，法莱罗给出的解释是，他和麦哲伦都想尽可能久地保守他们的秘密。

卡洛斯一世和他的顾问们也许无动于衷，也许饶有兴趣地听着。意想不到的事情发生了。这个环游世界的构想一旦实现，就将最终确立我们所在星球的周长，并将为失落的亚特兰蒂斯的传说画上句号。听到这里，在座的各位中对此表现出极大热情的，既不是人文主义者也不是学者，而是航海专家、令人生畏的怀疑论者丰塞卡、布尔戈斯的主教，他公开表示支持麦哲伦的创意。也许他私下里已认识到自己不该迫害哥伦布，因此不愿再次承担被人斥责为与伟大理念作对的风险。不管怎样，在他的倡议下，这项航海计划原则上得到了批准，麦哲伦和法莱罗奉命为国王陛下准备一份书面声明，说明他们的建议和要求。

初战告捷。但是"凡有的，还要加给他"[1]，有时人真的会好运连连。就在几个星期之内，麦哲伦的收获超过了以往数年的累积。他找到了爱他的妻子，支持他的朋友，接受他想法的拥护者，以及一个信任他的国王。现在他手里又多了一张王牌。财大气粗的船东克里斯托弗·德·阿罗来到了塞维利亚，作为投机商，他与当时的大资本家，如韦尔泽家族、富格尔家族和威尼斯巨商交往密切；他曾自掏腰包，赞助了大量探险活动。迄今为止，里斯本一直是他开展工作的中心。然而，国王曼努埃尔一世的贪婪和忘恩负义惹恼了他（就像麦哲伦一样），所以任何可能激怒这位君主的事情都会合他的心意，麦哲伦的计划太合适不过了。他了解这个人，并对其有信心。从商业的角度看，这件事有望带来十分可观的回报。因此，

---

[1] 出自《圣经·马太福音》第 13 章 12 节："凡有的，还要加给他，叫他有余。凡没有的，连他所有的，也要夺去。"

里斯本港

他告诉麦哲伦，假如西班牙王室和商约之家不愿意提供所需资金，他将与商业伙伴一起出资装备探航船队。

这个出人意料的提议让麦哲伦拥有了两个选项。第一次拜访商约之家时，他两手空空，向人求助——作为一个胸怀理想的无名之辈，乞求他人赏给他一支船队；即便在他得到枢密院接见后，当局依然倾向于跟他讨价还价，不愿完全满足他的要求。但是现在不同了，有克里斯托弗·德·阿罗的提议在手，他不必再去王宫的候见室充当穷困的请愿者，而是可以把自己打造为一个资本家、一个手握军费之人。假如王室不愿承担风险，那也没关系，因为他可以从其他渠道获得他所需要的资金，除了获准悬挂西班牙旗帜的荣誉之外，再无其他需求。为了获得这个特权，他慷慨允诺，愿意将此次探险活动收益的五分之一上缴给西班牙王室。

这项新提议接纳西班牙当局为合作伙伴，且无需其承担任何风险，枢密院面对这天大的好事，却做出了违悖常理的举动，或许基于充分的论据，他们决定不予接受。因为假如（西班牙王室一定是这么算计的）像克里斯托弗·德·阿罗这样精明的商人都愿意投资，那么它一定就是相当于人们如今所说的"金边"项目。既然如此，直接由王室出资赞助这次航行才是最佳对策，并可以由此获得大部分利润和名望。

事不宜迟，西班牙当局迅速答应了麦哲伦和鲁伊·法莱罗的全部要求，这与当时政府的日常办事节奏形成了鲜明的对比，很快办妥了所有手续。1518年3月22日，卡洛斯一世国王以自己及其（精神失常的）的母亲乔安娜的名义，与麦哲伦和法莱罗正式签署了"本王"与他人达成的具有约束力的协议。

这份冗长协议如此开头："你们，鲁伊·法莱罗及费迪南德·麦哲伦，两位葡萄牙骑士，已向我禀告，愿承蒙天主护佑，扬帆远行，去探求未知的土地，并将其纳入本王治下。所述事宜均已详尽立约如下。"

后续条款中的第一条赋予麦哲伦和法莱罗在指定区域内的专有权。"你们将在海洋上顺利航行，并在我方界内搜寻所求之物。鉴于他人闯入同域有失公平，鉴于你们独自承担了这一重任，本王决意并保证在今后10年间，不准许任何人沿同一航线、在同一区域探航。若有人想担负此任，并前来征求本王许可，本王将在颁发许可令之前告知你们，以便你们做出是否授权的决定。若你们能够在自行拟定的期限内完成这项事业，即可承担它，前提是你们与提出此探险活动者拥有同等数量、装备精良、满员的船只。"

在财务条款中，麦哲伦和法莱罗，"考虑到他们表现出的善意和提供的服务"，将获得他们新发现土地上所产出的全部收入的二十分之一，此外，假如他们新发现的岛屿超过6个，他们将拥有其中2个岛屿的一项特定权利。另外，与国王同哥伦布达成的协议一样，他们还被授予所有这些海洋、陆地和岛屿，可传及他们的儿子和继承人的地方行政长官或总督头衔，还有在陆上旅行及海上航行期间拥有全权的船队统领头衔。这些权利不会因为王室派出的监察员、司库和会计加入船队而受到丝毫影响。

该文件同样明确宣布，这两名葡萄牙人将获得一切可能的权利，国王承诺装备 5 艘特定吨位的船只，提供给他们全体船员、大炮以及足以维持 2 年的食物。这份重要文件是这样结束的："关于所有这一切，我以我的荣誉和我的皇室诺言保证，一切都将按照上述约定予以严格安排，为此，我下令起草协议，并签上我的名字。"

这还不算完。双方商定，西班牙上下所有部门和官员都要得到这一协议内容的通报，以确保他们可以一直且随时协助麦哲伦和法莱罗的工作。随后列出了需要了解文件要旨的王公贵族和当权者的完整名单。这等于明确宣布，从那时起，整个西班牙王国都要服务于两个来自葡萄牙的无名流亡者。

麦哲伦恐怕做梦都没想到会发生这种情况。但更奇妙、更重要的事情接踵而至。国王卡洛斯一世虽很年轻，常显露出犹豫不决和内敛的性情，但现在他一反常态，成为这些航海英雄最急切和最热情的拥护者。麦哲伦充溢着男子气概的举止一定搅动了这位年轻君主的内心。因为现在是他在不停地催促着要加快工作进度。他每周都要求得到探险队装备进展情况的汇报。每当遇到障碍时，麦哲伦只需要向国王陛下提出申请，国王立刻就会下旨予以消除。从国王到皇帝，在这位优柔寡断的君主漫长的执政生涯中，这几乎是他唯一一次表现出对一个伟大理念不容侵犯的忠诚。对于麦哲伦这个无家可归的流亡者，一个遭受其他人鄙视和排斥的人来说，发现自己突然之间被任命为船队统领，荣获圣地亚哥骑士的称号，即将成为所有新岛屿和新土地的总督、生与死的主宰、一支船队的主人，并且第一次能够不受阻碍地按照自己的意愿行事，这一定是极其奇妙的转变。

5

意志克服障碍

（1518 年 3 月 22 日－1519 年 8 月 20 日）

    我们在回味一些丰功伟绩时，往往倾向于将过程简单化，会把注意力集中在极具戏剧性和画面感的时刻，比如想象着恺撒越过卢比孔河进军罗马，以及拿破仑率军在阿尔科拉桥头作战[1]的情景。因为专注于重要关头，人们就会忽略同样富有创造力的前期工作，包括准备时期、耐心组织时期，以及酝酿行动时期所做的一切。麦哲伦的情形也不例外，画家和富有想象力的作家可能都想描绘他大获成功，率船队穿过他所发现的海峡的那一刻。其实，最值得大书特书的反倒是他在此之前，为装备适航船队，克服重重艰难险阻的整个历程。一旦他顺利成行，接下来的一切就简单多了，只需引导着它驶向梦想中的目的地。前不久还是个寡言少语的无名小卒，如今背负了重任的麦哲伦，面临着巨大的困难。原本缺乏组织经验的他，不得不承担一项全新的

---

① 阿尔科拉桥头战役（The Battle of Arcole 或 Battle of Arcola）：1796 年 11 月 15-17 日，拿破仑率军成功包抄奥地利军队。法军夺取阿尔科拉桥之举不仅断绝了奥军的后路，也使其妄图解除曼图拉（意大利北部城市）之围的计划化为泡影。

任务：要让他率领的 5 艘船做好出海准备，此行他只知道启程的港口，但不知道要航行多远。没有人能给麦哲伦出主意，因为没有人了解他冒险要走的那条前无古人的航线。没有人能告诉他这次出行要持续多久，会到达什么地方，经历哪些气候带，会闯进哪些族群的聚居地。他必须做好思想准备，接受一切可以想象得出的可能性：忍受极地的寒冷和热带的酷热，遭遇疾风暴雨和享受风平浪静，漂泊一两年或三年，与人交战或做生意。他要设法克服任何意料之外的阻力，精打细算，孤身奋战。现在，当这项宏大的冒险事业日渐清晰地展现出来后，此人具备的超常能量也随之勃发，一改长久以来被其他名声遮蔽的状态。

作为麦哲伦的著名对手，享有"海上的唐吉诃德"之称的哥伦布是一个心怀愿景、专注于实现梦想的人，他把具体的准备工作都交给平松兄弟和其他领航员去操办。但麦哲伦不同，他（在这方面酷似拿破仑）在大胆构思、纵情想象的同时，又注重一丝不苟的实施，事无巨细，亲力亲为。他的禀赋不仅体现在他丰富的想象力上，而且表现在他对痛苦的耐受力上。拿破仑在亲率大军乱哄哄地快速翻越阿尔卑斯山之前的许多星期里，一直在仔细盘算着该在哪一天，向何处运送多少磅弹药和多少袋燕麦，麦哲伦也一样，这位环球航行者在装备他的船队期间，也提前两三年想好了应对各种变故之策。

在实施这项重大创举时，社会环境中的惰性处处作梗，阻挠理念转化为现实的进程。这对一个孤僻的人来说，绝对是一项艰巨的任务。西班牙国王卡洛斯一世确实发誓将提供环球航行所需的一切，并命令他的每个官员和军官提供毫无保留的援助。但在国王下令，以及他不久后登上帝位所下的敕令，与得以落实之间，仍然存在着数不清的拖延和阻碍。一次又一次，这位具有创造性的人别无选择，只得亲自动手，完成真正的创造性的工作。在与商约之家、官府、经销商、供应商和工匠们打交道时，麦哲伦要仔细检查每个环节，他把将生命托付给他的船员当成家人，一并对他们负责。他亲自查验补给品；检查每项账目；检验装船的每一根绳子、每一块木板、每一件武器；从桅顶到龙骨，他对每艘船都了如指掌。此外，正如在重建耶路撒冷城墙时，建造者们一手拿着铲子、一手握着剑，麦哲伦在为前往未知之地筹备船队的同时，必须时刻警惕那些满怀敌意、千方百计想要阻止他们出航的人。这是一位孤胆英雄同时在三条战线上进行的英勇斗争，他要对付国内和海外的敌人，还要防备利用物质条件制造障碍从而达到扼制任何非凡事业的目的的敌人。为取得成就所做的准备，而不仅仅是成就本身，需要以大无畏的精神以及异乎寻常的自我牺牲的力量为依托。艰苦卓绝造就旷世基业，沧海横流方显英雄本色。

对麦哲伦探险活动的首次攻击来自葡萄牙。几乎不用说，这位冒险家与西班牙王室达成协议之后，葡萄牙国王第一时间就得到了密探的禀报。没有比这更令曼努埃尔一世恼怒的消息了。仅仅是香料垄断就已经让他每年有20万达克特的进项，若能占据香料产地，即摩鹿加群岛，获利肯定更丰厚。但是，国王派往那里的船只还在途中，假如西班牙人在最后关头抢先一步，从西线到达他的聚宝盆，那损失就太大了！葡萄牙的财政收入面临重大风险，必须全力阻止危害极大的探险队，于是国王指示葡萄牙驻西班牙大使阿尔瓦罗·达·科斯塔，要尽最大努力将麦哲伦的远航计划扼杀在摇篮中。

　　阿尔瓦罗·达·科斯塔打算双管齐下，全力解决这个问题。首先，他去找麦哲伦，对其威逼利诱。科斯塔威胁麦哲伦，责问他难道没有意识到，他这样为外国君主谋利，是背叛天主和他的合法君主的重大罪过吗？难道他不知道曼努埃尔一世想要娶西班牙国王的妹妹埃莉诺，而且一旦卡洛斯一世做了对不起曼努埃尔一世的事，这桩和美的联姻将会受挫吗？这位大使承诺，假如麦哲伦改变主意，宣布放弃协议，并作为一个忠诚的臣民返回里斯本，他将获得丰厚的报酬。但是麦哲伦知道他的君主对他没有什么好感，并且不无道理地认为他返回葡萄牙后，迎接他的肯定不是一大袋金币，而是一把匕首，因此他故作遗憾地答复说，这个提议听起来确实很好，只是他已经没办法接受了。他已向西班牙国王承诺，并将信守诺言。

　　虽然这个麦哲伦只不过是外交棋盘上的小卒子，无足轻重，但还真不容易被打败，既然如此，阿尔瓦罗·达·科斯塔就要大胆出招，将国王一军。他如期入宫，在与年轻的君主交谈时表现得毫不客气。我们从他写给曼努埃尔一世的一封信中了解到当时的情形。"关于费迪南德·麦哲伦的事，天主知道我做了多少努力，费了多少周折。我就在这里直言不讳地跟（西班牙）国王讲了这件事……当面说明白，一个君主违背友好邻邦国王的明确意愿，让邻邦的一名臣民为己效劳，这种做法既不礼貌也实属罕见……我还敦请他记住，现在不是羞辱陛下的时机，尤其是为了如此微不足道和成问题的一件事。他自己拥有众多臣民，可以随时展开探航活动，根本没必要雇佣那些对陛下不满的人……我向他解释说，这些人曾乞求回家，但遭到他的拒绝，如果陛下得知这种情况会多么恼火。最后，我恳求他，为了他自己，也为了陛下，在两件事中至少做一件：要么放这两个人回家，要么把航行计划推迟到明年。"

此时的国王卡洛斯一世年仅 18 岁，几个月前刚刚登上王位，在外交事务上仍然缺乏经验。当阿尔瓦罗大使声称麦哲伦和法莱罗希望返回葡萄牙，但被西班牙王室拒绝时，他一脸愕然之色，没想到阿尔瓦罗竟敢当面撒下如此弥天大谎。"他非常惊讶，"达·科斯塔说，"弄得我都不知所措了。"至于葡萄牙大使的另一项建议——将探航活动推迟一年，这显然是不能接受的。葡萄牙只需一年的时间就能装备好一支船队，然后把它派遣到香料群岛。因此，年轻的国王也没跟他争，只是冷淡地告诉大使，他最好去找乌得勒支的枢机主教阿德里安讨论此事。枢机主教把这个问题转交给枢密院商议，枢密院据此宣布，这种事只能找布尔戈斯主教丰塞卡，他是唯一有权向国王提建议的人。就这样，相关各方把阿尔瓦罗·达·科斯塔像皮球一样踢来踢去，借此拖延时间，而且每次都向他保证，卡洛斯一世一点都不想给"最亲密的好友和好兄弟"曼努埃尔一世添麻烦，葡萄牙的外交抗议被对方和颜悦色且不动声色地化解了。

达·科斯塔最终一无所获。相反，葡萄牙迫不及待的干预出乎意料地帮了麦哲伦一个大忙。那些身居高位者的反复无常与一位绅士的命运奇怪地纠缠在一起，而这位绅士直到不久前还是默默无闻的。曾经身为曼努埃尔一世名下一位下级军官的麦哲伦，一夜之间成了这位君主眼中的大红人，这还得归功于卡洛斯一世委托给麦哲伦一支船队之举。另一方面，自从曼努埃尔一世打算不惜一切代价买回麦哲伦的那一刻开始，麦哲伦在卡洛斯一世眼中的价值就飙升了。西班牙越是想加快出海进程，葡萄牙就越是急着要搞破坏。

葡萄牙王国驻塞维利亚领事塞巴斯蒂安·阿尔瓦雷斯负责实施这类破坏活动。他不停地在这些船停泊的地方转来转去，仔细观察各船上的一举一动，同时忙着逢人就说这种航行前途莫测，竭力劝诫水手们不要贸然参加。他还结交了听候麦哲伦调遣的船长们，与他们密切来往，择机挑拨这些内心已萌生不满的卡斯蒂利亚贵族们，时不时会提醒说，他们身为西班牙贵族和老兵，居然会在外国人，或者说葡萄牙冒险家的手下听差。人人都知道，民族主义是一根就连最粗糙的手都能轻易拨动的琴弦。没过多久，塞维利亚的海员们面对领导他们的葡萄牙人时就会妒火中烧。这些人从未悬挂着西班牙旗帜航行过，他们逃离了母国，却仅凭一个主意，就被任命为探险队总指挥，还获得了圣地亚哥骑士的头衔，实在让人想不通。但是阿尔瓦雷斯并不满足于在餐桌上和酒馆里用言语刺激这些船长们。这位领事的计划是挑动众人起而反抗，迫使王室收回麦哲伦的指挥权，如果运气好的话，甚至可能让他丧命。有一点不能否认，这个聪明透顶又会挑事的领事或密探煽风点火的手法十分高超。

在每个海港都有许多游手好闲的人，他们不知道该如何消磨时光。在那年 10 月一个阳光明媚的日子里，一群闲得无聊的人聚集在麦哲伦的旗舰特立尼达号边上，津津有味地看着工匠们将船体侧倾，然后清理底部并填补缝隙。他们把手插在口袋里，其中有些人可能正嚼着新近从西印度群岛贩来的烟草。看着船上的工人拿着锤子和楔子，用沥青和麻絮，熟练地修补每一处裂口和缝隙。忽然，其中一个旁观者伸手指向桅杆。

——"看！"他叫道，"简直太可耻啦！这个叫麦哲伦的人，鬼晓得是从哪里冒出来的，竟然在塞维利亚皇家西班牙港口，在一艘西班牙船上明目张胆地升起葡萄牙国旗。"

面对这种公然挑衅，围观的混混们群情激愤。众人的情绪不断升温，全然没有注意到，那个高调宣称国家荣誉受辱的西班牙爱国者根本不是西班牙人，这个煽风点火的人正是葡萄牙国王派驻在这里的领事——塞巴斯蒂安·阿尔瓦雷斯。不管怎样，人群发出的怒吼声引来了更多爱国者加入了抗议的行列。有人建议，干脆把外国国旗扯下来，于是暴民们冲上了船。

从天刚亮就一直在监督手下工作的麦哲伦，急忙向赶到骚乱现场的市长解释说，只是碰巧没在主桅上悬挂西班牙国旗，因为那天它被送去翻新了。此外，现在升起的旗帜并不是标准的葡萄牙国旗，而是他自己的指挥旗，他完全有权在自己的旗船上升起这面旗帜。麦哲伦态度十分谦和并表现出极大的耐心，委婉地申辩为何出现了这个疏漏，然后请求市长把捣乱分子赶下船。

但是，放火容易灭火难，一群暴徒或乌合之众一经煽动，总会寻机发泄一番。亢奋的人群继续以自己特有的方式寻欢。众人狂呼乱叫着，声言再不降下外国旗，他们就要自己动手。就在双方争执不下，眼看要失控的当口，商约之家的主管马蒂恩索博士来到现场。作为麦哲伦的好朋友，他恳请后者不要拘泥于他本应享有的权利，赶紧降下那面旗帜。然而，就在两人对话时，麦哲伦所求助的市长为了表达自己的爱国之情，已暗中叫来了港务长和一队警察。这位官员宣称，麦哲伦的傲慢行为侮辱了西班牙，并指示他的手下逮捕这个外国人，也就是胆敢在西班牙港口升起葡萄牙国旗的这个葡萄牙人。

马蒂恩索一再向港务长求情，并直言相告，擅自逮捕西班牙国王特许担任要职的王室官员是公然篡权行为，但无济于事。商约之家的负责人还告诫港务长，不要惹火上身。不过，现在说什么都太晚了。麦哲伦的人已经忍不住要与攻击者开战了。双方剑拔弩张，但船队总指挥稳如泰山的表现和不容侵犯的冷静态度制止了事态继续恶化，避免了双方大打出手的局面，从而使得葡萄牙间谍的愿望化为泡影。麦哲伦宣布他已经准备好下船，任由暴徒们随意处置卡洛斯国王陛下的财产，国王的管理港口的官员们将对因此造成的任何损失负责。虽然市长的情绪依然高涨，但听了这话，也意识到责任重大，不敢承担事态继续发展的后果。那些感觉民族荣誉受到侵犯的暴徒们只好骂骂咧咧地离开了现场，其中一些人几天后被处以鞭刑。麦哲伦当即写信给国王卡洛斯一世，解释说他是国王陛下的仆人，而国王无条件地支持他，刚发生的这件事是对国王陛下的侮辱。港口官员们因此被惩罚。阿尔瓦雷斯高兴得太早了，装备船的工作继续进行。

麦哲伦巧妙而冷静地化险为夷，彻底挫败了阿尔瓦雷斯的图谋。但别处不时又会出麻烦，他要平息一场接着另一场争端，而且几乎每天都会有人生事。商约之家一开始就打定主意，消极对抗此次探航。麦哲伦不得不请求国王亲自出面对付这个障碍。国王下了一道诏令，才让这个机构改变了顽固的态度。第一批装备已在 3 月份预订，但到了 7 月份还没有任何供货迹象；国王随后不停地催促，商约之家的财务主管突然发现账上没钱了。人们一度认为探险活动会因缺钱而无限期推迟。然而，麦哲伦不屈不挠的意志克服了一切阻力，他说服朝廷让一些有钱的市民参与这个项目。这支船队的装备总耗资 800 万西班牙金币（maravedi）①，其中 200 万是由克里斯托弗·德·阿罗仓促组建的一家公司提供的。按照约定，这笔款项的担保人将有权在以后的探险收益中获得同等份额。

既然解决了经费问题，他们就可以支付补给的费用并做好出海准备了。当陛下订购的 5 艘盖伦帆船齐集塞维利亚内陆港口时，它们并不显得特别壮观。"它们看上去都老掉牙了，到处都是补丁，"间谍阿尔瓦雷斯写道，"我都不敢乘坐其中的任何一艘前往加那利群岛，因为它们的肋骨看着像黄油一样软。"但是作为一个去过东印度群岛、经验丰富的航海家，麦哲伦深知老马往往更可靠，而且只要有精湛的技艺整修得当，哪怕是破旧不堪的船也能完全满足适航要求。就让造船木匠们去干吧。在木匠们忙着整修这些久经风吹浪打的老旧船只时，麦哲伦也在紧锣密鼓地招募经验丰富的船员。

这方面的难度也不小。尽管他派出的公告员跑遍了塞维利亚的大

---

① Maravedi：11-12 世纪在西班牙的摩尔人使用的金币。

街小巷，甚至远至加的斯和帕洛斯等港口，但始终没招够所需的船员。不知怎么的，坊间有传言声称这次航行或有不可告人的隐情。招募代办都说不清楚船队去哪里，还要求应招人员签署长达两年的合同，这不由得令人生疑。如此一来，精挑细选是不可能了，最后总算是连哄带骗拼凑了一支队伍。这些衣衫褴褛的人看起来就像是福斯塔夫①的一群分身。他们来自不同的种族和国家：西班牙人、黑人、巴斯克人、葡萄牙人、荷兰人、英国人、意大利人，以及卡普里岛和科孚岛的人。但不管怎样，他们是一群悍匪，真正的亡命徒，随时准备把自己的灵魂卖给魔鬼，只要能事先拿到钱，不论东西南北，去哪里都行。

那些人总算是签约了。但接下来麦哲伦又一次碰壁。商约之家声称，签约的船员当中葡萄牙人太多了，不该向这些外国人付钱。但是麦哲伦凭借王室的授权，明文约定他可以自由地选择远航的队伍，因此他态度坚决，毫不退让。他再次写信给国王求助。然而这一次，麦哲伦触到了卡洛斯一世的敏感点。国王宣布，船员中的葡萄牙人不得超过5人。他冠冕堂皇地声称，不想派遣太多葡萄牙船员为西班牙探险，那样会让曼努埃尔一世感到难堪，但实际上，他是担心麦哲伦和他的同胞结党营私。

与此同时，其他麻烦接踵而至。订购的补给（为了节省开支，大部分是从遥远的省份甚至远至德意志订购的）仍未到货。这边延误在

① 福斯塔夫（Falstaff）：莎士比亚历史剧《亨利四世》中的人物，他是王子放浪形骸的酒友，既贪财好色又机警幽默，是一个成功的喜剧形象。

添乱，那边一位西班牙船长拒绝服从船队总指挥的命令，并当着船员的面羞辱他。麦哲伦只好再次向王室求助，王室的权威再次被用来平息事态。国王颁布了一份接一份诏令，再次严格界定了各个官员的权限。问题接连不断地发生，让人感觉这些船恐怕永远都不会驶离塞维利亚的港口了。

然而，麦哲伦的机敏和无穷无尽的精力克服了一个又一个困难。曼努埃尔一世派来的领事一通忙碌后，黯然神伤，不得不承认他的对手就像铜墙铁壁一样坚不可摧，他竭尽全力阻挠这次探险的种种努力全都落空了。尽管阿尔瓦雷斯可以像鼹鼠一样暗中出招，但他已深感无能为力，因为麦哲伦实在太坚韧了。探航船队已经装备就绪，所有的船都装上了风帆，装载了货物并配齐了船员。万事俱备，这5艘帆船只等一声号令，然后扬帆，沿瓜达基维尔河顺流而下。一旦船队出海，麦哲伦就将成为把握全局的主人，无论是国王还是各方阴谋集团都不能再干扰他了。但他不知道，阿尔瓦雷斯的箭袋里还有一支毒箭。

关于这最后一击，我们在领事写给曼努埃尔一世的信中了解到了详情。它提到的是与麦哲伦的一次会面。"因为我认为，"密探向他的主人汇报称，"按陛下的指令行事的时机已经成熟，我去了麦哲伦的住处。我发现他正忙着往篮子和箱子里装食物和其他东西。我由此推断，他已决意走上邪恶之路，现在是我劝诫他的最后机会了。因此，我提醒他，作为一个善意的葡萄牙人和他的朋友，我曾多少次出手，试图阻止他犯下大错。我向他保证，他打算走的那条路充满了危险，他最好还是回家去讨陛下的欢心，因为他肯定能得到陛下的宽容……

他可以放心，这座城市里所有拥有一定地位的卡斯蒂利亚人，都惯于说他出身卑贱，缺乏教养……而且总的来说，他违背了陛下的国家的利益，被视为叛徒。"

这些诅咒和威胁丝毫影响不到麦哲伦。阿尔瓦雷斯假装友好说的这番话并不新鲜。谁能比麦哲伦自己更清楚塞维利亚和西班牙对他不友好？他每天每时每刻都注意到大臣们对他的每一项要求所表现出来的那种愚蠢而恶毒的反对态度；他也清楚地看到了从西班牙下级贵族冷漠而轻蔑的目光中流露出的憎恨和怒气。他知道作为他属下的卡斯蒂利亚贵族们极不情愿服从他的命令，他们只是迫于皇帝查理五世的权威才不失傲慢地对他以礼相待。没关系。就让塞维利亚的显贵们嫉恨他吧，让妒火中烧的人们高声怒骂，贵族们私下抱怨吧——既然船队已经做好了出航准备，那么无论是皇帝还是国王，更不用说区区恶意，都无法阻止他。他们的力量将停留在塞维利亚的城墙里面。一旦他到了海上，他就安全了。在那里，他将成为生与死之主、前路之主、目标之主，他将不再是西班牙的仆人，而是未知和未被征服土地的主人。

然而，到目前为止，阿尔瓦雷斯还没有射出他的毒箭。现在他从箭袋里拿出来了，再一次假惺惺地说，他只是想以"朋友"的身份给麦哲伦提个建议，"诚心诚意地"警告这位朋友不要觉得一切都平安无事；他最好重新效忠于他正当的君主，只需给国王曼努埃尔一世写封信，一切都将随风飘散并得到原谅。也许麦哲伦过于轻信西班牙朝廷的承诺了，但是阿尔瓦雷斯向他保证，西班牙并不像他想象的那样光明磊落。没错，西班牙国王任命他和法莱罗为探险队队长，并且颁发皇家许可状，任命他们为船队总指挥。但是麦哲伦确定国王没有在背后另发一套秘密指令吗？也许国王过于乐意相信丰塞卡主教的甜言蜜语。此外，他真以为自己能掌控法莱罗吗？难道他不知道法莱罗已在塞维利亚公然宣称，他（法莱罗）无意在航行中服从麦哲伦的命令吗？阿尔瓦雷斯奉劝麦哲伦不要再欺骗自己，也别再被人蒙蔽。尽管他有了印章和皇家特许状，他的船队总指挥头衔和最高指挥官的地位并不牢靠。国王当然（这是他能向他的朋友麦哲伦透露的全部）给其委派的船长们制定了一些秘密条款和指示，"当真相大白时，为时已晚，你已无法保住你的荣誉。""为时已晚，你已无法保住你的荣誉。"听到这里，麦哲伦火冒三丈。这表明到目前为止一直泰然自若，而且总是能够控制住自己的脾气的人，的确被这支毒箭射伤了。领事在信中报告说："当他发现我竟然知道这么多，他十分震惊。"一件作品的创作者总是比其他任何人都更清楚其内在的缺陷和隐藏的弱点。实际上，麦哲伦早就意识到西班牙朝廷模棱两可的表现，许多迹象使他相信并非一切都是光明正大的。卡洛斯一世任命了 3 位西班牙贵族作为他行动的"控制者"。的确，他们名义上只被称为监察员、司库和会计，表面上只负责记账，以便将来分配利润；而且，根据约定，他享有的最高指挥权得到保证，不受国王委派的司库约制。

但是假如这个无赖所说属实呢？或许其他人真的另有公文在手，只是没人跟他说罢了。或许胡安·德·卡塔赫纳、路易斯·德·门多萨和加斯帕尔·克萨达真的手握秘密指令。卡洛斯一世不是曾经违背过协议条款，禁止他带 5 个以上的葡萄牙人上船吗？西班牙王室是否真的相信他是葡萄牙的间谍？毫无疑问，那 4 个明显敌视他的西班牙船长，正在暗中与他作对。无论如何，一旦船队远离他的保护者卡洛斯一世，他们难道不会公开与他作对，以四对一反对他吗？难道他们不会依照秘密指令，要求行使多数决定权并废除他的特许状吗？果真如此，阿尔瓦雷斯的警告就是真实可信的，而且到时候真的就"来不及挽救他的荣誉了"。

麦哲伦无法否认，这位消息灵通的间谍影射的事情背后可能隐藏着某些实质性的东西。这是真的吗？国王果真一直在暗中反对他？他为这次航行作了如此精确的计算，现在面对的这种危险，本身就是无法计算的，也是无法预料的，他毫无防护能力。他感觉自己就像坐在牌桌前跟人玩牌，在他拿到一张牌之前就意识到，在座的其他人都参与了一场针对他的骗局。

麦哲伦在这个时刻所要忍受的是科里奥兰纳斯①的悲剧，这个莎士比亚笔下的悲剧人物因荣誉受辱而去国离境，投奔了敌营。科里奥兰纳斯和麦哲伦一样，是一位忠心耿耿为国效力多年的爱国者，然后，由于受到本国的不公正对待，一气之下与敌联手。最纯粹的情感都无法帮助一个变节者，无论是在罗马还是在塞维利亚。人们始终会怀疑，既然他会背弃一国，也会背叛另一个国；不再效忠一个国王的人可能背叛另一个国王。变节者虽胜犹败，一败再败，因为交战双方都憎恨他。

---

① 盖厄斯·马尔修斯·科里奥兰纳斯（Gaius Marcius Coriolanus，公元前 527– 公元前 488 年）：又译作科利奥兰纳斯，古罗马的传奇将军。莎士比亚据此史实创作了同名悲剧。

无论置身何处，他都是孤独的，孤身对抗所有的人。当主人公意识到自己悲剧性的处境时，悲剧才真正开始；也许就在此时此刻，麦哲伦第一次预感到了灾难。

但是，与占据绝对上风的强大命运抗争的人才是真正的英雄。麦哲伦断然拒绝了间谍的提议。不，他不会和国王曼努埃尔一世和解。他要忠于他的誓言，忠于他的职责。阿尔瓦雷斯不得不无比沮丧地退出，因为他算是看清了，只有死亡才会摧毁这位铁石心肠的人的意志，所以他给曼努埃尔一世的报告以虔诚的愿望结束："愿全能的天主做安排，让他们能够像科尔特 - 雷亚尔兄弟那样航行。"也就是说他希望麦哲伦及其舰队会像科尔特 - 雷亚尔兄弟那样，完全消失在未知的海洋中，他们的命运至今仍然是个谜。假如这个虔诚的愿望得到满足，那么"陛下不必再为此事操心，并将继续受到世界上所有君主的嫉妒。"

那支箭射中了目标。但它没有击倒麦哲伦，也没有削弱他的意志。但是它的毒性，火烧火燎猜疑的毒性，从此以后再也难以排遣。从这一刻起，麦哲伦知道或相信他在自己的船上被敌人团团围住。尽管如此，这种不安全感丝毫没有削弱他的力量，反而进一步强化了他的意志，使一个已经很勇敢的人更加无所畏惧，使他比以往任何时候都更加敢于冒险。一个眼看风暴即将来临的人知道，只有坚定果敢的船长能够拯救船只和船员，任何人都不能抗拒他的命令。

此后，任何会妨碍他自由实现自己意志的事情都不要再提了。他必须清除绊脚石。正因为监察员和司库奉命来控制他的行动，他才要打破这些枷锁。只能有一个总指挥。如果麦哲伦注定要孤军奋战，他就将真正地孤军奋战。在决定性的时刻，必须由一个人来领导和指挥；船队中不应再有两个队长、两位总指挥。一个人必须凌驾于所有人之上，而且必要时，要与所有人作对。麦哲伦已经成功克服了无数困难，最后一个困难就是要解除他的伙伴法莱罗联合指挥的职务。他不会让一个歇斯底里、争吵不休的傻瓜享有同等权威，共同推动他的事业。在船队离开港口之前，必须把这个累赘抛到船外。很长时间以前，这位天文学家就已经变成了累赘。在这几个月里他什么也没做，因为管教海员、修补船只、选择储备、测试武器和制定规则不是占星家的工作。麦哲伦知道，在航行中，法莱罗同样会成为绊脚石，不仅不会提供任何帮助，还会碍手碍脚。面对危险和背后的阴谋，他必须摆脱所有限制，能够为所欲为。

我们不知道麦哲伦使出了何等外交手腕，成功摆脱了法莱罗。也许法莱罗察看了自己的星象，发现此行凶多吉少，可能有去无回。总之，当麦哲伦力劝他留下时，他便顺水推舟。本来是被迫退出，但做成了在外人看来，他得到了高升。一道敕令任命法莱罗为第二船队（其船只和风帆只存在于纸上）的唯一指挥官，该船队将会追随麦哲伦，但时间未定——那一天永远不会到来。作为回报，法莱罗把他的地图和天文图表交给了麦哲伦。现在，最后也是最大的困难已经克服了，麦哲伦的事业，就像最初那样，完全是他自己的想法和他独有的行动。他要独自承受全部的负担和困难、规划和风险，以及一种独创精神所追求的极大满足，这种精神总是渴望只对自己负责——独自完成它的使命。

6

起 航

（1519 年 9 月 20 日）

　　1519 年 8 月 10 日，也就是两个世界的统治者卡洛斯一世签署协议 1 年零 5 个月后，由 5 艘船组成的探航船队终于驶离塞维利亚港，顺流而下到达桑卢卡尔 - 德巴拉梅达。这里是瓜达基维尔河汇入大西洋的地方。船队将在此处稍作停留，进行最后一次大修和补给。事实上，众人已在塞维利亚举行了告别西班牙的仪式。在维多利亚 - 圣玛利亚教堂，麦哲伦跪下宣誓效忠，在他的船员和虔诚的观众面前，由科雷希多·桑乔·马丁内斯·德·莱瓦授予皇家旗帜。在这个庄严的时刻，麦哲伦或会想起他在前往东印度群岛的初次远航之前，曾在一座大教堂里宣誓效忠。当时他宣誓效忠的是另一面旗帜——葡萄牙国旗，以及另一位国王，葡萄牙的曼努埃尔一世，而不是西班牙国王卡洛斯一世。世事变迁，当年他作为一名年轻的替补人员，曾满怀崇敬地注视着海军司令阿尔梅达展开那面丝质旗帜，并在跪着的众人头顶上挥舞，如今他的追随者同样仰望着他，把他视为他们命运的主宰和统帅。

麦哲伦在桑卢卡尔港，正对着梅迪纳－西多尼亚公爵①城堡的位置进行了最后一次集结。在演出开始之前，他就像一个指挥家在音乐会开始前检视他的乐队一样，满含着温情，一遍又一遍地检查整支船队。他对这 5 艘船的状况已经了如指掌。当他在塞维利亚初次看到它们时，他一定被吓坏了，一个个都已经破旧不堪，饱经风浪的摧残。然而，自那以后，人们在它们身上下了大功夫。这几艘大帆船已经被彻底翻新了，腐烂的木料全部更换，所有的缝隙和裂口都已经填补好了，里里外外都得到了彻底清理。麦哲伦亲自检查了每一块木板，以防其中任何一块内部已经腐朽或遭虫蛀；他还查验了系风帆的每一根绳子。帆是全新的，由坚韧的亚麻布制成，并打上西班牙主保圣人圣雅各②的十字架图案。侧支索也是新的，一切都井井有条，再也没有人敢嚼舌头，嘲笑这些已经焕然一新的大帆船了。当然，这些船的航速一般，肯定不适合参加帆船赛，因为船体宽阔，显得很笨重；但是，正因为如此，他们有足够的装货空间，可以在波涛汹涌的海上安然航行。不管谁看到了都敢说，它们能经得起狂风巨浪和战火的考验。舰队中最大的圣安东尼奥号帆船，排水量达 120 吨。不知何故，麦哲伦让胡安·德·卡塔赫纳指挥这艘船，并选择排水量少 10 吨的特立尼达号（他自任船长）充当他的旗舰。第三大的是排水量 90 吨的康塞普西翁号，由加斯帕尔·克萨达指挥；命中注定享有此名的维多利亚

---

① 梅迪纳－西多尼亚公爵（Duck of Medina-Sidonia）：西班牙王国最悠久的公爵封号之一。
② 圣雅各（Saint James）：耶稣十二门徒之一。

号^①，由路易斯·德·门多萨指挥，排水量为 85 吨；排在末位的是圣地亚哥号，排水量 75 吨，由若昂·塞朗^②指挥。较小的船吃水浅，机动性较强，主要用于侦察和探测未知水域的深度。船只吨位和类型不同具有很多优势，这些都是麦哲伦有意安排的；但是，要使 5 艘各式各样的船在时常出现暴风雨和大雾的公海上，一起航行一年或更长时间，还需要非常娴熟的航海技术。

桑卢卡尔港

---

① 维多利亚号（Victoria）：在西班牙语中，除名称外，还有"胜利"之意。
② 若昂·塞朗（João Serrão，葡萄牙语）：西班牙航海家。

麦哲伦不辞辛劳地从一艘船上到另一艘船，他决意要特别检查所有装载的货物，反复核实船上的货物。我们直到今天还能从历史档案中看出，史上最疯狂的探险活动之一的准备工作详细到了何等程度。浩繁冗长的账目显示了船队中每一把锤子、每一根绳子、每一令纸的成本，并精细到半个西班牙金币。这些由抄写员一丝不苟地誊写的一列列冷冰冰的、精确的数字，详尽和细致到了无以复加的地步，因而在展示麦哲伦的极大耐心方面，胜过了任何其他东西，或者千言万语。作为一个经验丰富的海员，船队总指挥十分清楚，为探索未知领域而备航的人肩负着多么重大的责任。他知道，在出发前遗漏的东西无论多么微不足道，在整个航程中都是无法补足的，而且始终不可能有机会弥补最初的错误。每个钉子、每卷麻絮、每个铅锤、每张纸，在他要去的未开发的地区，都会价值连城，因为再多的流血牺牲都无法提供他所缺少的东西。忘带了一件东西可能使一艘船再无用处，整个探险可能因错误的计算而失败。作为船队总指挥，麦哲伦的职责不是从公海才开始，而要在船只离港前就开始尽心尽职。

不用说，在进行最后一次检查时，要特别注意船队的粮食储备。这5艘船究竟需要什么，这265人在目的地和持续时间均无法确定的航行中要消耗多少东西？这太难算清楚啦。只有麦哲伦心里明白（谨慎起见，不能告诉他人），这趟旅程要持续好几个月，甚至可能要过好几年，才会有机会补充给养。因此，出发时多装总比少装好；而且，考虑到空间有限，这些数字是很可观的。在那个年代，航海途中人们吃的主要食物就是硬饼干，它是唯一能在海上长期保存的面包类食物。

麦哲伦花了 372 510 块西班牙金币，购入了 2 138 英担硬饼干。根据他的估算，这个巨量存货能维持 2 年。在其他存货方面也是一样，我们在查看货物清单时，不由得会想到这简直就是现代一艘 2 万吨级跨大西洋的客轮要带的给养，而不像是 5 艘总吨位介于 500~600 吨之间渔船（那时的渔船排水量大概略多于如今的十分之一）大小的帆船所需。

除了硬饼干，存放在阴暗货舱里的还有什么东西呢？除了一袋袋的面粉、豆子、扁豆、大米等豆类和谷物以外，还有 57 英担（5 700 磅）腌猪肉、200 小桶凤尾鱼、984 块奶酪、250 串大蒜和 100 捆洋葱。还有各种各样的美味，比如 5 402 磅蜂蜜、1 800 磅马拉加葡萄干、带壳的杏仁，还有大量蔗糖、食醋和芥末酱。在动身前的最后一刻，还有 7 头母牛被赶上了船，虽说这些四足动物用处很大，却注定活不长。不管怎样，船员们至少可以享用一段时间鲜牛奶，然后吃几顿新鲜的肉。但是那些精力旺盛的家伙对酒比对牛奶更感兴趣。为了让手下心情愉快，麦哲伦特意购买了产自赫雷斯的精酿葡萄酒，总共有 253 大桶和 417 小桶[①]，这些酒的量是按照每人晚餐喝一杯来计算配置的。

麦哲伦手持货物清单，登上每艘船逐一核实。把所有物资集中起来，查验品质，核算成本，再逐一付款，这是多么大的工作量啊！他白天要与各级官员据理力争，与各类供应商讨价还价；夜里也睡不安稳，唯恐遗漏了什么或者哪些地方计算有误。现在看来，他好像真的都安排妥当了，解决了 265 口人在航程中的饮食问题。是的，这些人

---

① 大桶容量 491 升；小桶容量 478 升。

会得到他们所需要的一切。但是，除了人以外，还有船。以往的经历告诉他，这些帆船也有生死；每艘船的寿命都是有限的，在航行中都会有所损耗。

暴风雨会撕裂风帆，扯断绳索；海水会腐蚀木料，使铁生锈；太阳会烤焦漆面，用来照明的燃油和蜡烛会消耗殆尽。因此，所有必需品必须有加倍或多倍预备：锚和缆索；木制品、铁制品和铅制品；备用桅杆和帆。船队装载了不少于40捆木料，以便随时修补受损的船体，必要时可以更换船板和木制肋条；还有成吨的柏油和焦油，蜂蜡和麻絮，以保持接缝不漏水。几乎不用说，船上还备有大量的钳子、锯子和锥子之类的工具，以及铁锹、铁锤、钉子和十字镐。成千上万的鱼钩，一打一打的鱼叉，还有充足的渔网，因为鱼和硬饼干都是船员食谱中的重要组成部分。

照明用具也一应俱全，除了一些又大又重用来在船上献祭的蜡烛外，还有89盏灯笼和许多蜡烛以及制造蜡烛的原材料。当然也少不了各种各样的导航用品：船用罗盘、沙漏、星盘、象限仪和球体投影图；另外还有15本空白账簿。为应对途中必定会发生的意外事件，还带了备用药箱、手术刀和切割器具；用于制裁无法无天之徒的手铐和脚镣。娱乐用品则包括5面鼓和20个手鼓，还可能带上了一些小提琴、长笛和风笛。

麦哲伦所率远洋船队储备了海量物资，以上所列堪称冰山一角，只是船员和帆船在遥遥无期的旅途中所需上千种物品中的一小部分。这支耗资8百万西班牙金币，装备精良的舰队并不是被随意派往未知区域的。它的 5 艘帆船也不仅仅是为了收集宇宙学信息，而是要为资助这次冒险的那些人尽可能多地赚钱。因此，用于易货的物品必须经过精挑细选并妥善保存。麦哲伦在东印度群岛的经历使他非常熟悉当地人的简单品味。他知道那些人渴望得到两样东西：一是镜子，可以让黑色、棕色或黄色皮肤的成年土著人清楚地照见自己的脸；二是大大小小的铃铛，它们会给孩子们带来无尽的快乐。船上至少有 2 万个这种铃铛，另有 900 面小镜子和 100 面大镜子。只是很可惜，大部分镜子都在航行中被打碎了。船上还有 400 多打"德国制造"的质量较差的小刀（货物清单上有明确记录："400 docenas de cuchillos de Alemania de los peores"），50 多打剪刀，必不可少的彩色头巾和红帽子，黄铜手镯、人造宝石和色彩鲜艳的玻璃器皿。一些土耳其长袍连同传统的锦缎和毛料被选作送给土著首领的精美服饰。简而言之，在西班牙被视为不值钱的"垃圾货"——就像在摩鹿加群岛毫无价值的香料，却成了再理想不过的"贸易商品"，当地的购买者给出的价值往往是原价的 10 倍或 100 倍。

这些梳子和帽子，这些镜子和其他玩意，只有在当地人愿意以和平的方式易货时才有用。但若出现其他情形，双方进入交战状态，另外一些充足的储备也会派上用场。帆船的炮位上还装载着令人生畏的 58 门野战炮、7 门鹰炮和 3 门射石炮，炮舱深处储存着大量的铁石弹，还有可铸造更多炮弹的大量原料铅。另外配备的 1 000 支长矛、200 支长枪，以及 200 个圆盾牌，则彰显出这次探险活动推动者势在必得的决心。超过半数的船员都配备了头盔和胸甲。至于船队总指挥本人，他从毕尔巴鄂买了两套盔甲，对于不懂得铁器为何物的野蛮人来说，他披挂整齐后就变成了一个非同寻常、刀枪不入的生物。因此，尽管麦哲伦希望避免打仗，但从军事角度来看，他的探险队与埃尔南·科尔特斯所率远征队的装备一样精良，后者在 1519 年的同一个夏天，率领一小队人马前去征服数百万人口的帝国。这是西班牙征服史上的一个英雄辈出的时期。

　　麦哲伦最后一次检查了 5 艘船的适航性和装备的完善程度，在此过程中他表现出了自己最显著的性格特征之一——超常的耐心。紧接着，他又开始视察全体船员。征召他们并不容易。整个招募过程持续了很久，经过一个星期又一个星期的努力，总算是把散落在各处小巷和酒馆里的这些人才聚拢起来。初来乍到时，他们衣衫褴褛，脏兮兮的，自由散漫，彼此间说着各种语言，有西班牙语、意大利语、法语、葡萄牙语、希腊语、加泰罗尼亚语和德语。是的，要把散乱的乌合之众打造成一个健全、可靠、循规蹈矩的团队需要一段很长的时间。不过，等到他们在海上航行了几个星期之后，麦哲伦还是会紧紧地掌控着他们。他曾当了 7 年替补海员，与普通水手和士兵同吃同住的他深知普通水手需要什么，了解他们能做多少，以及该怎样待他们。船队总指挥丝毫不担心他的船员。

　　但当麦哲伦看到奉命指挥另外 4 艘船的西班牙船长们时，他就没那么放松了。此时的他就像一个摔跤手，在与对手角力之初浑身上下的肌肉都会绷紧。这是胡安·德·卡塔赫纳，国王派来的监察员或总督察，他已取代法莱罗，成为圣安东尼奥号的指挥官。此人一脸冷漠、傲慢地看着他，带着难以掩饰（也许是故意不加掩饰）的蔑视。毫无疑问，胡安·德·卡塔赫纳是一位经验丰富的海员，野心勃勃，也令人肃然起敬，但麦哲伦无法判定这位卡斯蒂利亚贵族是否能够安分守己。国王任命他为总督察，是船队事务的最高负责人，并在法莱罗退出后，成为船队中头号帆船的船长。不仅如此，国王还授予他"conjuncta persona"（协同员）这一各种职责和荣誉集于一身的职称。这位布尔戈斯主教（他也出资参与了这次探险，是克里斯托弗·德·阿罗投资联合体的一员）的亲戚会满足于单纯的商业诉求吗？当麦哲伦仔细审视他时，阿尔瓦雷斯当初的警告在耳边响起：卡塔赫纳接受了秘密指示并手握尚方宝剑，等到真相大白时，麦哲伦就再也来不及保住自己的荣誉了。指挥维多利亚号的路易斯·德·门多萨也对他怀有同样的敌意。在离开塞维利亚之前，他有一次拒绝服从命令，但麦哲伦又不能无视这个暗中的敌人，因为他是探险队的钦定司库。在圣玛利亚教堂里，在展开的旗帜下，军官们的确宣誓要效忠和服从麦哲伦，但这毫无意义，因为在他们的内心深处，他始终是他们嫉恨的敌人。他必须密切监视这些西班牙贵族。

因此，幸运的是，他绕过了皇家诏书的约束并不顾商约之家的愤怒抗议，成功地把一些值得信赖的葡萄牙朋友和亲属偷偷带入船队。最重要的是，他带来了内弟杜阿尔特·巴尔博扎，一位年轻但老道的航海家；还有阿尔瓦罗·德·梅斯基塔，一位近亲，以及埃斯特旺·戈麦斯，葡萄牙最好的领航员。麦哲伦拉进探险队的朋友包括若昂·塞朗，他是作为西班牙人（因为他曾和皮萨罗以及佩德罗·达维拉斯一起在

"黄金的卡斯蒂利亚"①待过）加入的，但大概是葡萄牙人，是麦哲伦的老朋友弗朗西斯科·塞朗的亲戚。麦哲伦带着同行的若昂·卡瓦略也让他获益匪浅。若昂·卡瓦略多年前曾到过巴西，随他出行的还有棕色皮肤的妻子和出生在新世界的儿子。夫妇俩都懂巴西本地印第安人的方言并了解当地地形，或会帮上大忙。如果探险家们找到了他们寻找的海峡，并到达了香料群岛和马六甲的马来语地区，麦哲伦的奴隶恩里克将成为不可多得的翻译。但是总的来说，在他必须无条件依靠的 265 个人中，只有十几个人算是他的亲信。数量的确不多，但他别无选择，即便时间和敌我力量对比都对他不利，也只能冒险一搏。

麦哲伦神情严肃，在列队的船员面前缓缓走过，暗自盘算着谁是

巴西印第安人

他在关键时刻可以依靠的朋友，谁又是他的敌人。他丝毫没有意识到，自己因为太紧张了，不由得皱起了眉头。忽然间，麦哲伦的紧张情绪缓和下来，脸上露出了微笑。出现在眼前的是一个他几乎忘掉的人，这个编外人员、临时上船的帮手，就这样听从了命运的安排，跟着探险队出了海。或者说，这位文静、谦逊、年轻的意大利人、出身于维琴察省一个贵族家庭的安东尼奥·皮加费塔，

① 黄金的卡斯蒂利亚（Castilia del Oro）：16 世纪西班牙探险家阿隆索·德·奥赫达（Alonso de Ojeda）等人获得西班牙国王授权，前往如今的哥伦比亚和巴拿马沿海地带建立殖民地，并将这一区域命名为"黄金的卡斯蒂利亚"，表示如哥伦布所称，那里遍地都是黄金。

并非出于机缘巧合加入了这个由冒险家、猎金者和亡命之徒拼凑出的团队。他原本随着罗马教廷书记教士一起来到巴塞罗那，在皇帝查理五世御前做事。这个毛头小伙子还是一个罗得岛骑士[①]。皮加费塔很有可能在他家乡维琴察读过韦斯普奇的书《新发现的国土》（*Paesi novamente ritrovati*，1507 年在那里出版），作者在书中宣称他渴望"di andare e vedere parte del mondo e lesue meraviglie"（意大利语，大意是"去看看世界上的某个地方和它的奇妙之处"）。可能性更大的是，他的同胞卢多维科·瓦尔泰马广为人知的《旅行指南》激发了这位年轻意大利人的热情。他已经迫不及待地要见识一下"海洋中壮丽而可怕的东西"。当他听说有一支神秘的探险队要出发时，他再也按捺不住了，即刻向皇帝查理五世提出参加这次神秘探险的申请，皇帝把他推荐给了麦哲伦。就这样，一位非凡的理想主义者就将自己的命运与一群专业航海家、赏金猎人和冒险家们捆绑在了一起，投身于险境当中，不是为了荣耀，也不是为了财富，而是出于一种单纯的去看看世界的渴望。皮加费塔是一个名副其实的业余爱好者，纯粹是为了好玩才加入了探险队伍，想在见识、体验、欣赏和感受新奇事物，以及为冒险而赌命中寻求刺激和快乐。

结果就是，这个编外人员将成为麦哲伦航行中最重要的参与者。道理很简单，假如一个人的行为无人记述，它又有什么价值呢？一次

---

① 罗得岛骑士（The Knights of Rhodes）：又名圣约翰骑士团（Order of St John；Knights of St John）、医院骑士团（Knights Hospitaller），是中世纪时期闻名于世的军事基督教组织。

历史性的行动，仅仅是实现了还不够，只有对它的记述传承给后人了，它才完满。我们所说的历史并不是在时空中发生过的所有事件的总和；历史还包括那些事件的局部，被诗意或精确的描述点亮的片段或环节。如果没有荷马，也就没有阿喀琉斯。如果没有编年史家的记述，如果没有艺术家的重塑，英雄人物会默默无闻，其丰功伟绩会湮没于历史的长河中。因此，假如只有彼得·马尔蒂雷·德·安格希拉①阁下的"十年"系列、马克西米利安·特兰西瓦努斯②不加修饰的记录以及出自几个领航员的草图和枯燥的航海日志，我们对麦哲伦及其功绩应该知之甚少。只有不起眼的编外人员和罗得岛骑士皮加费塔，给我们留下了有关麦哲伦环球航行的详尽叙述。

这个值得称道的家伙，的确不能与塔西佗或者李维相提并论。无论是写作还是探险，他充其量只是一个讨人喜欢的业余爱好者。我们不能说他深谙人性，而且看来他没有注意到麦哲伦与船长们暗中较量的重要插曲。没错，皮加费塔不擅长察言观色，看穿人的心理，但他具有细致入微的观察力，就像一位专攻钢笔肖像的画家在学校练习写

---

① 彼得·马尔蒂雷·德·安格希拉（Peter Martyr d'Anghiera；西班牙文：Pedro Mártir de Anghiera，1457–1526 年）：曾为阿拉贡国王斐迪南二世和卡斯蒂利亚女王伊莎贝拉一世的宫廷专职教士、西班牙探险历史学家，并于 1518 年成为皇帝查理五世设立的印度群岛理事会的委员。他从包括克里斯托弗·哥伦布在内的众探险家那里广搜各种不知名文件，推出以"十年"为名的系列作品，专门介绍各地探险活动的新发现。1530 年，这一系列以《关于新大陆》（De Orbe Novo）为名汇集出版。他为此收集的一系列信件与报告是这一时期有重要价值的原始资料。

② 马克西米利安·特兰西瓦努斯（Maximilian Transylvanus，约 1490–1538 年）：麦哲伦探险队投资者克里斯托弗·德·阿罗的亲戚。他将对麦哲伦探险队成员的访谈汇集成册，出版了《麦哲伦航海记述》一书，简述了麦哲伦的环球航行。

周日远足的作文一样，表现出一种欢快而冷静的态度，准确地描绘出他所看到的细节。然而，他的记述也不总是那么可靠，因为他为人率直，老海员们很快就发现他是个新手，因而时常会捉弄他。但是皮加费塔凭着满腔热忱和认真态度描述着进入他视野的一切，从而弥补了上述不足。由于他不经意间运用了"贝立兹教学法"[①]盘问南美巴塔哥尼亚印第安人，这位罗得岛骑士出人意料地跻身名人堂，成为写出一种美洲大陆方言词汇的第一人。他还获得了另一项殊荣。莎士比亚这样的大作家在其传奇剧《暴风雨》中借用了皮加费塔的游记中的一个场景。一个天才从轻易就会飘逝的寻常之作中汲取了些许成分，并加入到自己千古留存的作品中，从而将一个无足轻重之辈绑缚在雄鹰的翅膀上，飞升至本由他独享的永恒之境，一个平庸作家能得到如此厚待，还有什么会比这更辉煌呢？

麦哲伦终于核对并视察完毕，可以问心无愧地告诉自己，他作为一个凡夫俗子，已经尽全力把该做的都做了，把该验算的都仔细验算过了。但是一次冒险之旅、一次发现之旅，需要仰赖更高的力量，而不是仅靠可以在人间称量的东西。在如此大胆的行动中，一个人在考虑所有成功前景的同时也要预见最有可能发生的不测，必须直面死亡和失败的可能性。因此，在塞维利亚，麦哲伦在临行前草拟并签署了他的遗嘱。

---

① 贝立兹教学法（Berlitz Method）：语言学家马克西米利安·贝立兹（Maximilian Berlitz，1852–1921年）所创世上首个广为人知的沉浸式授课法。他于1878年在罗得岛州创办的贝立兹语言学校挑战了传统的语言学习方式，并大获成功。

麦哲伦的这份遗嘱令读者无法不动情。一般来说，立临终遗嘱的人总会知道自己拥有多少可供支配的财物。但是麦哲伦该如何估算他的遗物呢？天知道一年后他会一贫如洗，还是富可敌国。目前，他在世间仅存的财产是与西班牙王室签订的一项契约。倘若麦哲伦探航成功，找到了传说中的"海峡"，真的到了香料群岛，并满载着货物返回，那么，从塞维利亚出发的那个穷光蛋冒险家就会成为大富豪，衣锦还乡。倘若他在途中发现了新岛屿，他的儿子和孙子除了获得来自那里的财富外，还将拥有总督和阿德兰塔多①的头衔。但是一旦探险失败，他无法找到可通行的海峡，或者他的船只失事了，他的妻子和孩子要想避免忍饥挨饿，就得去教堂门前乞求救济，祈求虔诚的信徒救他们一命。未来究竟如何，只能听天由命，听从可以呼风唤雨的诸神安排。作为虔诚的天主教徒，麦哲伦谦卑地顺从无法揣度的天主的旨意。

但是，即使是出于虔诚进行的处置，像麦哲伦这样的人也从来不会表现得模棱两可，以至于令人无所适从，因此，在处理身后事时，他表现出了一贯令人惊叹的预见性，此生如何过，死后亦如此。他罗列了所有的可能性，并仔细加以分级。"当我的今生结束并进入永生时，如果我死在塞维利亚城，我希望葬于圣玛利亚修道院……在分配给我的墓地里。如果我在这次航行中去世，我希望葬在离我死亡处最近的一座献给圣母的教堂墓地里。"接着，他虔诚而准确地列举了遗

---

① 阿德兰塔多（Adelantado）：西班牙王室在开拓美洲殖民地初期授予远征队首领的官职称号。又译"先遣官"，源自西班牙文 adelantar，意为"前进"。

赠给教会的遗产。在他应得的 5% 探险收益中的十分之一将分配如下：该十分之一的三分之一部分将赠给塞维利亚的圣玛利亚修道院，该十分之一的其余三分之二将分成三等份，其中一份给巴塞罗那市蒙特塞拉特的圣玛利亚修道院，一份给杜罗河畔阿兰达的圣方济各修道院，一份给波尔图的圣多明我修道院。塞维利亚的小圣堂将得到 1 000 个西班牙金币，他出发前在那里领受了圣餐，也希望安全返航后再去那里领受圣餐。他还要分别捐赠象征着好运的一枚雷阿尔银币给圣十字军、那些被摩尔人囚禁的虔诚的基督徒、圣拉萨罗疗养院，拉斯布巴斯医院和圣塞巴斯蒂安之家，并希望"他们可以为我的灵魂向我主祷告"。他希望在维多利亚的圣玛利亚修道院为他的灵魂举行 30 天的弥撒。此外，"我希望在我下葬的那一天，3 位穷人可以有新衣穿，每人能得到一件灰色斗篷、一顶帽子、一件衬衫和一双鞋，他们将为我的灵魂向我主祷告；我还希望在我下葬的那一天，这 3 位穷人和另外 12 位穷人能够得到食物，他们将为我的灵魂向我主祷告；我希望在我下葬的那一天，作为救济金赠送一枚金币给炼狱中的灵魂。"

我们自然会想，在分配完教会的份额之后，麦哲伦紧接着就会指定给妻子和孩子那份遗赠。然而，我们发现，令人感动的是，这个虔诚的信徒更牵挂他的奴隶恩里克的命运。也许在立遗嘱之前，他就一直忐忑不安，不知一个真正的基督徒是否有权拥有奴隶（尤其这个奴隶还接受过洗礼，因此是会内兄弟），并把一个拥有不朽灵魂的人视为自己的财产，就像他对待一块土地或他穿的外套一样。无论如何，麦哲伦不愿带着这样的不安去面对他的创造者，因此他明确约定："我宣布并命令，从我死后的那一天起直到永远，我的奴隶穆拉托人①恩里克，马六甲城里人，26岁左右，将被释放并成为自由人，从此得以退出、免除和解除所有奴役和服从的义务，他可以按照他的愿望和认为合适的方式行事；我希望从我的财产中拨出1万西班牙金币现钱给恩里克用于他生活所需；我要发布这一释放令，因为他是一个基督徒，他可以为我的灵魂向天主祈祷。"

只有到了现在，当麦哲伦仔细盘算了来世，并且想到了"在末日审判的那一天可以为罪恶深重的人说话的善行"，他才开始将注意力转向他家人的需求。即使在这里，他首先想到的也是一些非物质的事务，然后才是如何处置他的财产。我们从中可以看到，在他所有的遗产中，没有什么比麦哲伦家族的纹章和贵族头衔更让他感到困扰的了，因为他甚至详细约定了假如自己的儿子在无婚生子女的情况下去世（悲观的预感）该如何安排，明确指出了谁应该继承麦哲伦家族的贵族头衔并拥有麦哲伦家族纹章。既为基督徒，又身为贵族的麦哲伦，在这最后遗愿中热切渴望得到永生。

最后，一切都已安排妥当，写好了每个条款，这位船队总指挥稳稳地握住笔，郑重签下"埃尔南多·德·麦哲伦"②的名字，由此并外加见证条款使得该文件永久生效。但是命运并不会受到一支笔的束缚，也不会顺从誓言的约束，命运的永恒意志比任何凡夫俗子的意志

---

① 穆拉托人（Mulatto）：黑白混血儿。
② 埃尔南多·德·麦哲伦（Hernando de Magallanes）：此处麦哲伦选择了西班牙语名。

都要强大。麦哲伦在遗书中表达的愿望没有一个得到满足，这些经过深思熟虑的安排也没有一项得到重视。麦哲伦的遗嘱将持续无效。他指定的那些继承人永远不会成为继承人；他想要宽慰的穷人永远得不到宽慰；他的遗体不会被安葬在他指定的地方；他的纹章也将不复存在。这位环球航行家唯一的遗产是他的丰功伟绩，继承它的是全人类，而不是心存感激的某个人。

麦哲伦在故乡尽了他的最后一项责任。告别家人的时刻到了。他的妻子浑身颤抖着站在他面前，他们过了一年幸福的婚姻生活。她怀抱着他们的儿子，身体因抽泣而颤抖。他最后一次拥抱了她，紧紧握住他的岳父巴尔博扎的手，后者的独子将随着麦哲伦踏上冒险的旅程。然后他迅速离开，不想让妻子的眼泪把他软化，毅然决然地乘船去了桑卢卡尔，加入正在那里等着他的船队。麦哲伦在桑卢卡尔的小教堂里告解后，与全体船员一起再次领受了圣餐。1519 年 9 月 20 日，星期二（这是历史上重大的一天），在灰蒙蒙的早晨，船队起锚，鼓起风帆，并朝着即将驶离的大陆鸣炮敬礼。人类史上航程最远的发现之旅、最大胆的冒险，就这样开始了。

7

徒劳的搜寻

1519 年 9 月 20 日，麦哲伦的船队驶离桑卢卡尔。当时，西班牙的影响力已经远远延伸至欧洲以外。一星期后，这 5 艘船抵达特内里费岛，以装载更多的补给和淡水。那时，他们仍在查理五世皇帝的领土上。在驶向未知世界之前，这些将要环航世界的人还可以再次踏上西班牙的土地，用他们熟悉的语言交谈。

这次休整的时间很短。麦哲伦正要再次扬帆起航，远处海面上出现了一艘西班牙帆船，它给船队总指挥带来了他岳父迪奥戈·巴尔博扎的密信。密信往往是不好的消息。巴尔博扎警告自己的女婿说，他得知西班牙船长们私下已商量好，打算在航行期间反叛；主谋是布尔戈斯主教的表兄胡安·德·卡塔赫纳。麦哲伦没有理由怀疑这一警告的真实性和准确性。它只是证实了密探阿尔瓦雷斯那含糊的威胁："其他人接到的是相反的命令，当真相大白时，为时已晚，你已无法保住你的荣誉。"然而，事已至此，这一显然存在的危险只是让天生坚强的麦哲伦更加坚强。他不无自负地给岳父写了封回信，声称他无论如何都会坚持为皇帝效劳，不惜牺牲生命。那艘帆船带来的是他收到的最后一封信。他没有让船上任何人怀疑信中包含着一个多么令人沮丧而真实的警告，就下令起锚了。几小时后，远处的特内里费岛的顶峰变得模糊不清了。这 265 人中的大多数都是最后一次向祖国告别。

对于这个杂牌军的总指挥来说，最困难的事情就是让 5 艘吨位不同、速度各异的帆船步调一致。如果一艘船掉队了，就会迷失在无路可循的汪洋大海上。在出发前，麦哲伦就征得了商约之家的认可，精心制定了一个特殊制度，确保探险队的各艘船之间保持联系。是的，大致的航线已经告知各位船长和领航员了。但在公海上，常规命令是紧随特立尼达号航行。这在白天很容易，因为即使遭遇猛烈的暴风雨，各艘船也能互相看到对方。比较困难的是在夜幕降临后，所以安排了灯火信号。日落时分，在特立尼达号船尾，一盏灯笼里会点燃一把火炬，其他几艘船必须使其保持在视线之内。除了这一火炬，如果旗舰上点亮另外两盏灯，就是提醒随行船只，前方进入逆风区，需要减速，或者抢风航行。点亮三盏灯是告知后方船只暴风雨即将来临，必须收帆；四盏灯是让各船降下所有风帆。旗舰上闪灯或者鸣枪，是警告大家要谨慎航行，因为附近有浅滩或者沙洲。这一巧妙的夜间信号发送系统旨在应付各种不测。

旗舰上的灯光传令装置每发出一个信号，其他船只都必须以同样方式进行回应，这样总指挥才能确信自己的命令已被理解并将被执行。此外，每天傍晚夜幕降临之前，另外 4 艘船必须驶近旗舰，高呼"天主保佑你，总指挥、大队长、好伙伴"，向船队总指挥致敬，随后接收发给三名守夜人的指令。这种使四位船长与船队总指挥保持日常接触的仪式，或许在航行初期确保了船队的纪律。旗舰领头，其余跟随；麦哲伦设定航线，船长们必须接受，不得提出异议。

然而，正因为领导权死死掌握在一人手中，正因为这个难以接近、沉默寡言、独断专行的葡萄牙指挥官让他们日复一日地前去接受命令，好像他们只是雇工似的，其他船长越来越不安分。他们肯定觉得，在西班牙时，麦哲伦严守涉及"海峡"秘密的做法情有可原，免得被爱传闲话的和间谍听到，而一旦到了公海，就没有必要再保持高度警惕了，因为一片死寂、人迹罕至的大海是不可能泄漏秘密的。总指挥必定会邀请他们登上旗舰，向他们展示地图，还会告知他们自己精心守护的那一计划的细节。然而，他们发现麦哲伦越来越内敛、冷漠、难以接近。他没有召集会议，也没有向他们征求意见，甚至没有向他们当中航海经验最丰富的讨教。他们不得不白天跟随旗帜，夜间跟随灯笼，就像训练有素的狗一样默默服从。有几天时间，虽然麦哲伦一声不吭地按照自己的路线航行，西班牙船长们也没有对这一做法提出任何异议。但是，当总指挥没有像他们预料的那样朝西南驶向巴西，而是沿着非洲海岸向南驶向塞拉利昂时，卡塔赫纳在一次晚间报告时直截了当地问道，为什么违反最初的指示，改变航线。就卡塔赫纳而言，这样公开质询毫不过分（有必要坚持这一点，因为在有关此事的记述中，大多数为了给麦哲伦开脱，从一开始就把卡塔赫纳定性为叛徒）。我们必须认识到，身为最大一艘船的船长，又是西班牙国王的特派监察员，卡塔赫纳应该履行职责，询问总指挥为何偏离预定的航线，这样做合情合法。此外，从一个航海家的角度来看，卡塔赫纳有充分理由这样质问，因为航线的改变似乎是荒谬的，可能使船队白白耗费两周时间。我们不知道麦哲伦为什么改变航线。也许他沿着非洲海岸航行，直到几内亚，是为了在那里（遵循葡萄牙航海家的技术规则，西班牙人则不知道这一规则）赶上顺风。或者，他偏离通常线路的原因，可能是为了借助一条更北的航线，避开葡萄牙国王曼努埃尔一世派往巴西的船只。这件事本来没什么，只要麦哲伦信任自己的同事，解释清楚自己为什么要采取这种反常做法即可。

麦哲伦关心的并不是这一特殊事件本身，也不在意往西南方向多航行几英里，他一心要坚持自己起初就设定的原则，维持一支纪律严明的队伍。如果像他岳父警告的那样，他的追随者当中有人搞阴谋，他宁愿趁机迫使他们主动暴露出来。如果他们中有些人得到了秘密指示，他想知道这些指示是什么，并行使自己的最高权力。因此，卡塔赫纳船长向他提出质疑，正合其意，因为现在他要弄清楚这个西班牙贵族是以平等者的身份来的，还是以下属身份来的。事实上，这个位次问题已经变得有些拿不准了。最初，卡塔赫纳是皇帝派遣的总监察员；无论是以该身份还是作为圣安东尼奥号的船长，他都是船队总指挥的下属，无权提出质疑或提供建议。但是，当麦哲伦摆脱了自己的搭档法莱罗时，情况就发生了变化，因为胡安取代法莱罗的位子，成了"协同员"，而"协同"具有"协助和同等"的含义。因此，他们二人均有文件为证：麦哲伦可以拿出授予他探险队最高指挥权的文件，卡塔赫纳可以拿出任命自己为"协同员"的公文。麦哲伦断定这一问题不应再有什么争议。因此，针对卡塔赫纳依据"平等地位"合情合理地提出的疑问，麦哲伦毫不客气地回应说"照他说的做，任何人无权要求他作出解释"。

这当然是很粗鲁的，但麦哲伦认为挥动棍棒比咆哮或者商谈更有效。他的这种做法就好比在卡塔赫纳脑袋上狠狠地敲了一棒，以此暗示这位西班牙船长不要再心存幻想，要明白他的指挥官牢牢掌控着指挥权。但是，尽管麦哲伦大权在握，他缺乏诸多优秀品质，尤其不擅于在应答时运用绵里藏针的措辞技巧。他从未学会以友好的方式说出尖刻的话语，也从未学会以亲切、彬彬有礼的方式对待上司或下属。这样，这位充满活力的指挥官周围必然会出现一种紧张、敌对、恼人的气氛，可能会加剧潜在的分歧，因为卡塔赫纳确实认为麦哲伦改变航向犯了大错。

卡塔赫纳的看法不无道理。顺风没有到来，船队有 20 天无法航行。随后又有猛烈的暴风雨袭来，根据皮加费塔的浪漫想象，探险队得到拯救，仅仅是因为出现了安塞姆①、尼古拉斯和克拉拉这几位守护神的圣体（实际上是圣艾尔摩之火②）的一个明亮的幻象。

麦哲伦任意改变航线浪费了很多时间，最后，卡塔赫纳再也按捺不住内心的怒火。既然船队总指挥自以为无可指责，整个船队都应看

---

① 安塞姆（Anselm，1033-1109 年）：1093 年任坎特伯雷大主教，著有《上帝为何化身为人》。
② 圣艾尔摩之火（St.Elmo's Fire）：一种电击现象，经常发生于海上雷雨交加之时，在船只桅杆顶端之类的尖状物上产生如火焰般的蓝白色闪光。

到，他胡安·德·卡塔赫纳对这样一个不懂航海的人没有多少敬意。没错，每天傍晚，他指挥的圣安东尼奥号都会驶近特立尼达号报告情况，并接受麦哲伦的命令。然而，有天晚上，卡塔赫纳并未亲自出现在甲板上，而是派出了军需官，此人仅仅简单地打了个招呼："天主保佑你，老船长和首领。"

麦哲伦丝毫不认为这次有问题的问候是一次偶发事件。如果卡塔赫纳称呼他为"船长"，而不是"总指挥"，这明摆着是要让众人知道，他作为"协同员"并不承认麦哲伦是他的上司。麦哲伦立刻告诉胡安，他希望此后能得到恰当的问安。然而，胡安摊牌了，只是简单地回复道，他恳请得到原谅。这一次他通过圣安东尼奥号上的副手致以问候，但下一次他可能会通过船上侍者传达问候。随后，圣安东尼奥号接连三天当着各船的面没有向麦哲伦致以问候，这就是要向大家表明，卡塔赫纳并不承认葡萄牙指挥官那不受限制的最高权力。这位西班牙贵族明目张胆地（在这一点上胡安值得赞扬，他并非像人们所说的那样，只在背后捅刀子）向自己的葡萄牙对手下战书了。

一个人在决定性时刻的行为最能暴露其性格：正是危险展示了隐藏的力量和能力。和平时期被遮蔽的品质会突然浮出水面。麦哲伦对危险的反应一成不变：每逢紧要关头，他的沉默和冷漠就变得更加可怕。可以说，他一动不动。即使面对最粗鲁的侮辱，他浓眉之下那双眼睛也不会闪动一下，神秘莫测的嘴巴也不会抽动嘴角。他总是控制着脾气，但这种时候，在他冷静的大脑中，判断力像水晶一样清晰，同时，他一声不吭，考虑着自己的计划。在麦哲伦一生中，他不止一次给人以打击，或猛烈或迅速，但总是在长久的沉思之后出手，就像一朵云在闪电之前聚拢在一起那样。

这一次，麦哲伦像平常一样，依旧不动声色地暗自谋划。不了解他的人（他的西班牙下属还不了解他）可能认为他没有注意到卡塔赫纳发出的挑战。实际上，他正在准备反击。他知道，在公海上，他不能强行解雇他体形最大、装备最好的一艘船的船长。那就耐心点，再耐心点，最好表现得满不在乎。因此，麦哲伦对这一侮辱举动没有作出任何反应。他具有无与伦比的沉默寡言的天赋，还有盲信者的狂热、农夫的韧性和赌徒的激情。他表现得无动于衷，在特立尼达号的甲板上走来走去，好像是全神贯注地忙着处理船上杂七杂八的小事。圣安东尼奥号没有人在傍晚前去问候他，他似乎也没有表现出不安；西班牙船长们都觉得有些不可思议，没想到这个高深莫测的人竟表现出妥协的倾向。终于有一天，船队总指挥以一名士兵违反纪律为由，召集4位船长在旗舰上开会，这可是破天荒第一次。他们以为，麦哲伦觉得与伙伴们关系不好很不方便。当认识到向南航行是一个错误后，他终于明白了认真听取经验丰富的老船长们的建议，而不是把他们视为无足轻重之辈，才是明智的做法。胡安·德·卡塔赫纳跟其他人一起前去旗舰上开会。现在，他有机会亲自跟总指挥说话了，就再次询问为什么改变航线。根据事先制订的计划，麦哲伦依然保持冷漠。他很清楚，他不置可否的态度会使卡塔赫纳越来越愤怒。卡塔赫纳在船队的地位使他想说什么都可以，他再也无法抑制内心熊熊燃烧的怒火，因此大发雷霆，并公开拒绝服从命令。麦哲伦善于琢磨人的心理，他预料到，甚至希望会出现这种公开抗命的场面。现在他可以出击了。他一把抓住卡塔赫纳的衣襟说道"你被捕了"，随后命令助手逮捕了这个反叛分子。

其他西班牙船长目瞪口呆地看着。几分钟之前，他们还完全站在卡塔赫纳一边；即使现在，他们实际上还是支持自己的同胞，反对那个专横的外国人。但是麦哲伦以迅雷不及掩耳之势迅速出击，果断下令给自己的对手戴上了镣铐，这使他们惊慌失措。卡塔赫纳恳求他们提供帮助，但徒劳无益。他们谁也不敢做什么，也不敢对抗这个矮壮的小个子男人。这个男人首次从沉默的外表之下显示出自己的威力。在胡安即将被带走之际，他们当中才有一个人谦卑地转向麦哲伦，恳求说，鉴于被捕者是西班牙贵族，不要给他戴上镣铐，只要他以名誉担保不会逃脱就足够了。麦哲伦同意了，条件是受托看管卡塔赫纳的路易斯·德·门多萨发誓听命于总指挥处置犯人。这件事情就这样处置好了。一个小时后，另一位西班牙军官安东尼奥·德·科卡接替卡塔赫纳负责指挥圣安东尼奥号，夜幕降临时，他从甲板上以"船队总指挥"的称呼问候麦哲伦。一切似乎都没有改变，船队继续前行，平安无事。11月29日，桅顶上的瞭望员招呼下面的人，说他看到了巴西海岸。他们到达伯尔南布哥①附近之后并未登陆。最后，在12月13日，这5艘船经过11个星期的航行，驶入了里约热内卢湾。

对于疲惫的船员来说，这个海湾一定犹如天堂般美好，因为在那

---

① 伯尔南布哥（Pernambuco）：巴西东北部地名，今天是其26个州之一。

遥远的时代，它就跟现在海岸线上一座壮观的城市一样美丽。里约热内卢名称的由来，一是因为它是在 1 月 1 日被人发现的[①]，二是被人误称为"里约"[②]，因为人们误以为那片杂乱的岛屿后面是一条大河的入海口。它位于葡萄牙人的势力范围内，因此，麦哲伦曾接到指示要避免在此登陆。但是，葡萄牙人尚未在此建立任何定居点；这里没有令人生畏的要塞和不祥的大炮；这里基本上是一片无主之地，因此西班牙船队可以放心大胆地抛锚。他们刚一抛锚，当地人就从他们在森林边缘搭建的小屋里走了出来，迎接身穿盔甲的士兵。他们显出一副好奇的神态，但未表现出丝毫疑忌。他们对欧洲人温和而信任，尽管皮加费塔在日记中谴责他们是强悍的食人族，习惯于把战败的敌人插在巨大的钎子上烤熟，然后一小块一小块地割下来吃，就像是在享用从烤牛身上割下的美味。不管怎样，面对这些从天而降的白皮肤外来人，他们没有表现出吃人的倾向，所以士兵们没有必要使用火枪或者长矛。

　　几个小时后，一场易货活动搞得热火朝天。现在，优秀的皮加费塔如鱼得水。在长达 11 周的航行中，除了有关吃人的鲨鱼和奇怪的鸟类的几则趣闻之外，他找不到什么可以描述，找不到什么可以记载下来。当胡安·德·卡塔赫纳被捕时，他一定是在睡觉，因为关于此事他只字未提。现在不同了，他只恨自己写得不够快，这里有太多值得描述的奇闻异事。关于这里的壮丽景色，他确实未着一词，这不能

---

① 里约热内卢的葡萄牙语名称为 Rio de Janeiro，意为"1 月的河"。
② 里约的葡萄牙文名称 Rio 意为"河流"。

算是他的错，因为描述自然是 200 多年后的让 - 雅克·卢梭初次尝试的。但是他说到了菠萝这种新奇的水果，算是弥补了这一点："菠萝就像又大又圆的松果，但是很甜，比其他任何水果都要美味。"他还谈到了红薯，说它吃起来有点像栗子；他还提到了甘蔗。当他讲述本地这些可怜的傻瓜如何廉价出售食物时，他激动得不能自已。为得到一个小鱼钩，他们会给五六只家禽；为了一把梳子，他们给两只鹅；为了一面镜子，他们给十只漂亮的鹦鹉；为了一把剪刀，他们给的食物可以让十来个人饱餐一顿。为了一个铃铛（可别忘了船上装了两万个），他们给一大篮子土豆；皮加费塔自己用一副纸牌的老 K 换了六只家禽，瓜拉尼人①还以为这位罗得岛骑士不懂行情，他们在交易中占了大便宜。女孩子也廉价得出奇，正如皮加费塔以精妙的笔法所描述的那样，她们"全身仅披着长发"，给一把刀或一把斧头，你可以终身拥有两三个女孩子。

皮加费塔忙于记录时，水手们则用鱼钩换取丰富的新鲜食物，或者跟放荡的棕色皮肤的姑娘们一起寻欢作乐打发时间，与此同时，麦哲伦正在准备继续航行。他不反对船员们适当娱乐一下，但他仍然严格管教下属。根据他向西班牙国王作出的承诺，麦哲伦下令，在整个巴西海岸沿线，严禁购买奴隶或从事任何暴力活动，不让拥有这片土地的葡萄牙人有任何理由抱怨。

---

① 瓜拉尼人（The Guaranis）：南美印第安人，包括许多不同的部落，使用瓜拉尼语。主要生活在巴拉圭、巴西、玻利维亚和阿根廷，大部分人从事农牧业。

事实证明，这种秋毫无犯的做法让麦哲伦获益匪浅。由于当地人没有受到任何不公正对待，他们本来可能怀有的恐惧感很快就消失了。当探险队做弥撒时，他们成群结队在海岸上围观，心情愉快，天真浪漫。他们好奇地看着这奇怪的仪式，看到那些陌生的白人（他们认为这些人的到来结束了一场长期干旱）在十字架前弯下膝盖，他们也跪下来，像祈祷一样举起双手。在虔诚的西班牙人看来，这似乎表示他们已经不知不觉接受了基督教的圣餐礼。在过了13天之后，即1519年12月底，船队向南驶出了这个壮丽的海湾，麦哲伦再次起航时可以比当时任何一个征服者都更加问心无愧。因为，尽管他没能为自己的皇帝征服这片土地，但作为一个虔诚的基督徒，已经为天主赢得了新的灵魂。在探险队逗留期间，没有一个原住民遭到任何伤害，也没有人被强行带离家园和这片土地。麦哲伦在和平中到来，也在和平中离去了。

水手们依依不舍地离开了天堂般的里约热内卢，接下来沿着迷人的巴西海岸航行又不能登陆，也让他们心里很不痛快。但时间紧迫，不容麦哲伦再有耽搁。虽然他看似泰然自若，但心急如焚，促使他一刻不停地奔向由舍纳标注在地球仪上，且据传闻所称就位于某个特别区域的那个"海峡"。如果葡萄牙领航员的讲述和舍纳标定的纬度是正确的，穿越美洲的路线应该就在圣玛利亚角后面，于是麦哲伦选定了驶向这个海角的航线。最后，他于1520年1月10日到达那里。在其附近，他们看到一片广袤的平原上立着一座小山，就把这座山命名为蒙得维迪，今天称为蒙得维的亚。因为暴风雨，他们躲进了这个似乎向西无限延伸的巨大海湾。

事实上，这个巨大的海湾只不过是拉普拉塔河的入海口，但麦哲伦对此一无所知。他以为自己已经置身于那个秘密报告所描述的地方，那个一直向西直通摩鹿加群岛的水路的入口。他以为自己已经到达目的地。一切都符合描述。毫无疑问，这就是 20 年前葡萄牙人希望由此继续向西航行的地点。皮加费塔很明确地说，5 艘船上的人无一例外都确信他们终于找到了那个令人向往的海峡。"Si era creduto una volta esser questo un canal che mettesse nel Mar del Sur"（意大利语："大家相信这就是通向南海的那条水路"）——这个错误大概会让当时犯错的人显得很傻，不过，如果我们因此就笑话他们犯了这种错，那么我们自己也会显得很傻。当我们自己从蒙得维的亚驶向布宜诺斯艾利斯时，都很难相信仅仅是进入了一个河口，而不是驶入了一片公海，那些西班牙人信息不足，而这巨大河口的西岸遥不可见，怎么会认为这只是海洋的一个缺口呢？即使我们在学校学习过准确的美洲地理知识，都会感到惊讶、感到怀疑，大多数水手只见过塔霍河口、波河口或莱茵河口，怎能不相信自己正进入直布罗陀海峡、达达尼尔海峡、英吉利海峡那样一个海峡呢？毫无疑问，尽管向里航行一段距离后它在数小时航程中变得狭窄，但它会再次变得宽阔，肯定会通向南海。

麦哲伦坚持不懈地探索拉普拉塔河口，证明他一看到这片广阔的水域，就确信已经发现了正在寻找的"海峡"。这次探航白费了两个星期的宝贵时间。船队一到达此处时就开始的那场暴风雨刚一减弱，总指挥便将船队分成两路，较小的 2 艘朝西，实际上是驶向上游，去探寻推测存在的那条航道。较大的 2 艘船向南航行，驶过拉普拉塔河口，

"看看可否通行"，结果令他非常失望。在"蒙得维迪"苦等了两个星期之后，返航的分遣队映入了眼帘。桅顶没有欢快飘扬的三角旗，船长们带来了不幸的消息：他们原以为巴西海岸这个巨大缺口就是他们寻找的海峡，最终发现它不过是一条巨大河流的河口，因为他们航行了一段距离后发现这里流淌的是淡水。早在 1516 年，胡安·德·索利斯曾希望沿同一路线到达马六甲，但不幸遇难。为了纪念他，这条河被暂时命名为德索利斯河，后来才被正式命名为拉普拉塔河。

现在，麦哲伦唯一能做的就是保持镇定，不能让任何一位船长和船员发现他遭受了多么可怕的打击，又有多么失望。至少有一件事对他来说已经确凿无疑了，那就是舍纳的地球仪（或者他所依赖的任何地图）是不可靠的，葡萄牙人关于自己在 40 度纬线发现了一条穿越美洲的通道的消息是错误的。他得到的消息是错误的，法莱罗的计算是错误的，他自己的看法是错误的，他对卡洛斯一世和枢密院所作的承诺也是错误的。如果真的存在一个海峡——而且这个曾经如此自信的人第一次不得不承认存在一个"如果"——那么它一定在更南的方向。但是，继续向南航行就意味着驶离这片温暖的海洋。由于他们已经身处赤道以南很远的位置，再南下就意味着接近南极地带。在这遥远的南方，2 月份并不是冬天的结束，而是开始。除非他们能够很快找到通往南海的通道，除非能很快发现这个海峡，否则适航的季节就会结束，船队必将面临两种选择：要么回到温暖海域，要么在这寒冷的南半球高纬度地区过冬。

从侦察船带着坏消息返回的那一刻起，麦哲伦的心中必定满是悲观的想法；他心情阴郁，外面天色阴郁。海岸越来越贫瘠和荒凉；天色越来越昏暗。南方的白光熄灭了，蓝色的天穹一片灰暗，散发着香甜气息的热气腾腾的森林消失了，香脂的气味不再从远方的海岸飘上船。巴西那令人愉悦的景色已经永远消失，那里有茂盛的果树、摇曳的棕榈树、五彩缤纷的动物、热情好客的土著。海岸上除了企鹅以外见不到其他活物，它们看到有人靠近，就摇摇摆摆地走开；海狮在礁石上笨拙而慵懒地移动着。目之所及，没有其他生物，因为在这令人沮丧的荒原上，人和动物似乎都已灭绝。有一次，这是真的，陆地上出现了野蛮人的身影，他们身材高大，像爱斯基摩人那样身着兽皮，一见到这些陌生人就疯狂逃跑了。他们面对小铃铛的诱惑无动于衷，对船员们手中摇动的色彩鲜艳的帽子也没表现出任何兴趣。他们摆出威胁和拒绝的姿态，然后消失得无影无踪，这些探险者想要找到他们的住地，最终一无所获。

航行更加缓慢、更加艰难，但麦哲伦坚持向南航行，紧靠海岸。每到一处海湾，测深员都要站在外舷用测链测量水深。的确，麦哲伦早就不再相信那个可恶的地球仪了，因为它引诱他进行了白费功夫的航行。但是，还有可能发生奇迹；还有可能在某个意想不到的地方找到"海峡"，在冬天来临之前，船队将驶入南海。很明显，船队总指挥虽然不再自信，但仍抱有最后一点希望：也许舍纳和葡萄牙航海家们只是在纬度上搞错了，而且他正寻找的海峡比他们宣称的要靠南一些。2月24日，当船队到达另一个看不见西岸的海湾，也就是圣马蒂亚斯海湾的入口时，他心中再次燃起希望。麦哲伦再次派遣较小的船只前往探查，"viendo si había alguna salida para el Maluco"（西班牙语："去看看有没有通往马鲁古群岛的出口"）。不，什么都没有，那是另一个封闭的海湾。领航员们垂头丧气地回来了；他们还考察了另外两个海湾，同样徒劳无功，一个是帕托斯湾①，因为在那里看到的数量众多的企鹅而得名，另一个是特拉巴霍斯湾②，因为在那里登陆的全体船员遭受的艰难困苦而得名。冻得半死的男人们只带回了他们杀死的海狮，而没有带回渴望已久的有关海峡的消息。

船队在灰暗的天空下沿着灰暗的海岸向南航行，越来越远。希望越来越渺茫，白天越来越短，夜晚越来越长。赤道附近地区的和风早已被抛在后面，取而代之的是寒冷而猛烈的暴风雪。

大雪和冰雹使船帆变白，灰色的波浪高高涌起，随时会带来危险。船队花了两个月时间，穿越拉普拉塔河口和圣胡利安港之间一千英里的海岸线，时时刻刻与恶劣天气作斗争。几乎每天都有飓风摧毁桅杆，卷走船帆，但他们仍然没有找到那条"海峡"。他们曾探索一个又一个海湾，浪费了几个星期的时间，现在不得不为此付出沉重的代价，因为冬天已经到来。他们只得应对南半球这个冬天了，它狂暴而危险，海上巨大的风浪阻挡着南向的航行。半年过去了，麦哲伦似乎跟离开塞维利亚的那天一样远离目标。

---

① 帕托斯湾（Bahia de los Patos）：又译为"企鹅湾"（pato 在西班牙文的意思是"鸭子"）。麦哲伦的船队在那里首次发现了企鹅，这种企鹅后来被命名为麦哲伦企鹅。
② 特拉巴霍斯湾（Bahia de los Trabajos）：西班牙文 trabajo 有"辛劳"之意，又译为"辛劳湾"。

船员们开始显得不安，本能地意识到出什么问题了。他们在塞维利亚签约受雇时，不是说他们这次航行是去香料群岛，去阳光明媚的南方，去一个天堂般的世界吗？总指挥的奴隶恩里克难道没有向他们保证过，说自己的故乡是一个安乐乡，那里最珍贵的香料可以随时采摘，而不必那么辛苦吗？难道没有向他们承诺他们可以得到财富并能很快回国吗？可是，这个沉默而险恶的家伙正带领他们进入了一个寒冷而贫穷的世界。有些日子，他们可以看到太阳，它在低低的天空划出一道弧线，发出淡黄的光线；但通常来说，天空阴云密布，空气中弥漫着雪的气味。刺骨的寒风呼啸着吹进他们破旧的衣服，结了层冰的绳子磨掉了他们冻僵的双手上的皮肤，他们呼出的气体是白色的。至于这片土地，看起来是多么荒凉啊。甚至连食人族也因为寒冷而逃离了。当他们上岸时，找不到新鲜水果，只有鱼和海狮。冰冷的海水几乎跟暴风雪横扫的海岸一样没有生命的迹象。这个疯狂的葡萄牙人把他们带来哪里了？他要去哪里？他的目的是在冰雪中过冬，还是把他们带到南极去？

　　麦哲伦试图平息他们的不满，但没有成功。他告诉他们不要丧失勇气，不要害怕这一点寒冷的天气。挪威和冰岛的海岸位于更高纬度地区，但在春季跟西班牙的海岸一样适于航行。他劝他们再忍受几天。如果有必要的话，他们可以入坞过冬，等天气好转，再继续航行。但是，空洞的语言安慰不了这些人。跟北欧进行的比较是站不住脚的。挪威和冰岛是另一回事，西班牙国王从未预见到船队会在这样冰冷、荒凉的环境中航行。挪威和冰岛的海员从小就习惯了寒冷，从未到过离家一两个星期航程之外的地方，而船队总指挥把他们带到了一个基督徒从来未涉足的冰冷荒地，甚至是野蛮人和食人族、熊和狼都要避开的荒地。他为什么要走这条弯弯绕绕的航线，而不走另一条航线呢？那条航线经过东印度群岛，很方便就能通往香料群岛，而不必闯入如此荒凉的地方。船员们面对安抚他们的麦哲伦，就用这些问题予以回应。毫无疑问，他们置身于阴暗的船舱里时，私下里说的话会更难听。在塞维利亚时，他们只是窃窃私语，现在又一次开始怀疑，这个可恶的葡萄牙人是不是两面派？为了重获曼努埃尔一世的支持，难道他没有可能打算摧毁这5艘载有全部船员的西班牙船只吗？

西班牙船长们心照不宣地观望着这种反叛情绪的滋生。他们没有参与煽动这场骚乱；他们尽可能避免跟船队总指挥说话；他们很明显在保持沉默；但是，他们的沉默可能比水手们暴露无遗的不满情绪更加危险。作为航海老手，他们并非看不出来麦哲伦内心感到失望、对自己的"秘密"不再有把握了。如果他真的知道传说中存在的"海峡"的确切经度和纬度，为什么要浪费两个星期去探索拉普拉塔河口呢？为什么要继续浪费宝贵时间去调查他们看到的每一处水湾呢？当他宣称自己知道航线时，他一定要么欺骗了国王要么欺骗了自己，因为他显然不知道这条航线，而只是在寻找它。他们幸灾乐祸地注视着，看着他在每一个新发现的缺口处审视那荒凉的海岸。好吧，就让他越来越远地往南航行，在白霜中越来越混乱吧；他们不必抗议，也不必劝说。很快，他就会被迫承认其实他并不知道该去哪里，也不可能再往前航行了。到那时，他们就能让他变得服服帖帖了。

在那几个星期的时间里，很难想象还有人会比麦哲伦的处境更糟糕。在经受了两次无法承受的失望，一次是在拉普拉塔河口，另一次是在圣马蒂亚斯湾，他痛苦地认识到，他不该相信舍纳的地球仪和葡萄牙航海家的报告。他面临着可怕的选择：要么相信传说中的"海峡"根本不存在，如此说来，他本人受了骗，他也欺骗了新主人；要么相信这个海峡确实存在，但它在更靠南的位置，距离南极更近。因此，最好的情况是，他只能希望在寒冬结束后到达那里。冬天把他困住了。即使他们现在发现了那条通道，考虑到船只破旧、船员满腹牢骚的现状，在春天到来之前也无法利用。他们已经航行了 9 个月，仍然没有像他早就承诺的那样到达摩鹿加群岛。由于受到风暴、霜冻和严寒的威胁，船队正漫无目标地飘荡着，在飓风中拼命挣扎。

眼下最合理的做法是告诉大家真相。不如把各位船长召集起来，告诉他们地球仪和葡萄牙领航员们的报告使他误入歧途，只能等到明年春天再开始寻找那条海峡。现在最好是改变航向，避开风暴，沿海岸向北驶向巴西，在那里找一处温暖宜人的地方过冬，修补破旧船只，让船员们养足精神，明年春天再返回南方。

这明显是最佳选择，也应该是最人道的做法。但是，麦哲伦已经冒着危险走得太远，不愿意回头了。他声称自己知道一条通往摩鹿加群岛的未经探索、距离更近的路线，以此自欺欺人太久了。他对那些对他的全知全能有一丁点怀疑的人打击得太狠了：他羞辱了那些西班牙船长；解除了国王派到船队的最高官员的职务，并把他当作罪犯对待。事已至此，只有取得一项至关重要的成就才能让他脱罪。如果他仅仅给出一点暗示（更不用说坦率承认了），说他不再像告诉卡洛斯一世国王的那样确信无疑，那么各位船长和全体船员就会毫不犹豫地抗命。船上最年轻的侍者也会拒绝向他敬礼。对麦哲伦来说，不可能回头了。只要他一决定掉头前往巴西，他就不再是军官们的指挥官，而会变成他们的囚犯。因此，他决定孤注一掷。就像科尔特斯在同一年烧毁船只、使船员们不可能折返那样，麦哲伦要把船只和船员留在一个偏僻的地方，要偏僻到就算他们想要往回走，也无法做到。等到春天来临，他找到了那条通道，那他就功成名就了；如果找不到，他就完蛋了。既然最初的计划已经失败，麦哲伦就没有中间路线了。只有一意孤行才能给他力量，只有大胆才能救他。他再次一声不响，这个深不可测、精于算计的人准备着决定性的一击。

一天又一天过去了，天气越来越差，气温越来越低，航行越来越艰难。整整两个月过去了，也仅仅向南航行了不超过 14 个纬度的距离。最后，在 1520 年 3 月 31 日，海岸线上又出现了一个缺口。怀着转瞬即逝的一线希望，麦哲伦又调查了一番。它能通行吗？它会不会是渴望已久的"海峡"？不，那是一个封闭的海湾。不过，麦哲伦还是进去了。这是一个有着天然屏障的地方，水里似乎有很多鱼，所以他下令抛锚。然后，船长和船员们听到了让他们吃惊且沮丧的消息，船队总指挥在没有征求任何人意见的情况下，独自决定探险队在圣胡利安港过冬。这个不为人知、无人居住的海湾位于南纬 49 度，是他们偶然发现的最阴暗、最遥远的地方。此前，欧洲人从未来过，这里与欧洲相距太远，似乎遥不可及。这里将是他们过冬的地方。

8

哗变

（1520 年 4 月 2 日—1520 年 4 月 7 日）

　　他们在圣胡利安港陷入困境。这里虽有天然屏障，却不是过冬的好地方。麦哲伦与船员们的矛盾也不可避免地日益激化，形势比在公海上时更糟糕。麦哲伦明知自己与船员们的关系已经很紧张，依然要推行势必引发众怒的一项措施，由此可见他有多坚强。只有他一个人知道，即使在最好的情况下，船队也要在数月后才能到达他所寻找的那些富饶岛屿，因此他决定减少日常食物配给。在地球的尽头，置身于一群心怀敌意的下属当中，他却在决定就地过冬的第一天就公布了会得罪每个人的举措，从此以后要大幅减少面包和葡萄酒的定量，这种非凡的胆识实在令人叹服。

　　事实证明，正是这一积极举措最终拯救了整支船队。如果当初没有坚决减少口粮，这群环游世界者就不可能完成横渡太平洋的百日航程。但是，船员们对自己无法理解的这次冒险完全失去了兴趣，决不愿意接受这种限制。这些苦不堪言的水手们还没有昏了头，直觉告诉他们，就算麦哲伦借着此次航行赢得了不朽名声，他们当中至少会有

165

四分之三的人注定要死于寒冷和饥饿、劳累和困苦以及海上的厄运。他们抱怨说，既然食物短缺，就更应该返航了。他们向南航行的距离超过人类记忆中的任何船只。等他们回家后，谁也不能指责他们逃避责任。何况有些人已经被冻死了。他们签约上船时，以为要去摩鹿加群岛，没想到却要在极地海洋上航行。根据当代西班牙历史学家的记述，麦哲伦以公开演讲的方式回应了这些大逆不道的言论，但他的那番话与其生硬和执拗的本性不符，因带有太多普鲁塔克和修昔底德的味道而令人无法相信是真的。按照历史学家的记述，麦哲伦表示，他万万没想到卡斯蒂利亚人如此脆弱，竟然忘记了这次航行是奉国王之命，是为了自己的国家。他身为这次航行的总指挥，希望能在同行的伙伴中看到西班牙人一直以来所表现出的活力和勇敢精神。就自己而言，他决心宁可死在外面，也不愿回国活在耻辱之中。他希望船员们再忍一忍，熬过冬天。他们经受的艰难困苦越多，得到的回报就越大。

漂亮话缓解不了饿肚子的痛苦。在这关键时刻，拯救麦哲伦的不是花言巧语，而是他毫不退让的决心。他挑起了船员们的抵抗之心，这样就能更好地进行镇压。他宁愿马上解决问题，也不愿像懦夫一样拖延。与其被逼到绝境，不如直面敌人。

麦哲伦毫不怀疑，问题肯定能得以解决，而且指日可待。数星期以来，他和船长们都抱持着沉默，互相提防，紧张气氛越来越浓。在此期间，他们每天在空间狭小的船上相遇时态度冷淡。这种沉默迟早会在骚动和暴力中结束。

探险队陷入危险境地，责任人应是麦哲伦，而非西班牙船长们；

而习惯性地把他的下属描述成一小撮邪恶的叛徒，或是只会敌视天才的一群小人，也缺乏正当理由。在此紧要关头，船长们不仅有权，甚至可以说有义务要求总指挥说明自己的意图，因为除了他们自己的性命之外，260 名部下的性命也危在旦夕。查理五世任命卡塔赫纳、门多萨和加斯帕尔·克萨达分别担任船队监察员、司库和会计时，不仅给了他们头衔和薪水，还给了他们一份责任。他们必须担负起照管这 5 艘船的责任，并在必要时保卫这些重要的皇家财产的安全。毫无疑问，在巴利亚多利德举行的仪式上，麦哲伦依法获得了最高指挥权，但它的合法性在于他的承诺——要走一条前往香料群岛的捷径。如今，9 个月过去了，他仍未发现那条航线，也没有到达摩鹿加群岛。因此，考虑到麦哲伦显然已不知所措，那几位宣誓效忠国王并领取薪水的督察坚决要求总指挥别再遮遮掩掩，至少揭开一部分遮住他"惊天秘密"的面纱，对此他没什么可抱怨的；他们要求他摊开底牌，以示其心怀坦荡，他也没有理由心怀不满。西班牙军官们要求他们的首领不再保密，与他们坐下来协商，讨论船队今后的去向，或者，正如胡安·塞巴斯蒂安·德尔·卡诺后来在报告中所说的，"que tomase consejo con sus oficiales y que diese la derrota a donde quería ir"（西班牙文："[他应该] 与他的军官们商议并告诉大家他想要走的航线"）。

但是，只要麦哲伦不能确定自己手握一把王牌，他就不敢摊牌，这既让他深受折磨，又是他咎由自取。他不能借助舍纳的地球仪，因为那上面的"海峡"被错误地描绘在北纬 40 度的位置。现在他已将卡塔赫纳免职，就不能说"我因为虚假的报告而误入歧途，也同样把你们引入歧途了"。他信誓旦旦地说有一条海峡，但又无法正面回答有关它确切位置的问题，因为他自己也不知道它在哪里。他必须装聋作哑，必须缄口不言，并准备在众人逼问太紧时，进行反击。大体上，情况是这样的：国王的管理员们早已厌倦了麦哲伦回避实质问题的表现，对他穷追不舍，坚决要求他说清楚，接下来要怎样对待托付给他的 5 艘船和所有的船员。麦哲伦则不能在发现海峡之前承担责任，也不能召集西班牙船长们商议此事，因为那样的话他的信誉和权威便荡然无存了。

因此，正义显然是在军官们一边；当他们表现出对麦哲伦缺乏信任、对船队命运感到担忧时，这并不是毫无意义的好奇，而是在履行职责。船队首领之前含糊其辞的表现足以说明事态紧迫。值得称道的是，西班牙船长们并没有对麦哲伦发动卑鄙的攻击。在诉诸暴力之前，他们发出了明确警告。他们等了好几个星期，盼着他召集大家开会，直到他们发现麦哲伦没有向他们征求意见就采取了决定性措施，下令在圣胡利安港过冬，他们这才下决心采取强硬手段，迫使这个顽固的并一直保持沉默的人给出答复。他们最后一次暗示，他们没耐心等下去了。如果麦哲伦愿意的话，是能够理解这一暗示的。他摆出一副谦和的姿态，正式邀请他们参加复活节礼拜日的弥撒，然后在旗舰上共进晚餐，希望借此平息他的独断专行在船长们当中激起的愤怒。然而，这些西班牙人不会上这种当。他们认为，费尔南·德·马加良斯这个贵族用欺诈手段获得了"圣地亚哥骑士团骑士"这一荣誉称号。他们身为经验丰富的航海家和西班牙国王的高级官员，跟这个家伙一起航行了 9 个月，却从未受邀发表自己对航线的看法，于是他们拒绝了共进晚餐的邀请。事实上，他们甚至没有谢绝，只是对其示好举动置之不理。卡塔赫纳、克萨达和门多萨这几位卡洛斯国王任命的船长，根本没有说明不去赴宴的原因，只是轻蔑地忽视了邀请。他们在麦哲伦的餐桌旁的位置都空着，盘子也没有动过。只有麦哲伦的表弟梅斯基塔参加了晚餐。麦哲伦曾以科卡"不可信任"为由，自行任命表弟为圣安东尼奥号船长。晚宴遭遇了冷场。麦哲伦手下这几位船长一起故意羞辱了他，以此再次发出警告，他们是站在一起的，而他只能单枪匹马对付他们所有人。他们公开发出了挑战。

麦哲伦不可能不明白这是挑战，但他坚强勇敢、临危不惧。他既没有大发雷霆，也没有表现出失望，只是默默地跟这位亲戚共进晚餐，像往常一样在旗舰上发布命令，并在夜幕降临时躺下睡觉。很快，灯光熄灭；一动不动地停泊在幽暗海湾中的 5 艘船，如同沉睡的海洋巨兽；乌云低垂，这个漫长的冬夜漆黑一片，从一艘船的甲板上几乎分辨不出其他船的轮廓。沉沉夜色笼罩了一切。除了海浪的拍打声，什么也听不见；值班人员谁也没有意识到，半夜时分，一只带有消音桨的划艇从一艘船出发，悄无声息地向圣安东尼奥号划去；谁都想不到3 位船长，卡塔赫纳、克萨达、科卡，会在这条小船上，前去发动袭击。这几位反叛者的计划是经过深思熟虑的。他们知道，只有占据绝对优势的武力才能迫使像麦哲伦这样勇敢而坚毅的对手就范。查理五世很有远见，任命的船长大多数是西班牙人。当船队起航时，只有一艘船，也就是旗舰，由葡萄牙人指挥，其余 4 艘均由西班牙人控制。

然而，麦哲伦武断地改变了皇帝的安排。他先是解除了卡塔赫纳的船长职务，任命科卡担任圣安东尼奥号船长，随后又解雇科卡，并任命表弟梅斯基塔接替他。有了这2艘大帆船听从调遣，他就成了船队的主人，加之第5艘船圣地亚哥号的船长塞朗是他的支持者之一，其地位就更加稳固了。在反叛者看来，似乎只有一种办法可以剥夺这位总指挥的优势，回归皇帝的意旨。他们必须夺回圣安东尼奥号的控制权，罢免被非法任命为船长的梅斯基塔——尽可能做到兵不血刃。这样，西班牙人就可以控制3艘船，对抗麦哲伦的2艘船，使他不能轻举妄动，直到他同意提供他们想要的信息。

　　他们开始小心翼翼、按部就班地实施这个计划。划艇上载着30名全副武装的船员，贴近了沉睡中的圣安东尼奥号。在卡塔赫纳和科卡的带领下，所有人都利用绳梯爬上了船。他们两人都曾是该船船长，知道船长室在哪里。梅斯基塔没来得及起床，就被持刀的一群人团团围住。他们给他戴上镣铐，推搡着他进了事务长的隔间。这时，圣安东尼奥号上有些船员已被惊醒。其中一位，水手长胡安·德·洛里阿加，意识到船上又发生叛乱了，厉声质问克萨达要干什么。克萨达用匕首刺了他6下作为回应，洛里阿加流着血倒在了甲板上。船上所有葡萄牙人都被戴上了镣铐。于是，麦哲伦的支持者失去了战斗力。现在，为了赢得其他船员的支持，克萨达命令打开储藏室，让这些人取走了大量葡萄酒和面包。除了洛里阿加被刺死，使原计划的绑架变成了流血哗变之外，其他都是按计划实施的。卡塔赫纳、克萨达和科卡平静地回到他们的船上，做好准备，以防不测。他们把圣安东尼奥号的指

　　　　　　　　　　　　　　　　　海洋征服者麦哲伦

挥权交给了胡安·塞巴斯蒂安·德尔·卡诺。这个人值得留意，此时他奉命阻止麦哲伦，但在将来的某一天，命运之神会选择他来完成麦哲伦的未竟事业。

几艘船再次恢复了平静，像沉睡的海洋巨兽一样，躺在海湾的暗影当中。没有任何动静，也没有灯光照见刚发生的一切。

这片寒冬中的荒凉之地迎来了阴沉的黎明。船队的 5 艘船停泊在这寒冰牢笼般的海湾里。表面上没有任何异常现象会让麦哲伦起疑心，让他意识到他忠实的表弟及好友和圣安东尼奥号上的其他葡萄牙人全都遭到囚禁，新船长是个反叛分子。那面旗子在桅顶上迎风飘扬，表面上没有什么变化。在旗舰上，一天的正常工作开始了。像此前每个早晨一样，麦哲伦从特立尼达号派出一只划艇上岸，为众人取来每日所需的木材和淡水。像此前每个早晨一样，这只划艇先停靠在圣安东尼奥号旁边，而这艘船也总为同样的目的派遣几个船员上岸。然而，奇怪的是，当它靠近圣安东尼奥号时，绳梯没有放下，也没有一个水手出现。桨手们怒气冲冲地招呼甲板上的水手，叫那些懒蛋们快一点，得到的回答让他们大吃一惊：圣安东尼奥号上的水手们不再听从麦哲伦的命令，而只听从加斯帕尔·克萨达船长的命令。小船火速返回旗舰报告这一令人震惊的消息。

麦哲伦当即审视了眼下的局势。叛乱方控制了圣安东尼奥号。他遭人暗算了。但是，这个倔强的人没有被如此凶险的形势吓倒，他的心跳没有加快，双手没有颤抖，头脑没有混乱。他要做的第一件事就是评估危险的严重性。有多少艘船站在他这边，又有多少艘船投靠了叛乱方？他让划艇返回去调查。圣安东尼奥号、康塞普西翁号和维多利亚号都宣布支持叛乱者，只有无足轻重的圣地亚哥号忠实于他。这意味着三对二，甚至是三对一，因为如果发生战斗，圣地亚哥号几乎没用。也就是说，他必输无疑，或者说任何人都会认为他毫无胜算；麦哲伦为之奋斗多年的事业已经毁于一旦。仅靠旗舰，他无法驶入未知的地方，无法继续；没有其他船，他无法继续前行，但他又不能迫使他们服从。在他们这些欧洲人首次进入的水域，不可能指望得到任何帮助。面对这种灾难性的困境，麦哲伦只有两种选择。考虑到麦哲伦的对手力量强大，一种选择明显更合理，那就是低下头，向西班牙船长们妥协。另一种虽然英勇但很荒唐，那就是孤注一掷，尝试一下绝地反击，挫败哗变，但成功的希望渺茫。

一切都表明让步是可取的。到目前为止，西班牙船长们尚未对总指挥采取任何敌对行动，也没有提出任何要求。他们没发任何信号，也没有发动攻击的迹象。尽管他的对手在武力上占有绝对优势，但他们好像并不想在离家数千英里之外陷入愚蠢和自相残杀的冲突当中。他们非常清楚地记得在塞维利亚教堂里发下的誓言，非常清楚地知道叛变和临阵脱逃是多么可耻，会遭受多么严酷的惩罚。卡塔赫纳、门多萨、克萨达和科卡这几个令人敬仰的贵族，都握有国王的亲笔委任状，在探险队中担任要职，他们并不希望回到西班牙时背上叛乱的污名。因此，他们并没有滥用自己的强大武力，而是一开始就宣布准备进行和平谈判。他们夺取圣安东尼奥号的目的不是要发动血腥叛乱，只是为了向首领施加压力，迫使其打破一贯的沉默，说清楚这支皇家船队的确切目的地。

　　因此，作为西班牙船长的发言人，克萨达呈交给麦哲伦的一封信绝非挑战书。相反，它题为"请愿书"，措词极为谦和。在这封信的开头，他们先进行了自辩，声称只是因为遭受了麦哲伦极不公正的对待，他们才觉得有必要夺取国王卡洛斯一世委托给他指挥的圣安东尼奥号，而且希望麦哲伦不要误以为他们想要否定国王授予他的最高权威。他们仅仅要求得到更好的待遇。如果他答应这一合理要求，他们不但会按照自己的职责服从命令，而且会以最大的敬意为他服务。这封用西班牙文写成的信，极尽渲染之能事，几乎无法直译。

　　鉴于西班牙船长们在武装力量方面明显占据优势，这本来看似一个极为有利的提议，但是麦哲伦已决定采取强力大胆的举措。他很快就看穿了对手的弱点，那就是缺乏安全感。这封信的语气中有某种东西肯定暴露了这一事实：这次反叛的四五个头目并没有破釜沉舟的决心，而且尽管他们在数量上占优势，但犹豫不决导致他们比自己还虚弱。如果他把握时机，能在他们不再犹豫、横下心来对抗他之前闪电般出击，就可能以勇取胜。

　　这里有必要再次强调，麦哲伦的胆量总是以一种奇特的面目出现。在他身上，大胆行动并非冲动行事，而是巧妙制订计划，经过仔细盘算之后极其谨慎地从事危险的事情。他的冒险计划就像上等好钢，在火中锻造，在冰中淬炼。正是凭借大胆想象和谨慎行事，他才能一次又一次化险为夷。他迅速制订了行动方案，并充分利用实施前的短暂时间予以完善。麦哲伦意识到，他必须以其人之道还治其人之身，夺取他们的一艘船，重新占据上风。不过，对方这么做时比较容易。在夜深人静时，他们袭击了毫无防备的一艘船。船长和船员都在睡梦之中，没有一个人能够武装自卫，没有一个水手手头有武器。现在是大白天，犯上作乱的船长们在他们控制的 3 艘船上，都警惕地盯着旗舰的一举一动；大炮和火绳钩枪已经准备就绪；反叛者对麦哲伦的勇气太熟悉了，知道他很有可能采取大胆行动。

他们知道他很勇敢，却不知道他很狡猾。他们从未想到，这个思维敏捷、善于算计的人会实施最不可能的冒险行动，会在光天化日之下，带领屈指可数的几个人试图夺回一艘全副武装的帆船。麦哲伦实在是太聪明了，没有把圣安东尼奥号当作目标，他的表弟被关押在那艘船上。他很清楚，敌人就等着他上钩，来夺回这艘船。正因为如此，他选择了维多利亚号。

这次行动的每个细节都是深思熟虑的结果。他的第一步是扣留圣安东尼奥号上为克萨达送信的划艇。这样一来，他会占据两方面的优势：第一，万一发生冲突，他已经将反叛者的一部分战士控制起来了；第二，他现在手中有两只划艇，这一优势目前看不起眼，但很快就会证明它具有决定性作用。他留下自己的划艇以备后用，然后指派可靠的纠察长、船队的法警贡萨洛·戈麦斯·德·埃斯皮诺萨率领 5 个人，乘坐被缴获的划艇，去给维多利亚号指挥官门多萨送一封信。

维多利亚号上的反叛者看到划艇靠近时，并没有起疑心。有什么不安的？区区 6 个人怎能袭击他们那艘船呢？上面有 60 名船员，还有门多萨这样精明能干的船长指挥着。他们哪会想到划艇上藏有武器，也不知道埃斯皮诺萨身负重要使命。埃斯皮诺萨不慌不忙地（假装不慌不忙，因为他知道每一秒钟都至关重要）爬上了船，将麦哲伦邀请门多萨船长去旗舰的信递给他。

门多萨读了那封信，不禁想起卡塔赫纳在特立尼达号上意外被捕的情形。没有什么诱饵能让他自投罗网。"no me pillarás allá"（西班牙文，"我是不会去那里被你们抓的"），他得意地笑着说。但是，笑声之后是可怕的咯咯声，因为纠察长一刀刺进了他的喉咙。

麦哲伦把时间和距离计算得十分精确。说时迟，那时快，15 个全副武装的人紧接着爬上了船。他们是在杜阿尔特·巴尔博扎指挥下乘坐特立尼达号自己的划艇到达的。维多利亚号上的船员们呆视着船长的尸体，他被纠察长一刀刺进喉咙时，麦哲伦另一名手下将其杀死了。袭击过于突然，他们根本来不及组织抵抗。巴尔博扎已经在发布命令，吓破了胆的反叛分子赶紧服从。转眼之间，起锚和升帆都已完成，另外两艘船上的反叛者还没弄明白发生了什么事，维多利亚号就作为船队总指挥的战利品，来到了旗舰旁边。当前的态势是，特立尼达号、维多利亚号和圣地亚哥号守卫着港口的入口，与圣安东尼奥号和康塞普西翁号对峙，防止它们逃跑。

经过这一绝妙反击，形势得以扭转，看似输掉的一方反败为胜。哗变的船长们遭受挫败，他们现在只能三选一：逃跑、战斗或者投降。

如前所述，麦哲伦已堵住了叛乱分子的退路。麦哲伦的这次行动打击了对手的勇气，导致其余的反叛者也无心恋战。克萨达手持长矛和盾牌，命令士兵们应战，却徒劳无功。他们吓破了胆，拒绝服从命令。

麦哲伦只派出了一条划艇，就瓦解了康塞普西翁号和圣安东尼奥号的抵抗。不出数小时，梅斯基塔身上的镣铐被解除了，幸存的反叛船长也吃到了同样的苦头。

紧张局势顷刻化解，就像夏季转瞬即逝的雷阵雨。也许拔剑相向做起来比较容易，因为现在，根据军事法和海事法，随后必须问罪。麦哲伦可能有过激烈的思想斗争。国王曾明确赋予他生杀予夺的权利，但罪犯中的首要人物深受国王信任。为了维护权威，他必须施以严厉的惩罚，又不能惩罚所有反叛者。虽然他有权按照军法，把五分之一的叛乱分子吊死在桅杆上示众，但如果这样做，接下来的航程该怎么办？离家数千英里，在这难以生存的地方，这位探险队队长不敢冒险砍去自己的左膀右臂；他将不得不带上这些有罪之人；他必须用仁慈的做法赢得他们的支持，但也必须用严厉的态度使他们感到恐惧。

麦哲伦决定只惩罚一个人。他选择了克萨达，就是在圣安东尼奥号上刺死洛里阿加的那个人。对罪犯的诉讼正式开始了。书记员已坐定；证人接到传唤；书记员事无巨细地进行笔录，仿佛审判是在塞维利亚或萨拉戈萨进行一样。梅斯基塔作为主审官，对前船长克萨达提出了叛乱和谋杀未遂的指控。麦哲伦宣布了判决结果。加斯帕尔·克萨达被判处死刑，这位西班牙贵族获得的唯一优待就是用剑而不是绞索将其处死。

但由谁充当刽子手呢？劝了半天没一个船员愿意干。最后，终于有人在威逼利诱之下答应了。克萨达的仆人路易斯·德·莫利诺参与了对洛里阿加的刺杀（洛里阿加直到两个多月后才因受伤而死亡）。

现在他要砍下克萨达的脑袋，换取自己被赦免。自己被处死，或杀死主人，这个选择有些残酷，但他最终同意充当刽子手，一刀砍下了克萨达的头颅，保全了自己的性命。按照当时的野蛮做法，就像对门多萨的尸体所做的那样，克萨达的尸体也被肢解，并分别叉在了柱子上。就这样，南极地区首次实行了在伦敦塔和欧洲其他公开行刑地流行的可怕做法。

麦哲伦还要作出另一个判决，很难说这一判决比砍头更仁慈还是更残忍。叛乱主谋卡塔赫纳，以及试图煽动二次叛乱的司铎，所犯罪行并不亚于克萨达，但即使麦哲伦也没有足够的勇气处死这两个罪人。他不愿意将国王卡洛斯一世指定的"协同员"交给刽子手，或者作为虔诚的天主教徒让一位受膏的司铎流血。在他看来，带着这两个戴着镣铐的人绕行半个地球是不可取的。因此，他决定放逐他们。当船队再次起航时，他们被留在了圣胡利安港的岸上，并给了他们一些食物和葡萄酒，麦哲伦要让全能的天主决定他们是否应死在那里。

麦哲伦在圣胡利安港宣布的判决是对还是错？从他表弟梅斯基塔保存的书面记录可以看出，当时没有给被告任何申辩的机会，这公平吗？后来回到塞维利亚的西班牙军官宣称，麦哲伦给了袭击门多萨的纠察长和某些船员 12 个金币，还承诺将那位被处死贵族的财产分给他们，我们该怎样看待这些军官的说法？当他们信誓旦旦说这番话时，麦哲伦已经死了，不可能当面对质。一件有争议的事发生了，紧接着就开始流传相互矛盾的说法；历史学家倾向于为麦哲伦辩护，这不奇怪，我们不能忘了，胜利者几乎总被认为是正确的。

假如麦哲伦未能发现他所寻找的海峡，假如他未能完成环游地球的壮举，他肯定会被指控犯有谋杀罪，因为他除掉了一位对其冒险提出异议的西班牙船长。然而，麦哲伦取得了成功，并因此获得了不朽的名声；与此同时，那些死得很不光彩的人被遗忘了，而编年史家们只会依照公认的标准论是非，对麦哲伦的冷酷和固执已见大加赞扬。

麦哲伦的血腥判决为他最杰出的传人弗朗西斯·德雷克创造了先例。这位英国勇士在 57 年后进行了同样危险的航行，也遭到了船员哗变的威胁。他在这个晦气的圣胡利安港登陆，仿效麦哲伦骇人听闻的做法，以此向麦哲伦致意。德雷克对这位前辈在航行中经历的一切都了如指掌，熟读过上次审判的记录，并了解麦哲伦对付叛乱首领的残酷手段。他很可能在圣胡利安港发现了两代人之前克萨达被斩首时用的那块垫头木。德雷克手下造反的船长名叫托马斯·道蒂，他跟卡塔赫纳一样，在航行中抗命不从。他同样在圣胡利安港接受审判，并被判处死刑。德雷克让他昔日的朋友抉择，像加斯帕尔·克萨达一样不失尊严地死在剑下，或像胡安·德·卡塔赫纳一样被流放。道蒂也读过麦哲伦航海的故事，知道一同被放逐的卡塔赫纳和那位司铎后来下落不明，人们推测他们可能缓慢而痛苦地死去了。因此，他选择像勇敢者一样死在剑下，又一颗脑袋滚落在沙地上。人类最值得纪念的成就常常沾满血污，最残酷无情的人往往会建立丰功伟绩，这难道不是人类永恒的厄运吗？

9

伟大的时刻
来临

（1520 年 4 月 7 日—1520 年 11 月 28 日）

有四五个月时间，寒冬使麦哲伦的船队在这个倒霉的港湾中与世隔绝。在这孤寂、荒凉的地方，时间的步伐迟滞且缓慢。探险队首领心知肚明，百无聊赖最容易让人心生不满并恣意妄为，于是他想尽办法让船员们忙个不停。他们彻底检修了航行了近一年的船只；砍来新木头，制作船梁；或许麦哲伦还想出了一些可有可无的差事，就为了让属下觉得他们很快就要继续航行，离开这个寒冷的无人之地，找到通往"幸运岛"的航线。

春天的迹象终于出现了。在天寒地冻、浓雾笼罩的数月间，这些人充分认识到，他们来到了一个荒无人烟、被人类和野兽彻底遗弃的地方；他们害怕会长期寄居在这样一个远离人间、原始荒凉的落脚之处，这种担心可能使他们情绪更低落了。然而，一天早上，临近的小山上出现了一个奇怪的影子，那是一个人影，但他们最初几乎没看出那是他们的同类，因为在惊慌之中，那人显得至少"有普通人两倍那么高大"，彼得·马尔蒂雷写道。皮加费塔的记述证实了这一说法：

他个子真高，我们只能到他的腰带那里。他身材匀称，宽脸庞，脸被涂成了红色，眼睛周围各涂了一圈黄色，双颊上各有一个心形色块。他头发很短，染成了白色；身穿精心缝制的兽皮衣。

尤其让西班牙人惊讶的是他们长着一双"大脚"（patagão），当地人因此被称为巴塔哥尼亚人（Patagonian），当地被称为巴塔哥尼亚（Patagonia）。不过，他们最初对亚衲①之子产生的惊恐很快就消除了。身披兽皮的巨人咧着嘴，张开双臂，又跳又唱，不停地把沙子撒在自己头上。麦哲伦非常熟悉野蛮人的行为方式，看出他是在示好，就让一个水手以同样的方式跳舞，并把沙子撒在自己头上。那个野蛮人把对方表演的哑剧当作对他的欢迎，就走近些，这让那些疲惫不堪的水手们很高兴。在"暴风雨"之后，这些"特林鸠罗"②终于找到了他们的凯列班③，一个在荒野中逗他们一乐的人。比如当他们不经意间把一面金属镜子举到这位善良巨人的眼前时，他平生第一次看到自己的脸，吓得他猛地朝后一跳，自己摔倒的同时还拽倒了4个水手。这个巨人的食量惊人，让他们都忘了自己的配给少得可怜。他们目瞪口呆地看着这个巨人一口气喝下一桶水，一口吃下半篮子船上的压缩饼干，就像往嘴里塞了一两块姜汁饼干那么轻松。有人拿来两只老鼠，

① 亚衲（Anak）：《圣经》中亚衲族的祖先，此族人身体强壮高大，被称为巨人。"亚衲之子"意指身材高大的巴塔哥尼亚人。
② 特林鸠罗（Trinculos）：莎士比亚戏剧《暴风雨》中的弄臣。
③ 凯列班（Caliban）：莎士比亚戏剧《暴风雨》中的人物，是独居荒岛、奇丑无比的土著。

只见他把它们连皮带毛生吞了下去，围观者被吓得一片惊呼！不管怎样，这个野人和船员们开始有些惺惺相惜。当麦哲伦拿出几个小铃铛给他之后，这位巨人赶紧去找来了一些其他"巨人"，还有一两个"女巨人"。

他的天真不设防给这些未开化的人带来了灾难。像哥伦布和其他征服者一样，麦哲伦身负商约之家要他搜集标本的严令，不但要植物和矿石的，还包括他在旅途中可能遇到的各色人种，并把其中一些带回西班牙。在水手们看来，活捉巨人，就像徒手捕捉鲸鱼一样危险。他们胆战心惊地悄悄靠近这些巨人，但每次都在最后一刻，失去了动手的勇气。最终，他们想出了一个卑鄙的手段。麦哲伦送给这些土著人很多礼物，使他们双手都抓得满满的；然后，他送给了他们一对镣铐，因为他们拿不住，就给他们演示如何将其固定在腿上。他挥动几下铁锤就钉住了螺栓，这两个倒霉的野蛮人还没意识到怎么回事，就成了俘虏。起初，他们还很高兴，因为脚踝上的金属环很漂亮，会发出美妙的声音。他们戴上脚镣之后，就没那么危险，变得很容易对付了。他们徒劳地咆哮着，猛烈挥动着手臂，并向他们的神灵塞特巴斯求救。（莎士比亚在《暴风雨》中借用了巴塔哥尼亚人崇拜的这个神灵的名称。）他们是皇帝想要的珍稀标本，就像惊吓过度的公牛一样，被装上船运走，但因为吃不饱，最后都悲惨地死去了。

基督教文明的代表人物背信弃义的行为，破坏了他们与这些野人的友好关系。巴塔哥尼亚人开始回避这些骗子，有一次一群西班牙人（皮加费塔对此事的记录不够详细）想要抓住或袭击一些巴塔哥尼亚妇女，在追逐的过程中遭到回击，其中一个水手还被打死了。

厄运笼罩的圣胡利安港，带给原住民和西班牙人的只有灾难。麦哲伦没在这里碰到好运。这片血迹斑斑的海滩充斥着劫难。"我们走吧。"船员们呼吁。继续航行，继续航行，这是麦哲伦的最大心愿。随着白天越来越长，双方都越来越不耐烦。冬天最恶劣的风暴刚一结束，船队总指挥就开始行动。他派出手下最灵巧、个头最小的圣地亚哥号，在若昂·塞朗指挥下，沿海岸向南去探明情况，就像诺亚从方舟上放出鸽子一样。若昂·塞朗要在规定的几天后回来报到。他没有按时回来，麦哲伦焦急地眺望着海面。没想到，第一条消息是从陆地传来的。有人看到一座小山上出现了两个奇怪的、东倒西歪的人影。水手们以为是巴塔哥尼亚人，就准备好了弩弓。但那两个赤身裸体的人，饥寒交迫、半死不活，并像鬼魂一般有气无力地说着西班牙语。原来他们是圣地亚哥号上的两名船员，带着不幸的消息回来了。若昂·塞朗到达了一条河，将其命名为圣克鲁斯河。它的位置很便利，鱼类资源丰富；但是，当他准备继续勘测时，一股强烈的东风把船吹上了岸。只有一个人丧命了，那就是船长的黑奴。其余37人安全登陆。这两个人沿着海岸前来圣胡利安港报信，其余的人则在圣克鲁斯河口焦急地等着救援。他俩因为身强力壮才被选中执行报信的任务，靠着吃植物根茎和野草才勉强活了下来。

麦哲伦立即派了一只划艇前去救援。船员们都被救回来了，但他们的船，船队中最机动灵活的那艘，彻底报废了。在这个世界上最遥远的地方，这次损失就像其他每次损失一样，都是无可挽回的。1520

年 8 月 24 日，当麦哲伦下令起锚离开晦气的圣胡利安港时，最后看了一眼他放逐的两个可怜的人。在内心深处，他也许会痛悔当初决定在这个鬼地方登陆。他的 1 艘船被击沉，2 名船长被杀，起航以来已过了一年，至今一无所获，没有任何新发现，一事无成。

这一定是麦哲伦一生中最暗淡的日子，也许是这个通常不会动摇信心的人仅有的暗自绝望的日子。他假装坚定地宣布，船队要沿着巴塔哥尼亚海岸一直航行到 75 度纬线附近，假如到了那里还是找不到出路，就转头向东，去绕行好望角前往东印度群岛的传统航线。这种说法暴露了他也拿不准了。这是他首次向军官们承认存在撤退的可能，他们寻找的海峡也许并不存在，或者只存在于南极水域。显然，他内心已经不那么确定了；他直觉会找到海峡的信念消散了。

麦哲伦向南航行两天之后，再次停泊在圣克鲁斯河口，在那里无所作为，滞留了两个月，直到冬天完全结束。可以说此时此地的麦哲伦，比史上任何一个人的处境都要悲惨。只是因为我们知道更多，才能认识到这种决心的荒唐之处。这个人在一种伟大想法的激励下，因受一份错误报告的误导，就冒着生命危险，为找到一条从大西洋到太平洋的航道，成为首个环球航行的人。强大的意志力使他克服了巨大困难，为自己那几乎无法实现的计划找到了帮手，（借助于其计划的内在吸引力）从一个外国君王那里得到一只船队，并率领船队沿美洲海岸向南航行了比以往任何一位航海家都远的距离。他制服了海上的风浪，镇压了一场哗变；到目前为止，无论遇到什么障碍，无论多么失望，他都坚信自己距离那个海峡、那个梦想的目标一定不远。现在，胜利在望，这个一向头脑清醒的人失去了"预感"。仿佛诸神不再青睐他，恶意蒙蔽了他。1520 年 8 月 26 日，麦哲伦再次命令船队停下，并要停留数月时，他其实已经接近目的地了，即将抵达海峡入口。只要再前行两个纬度，只要在航行 11 个月之后再坚持两天，在航行几千英里之后再前进 150 英里左右，就能到达他苦苦寻找的地方，就能让他欣喜若狂。但是，由于命运之神的捉弄，这个不幸的人对此一无所知。

他在圣克鲁斯河口贫瘠、凄凉的岸边等待了两个月，日子单调乏味。他就像一个遭遇暴风雪、不知自己身在何处的人，在离他只有一箭之遥的房子附近等待着，忍受着寒冷，却不知道再多走几步就能进入安全的住所。麦哲伦在这个荒无人烟的地方沉思了两个月，毫无意义又无比难熬的两个月，不知自己能否到达那个海峡。而他若往南航行两天，就能到达那个将永远以他的名字命名的麦哲伦海峡。他就像普罗米修斯那样，在破解地球上最后一个巨大谜团的重大时刻来临之前，凝望着远方，忍受着疑惑这个鹰爪撕扯他的痛苦。

当它到来时，麦哲伦会更快乐，因为当我们从绝望的深渊中爬出来时，幸福感会无与伦比。1520 年 10 月 18 日，麦哲伦下令再次起航。出发前，圣职人员举行了弥撒，聆听了众人的告解。仪式结束后，他们起锚、满帆向南。即使是现在，他们仍要挣扎着逆风航行两天，每前进一寸都很费力。最后风向北转，他们才有了明显进展。但是，海岸附近仍未出现令人赏心悦目的绿色，眼前一片荒芜，他们在整个冬天都看烦了的沙子和岩石无穷无尽地延伸着。之后，1520 年 10 月 21 日，他们看到了一个岬角，白色的峭壁耸立在犬牙交错的海岸上。这

　　　　　　　　　　　　海洋征服者麦哲伦

一天正好是圣乌尔苏拉①日，麦哲伦将其命名为处女角。他们绕过岬角，进了一个水色发黑的深水湾。船队驶入海湾。这里景观奇特、严酷、惊人。这里山丘陡峭，满是裂缝，令人毛骨悚然。远处是积雪覆盖的山顶，就像他们去年冬天在欧洲见过的那种。周边一片死寂！阴森森的大地上没有人烟、没有植被，只有呼啸的风打破寂静。人们满腹犹疑地看着这个黑暗的水湾。他们无论如何也不会相信，这个群山环抱、水黑如冥府的海湾可以通向阳光灿烂的南海。领航员一致认为，这个深深的缺口与他们在挪威海岸看到的峡湾没什么两样。何必浪费时间和精力去探索或测水深呢？他们在巴塔哥尼亚海岸的探查浪费了太多时日，没有一个海湾是他们要找的海峡。不要再犹豫了。首领赶紧下令沿着海岸继续航行吧，接下来如果不能很快发现那个海峡，他们就趁天气还暖赶紧回家；或者如果他不这样做，就直奔好望角，然后进入印度洋。

但是，麦哲伦的脑子里只有隐藏的海峡这一念头，他坚持彻底探查这个非同寻常的海湾。同伴们很不情愿地听从了命令，"因为我们都认为这是一条死胡同"（皮加费塔如是说）。旗舰和维多利亚号留下，停泊在海湾南侧。圣安东尼奥号和康塞普西翁号受命尽可能向西航行，但最多要在 5 天内返回报告。时间宝贵，因为补给品即将耗尽。麦哲伦再也不能像在拉普拉塔河口那样，给大家两个星期的探查时间。这

---

① 圣乌尔苏拉（St Ursula）：传说中的英国公主，传说她和 11000 名少女一起在德国科隆被匈奴人杀害。

次只能用 5 天。

激动人心的时刻已经到来。麦哲伦打算让特立尼达号和维多利亚号绕着海湾的外围航行，直到圣安东尼奥号和康塞普西翁号探查完毕返回。然而，大自然又一次表明自己不愿轻易绽露真容。风越刮越大，先是疾风，然后就变成了这一地区常见的飓风，就如当时西班牙文地图上的警示语："这里没有好季节。"转眼之间，疾风暴雨开始在海湾肆虐，船只被吹得拖着锚移动，于是他们不得不起锚，驶向开阔的海面，幸好没有撞上礁石。他们熬过了危险的一天，第二天依然如故，险象环生。麦哲伦率众在海湾口奋力抵御飓风，守护陷入险境的两艘船，但这不算什么，真正让他揪心的是圣安东尼奥号和康塞普西翁号。他担心它们在狭窄的航道中遭遇飓风，而那里既没有展开之字形航行的空间，也没有抛锚或避风的可能。除非出现奇迹，否则他们必定会被吹上岸，撞成碎片。

在命运之神最终宣判之前，这位首领必定每时每刻都处于极为不安、极不耐烦当中。一天过去了，没有任何迹象。又一天过去了，探险者依然没有归来。之后，他等了第三天和第四天。麦哲伦知道，如果失去了这两艘船，那就全完了。如果只剩下两艘船，他无法继续向西探航。他的成就，他的梦想，就会像这两艘船一样覆灭。

终于有一天，桅顶上的瞭望员冲着甲板上的人大喊大叫。唉，他看到的并非返航的船只，而是远处的一缕烟柱。没有比这更糟糕的了。烟雾信号只能意味着失事船上的人在呼救。圣安东尼奥号和康塞普西翁号一定是沉没在了这个无名海湾中，他的整个宏伟计划也随之破灭。

麦哲伦下令放划艇，前往发出信号之处营救幸存者。但此刻他的命运出现了转机。这就像《特里斯坦与伊索尔德》①中的辉煌片段，牧羊人的笛声响起，从绝望的死亡旋律开始，声音越来越响亮，最终变成了欢乐之歌。一张帆！一张帆！一艘船！一艘船！赞美天主，一艘船得救了！不，两艘船，圣安东尼奥号和康塞普西翁号都回来了，安然无恙。麦哲伦和同伴们刚一看到它们，就发现船首左舷闪着亮光，一道、两道、三道，紧接着就传来射石炮震耳欲聋的轰鸣声以及山间的回响。怎么回事？他早就叮嘱过下属，严禁浪费弹药，他们为何一次又一次齐射？麦哲伦几乎不敢相信自己的眼睛，他想，为何返航的船上都挂起了旗帜？为何船长和船员们都在挥手喊叫？他们在说什么？距离仍然太远，听不清他们说的话，也看不懂他们打的手势，但那些一直焦急等待远征队归来的人们相信，尤其是麦哲伦相信，那是胜利的语言。

是的，圣安东尼奥号和康塞普西翁号带来的正是人们苦苦期盼的消息。麦哲伦一身轻松地听着康塞普西翁号现任船长若昂·塞朗介绍情况。起初，这两艘船处境艰难。暴风雨到来时，他们已经驶进海湾深处。尽管他们迅速收了帆，但风力太猛，吹着船不断向西移动，眼看就要撞毁在面前的岩石上。在这紧要关头，他们突然发现海湾不是封闭的，因为在一个岬角后面现出一条通道，这就是"第一狭水道"。通过这条水面比较平静的海峡，他们进了另一处海湾，接着是"第二狭水道"；随后的水道时宽时窄。他们在这条神奇的水道中连续航行了 3 天，也没走到头。虽然他们并未找到西边的出口，但也没有看到

---

① 《特里斯坦与伊索尔德》（Tristan and Isolde）：德国戏剧家瓦格纳的一部作品。

任何迹象表明他们处于某个河口当中。水一直是咸的，海峡两岸潮水涨落很有规律。它并不像拉普拉塔河河口那样持续收窄。相反，每次穿过一段狭窄水域后，水面又会开阔起来。因此，几乎可以肯定，这个峡湾，这条水道，一定通到南海，通到几年前巴尔沃亚作为欧洲人首次见到的那片海洋。

这对受尽煎熬的麦哲伦来说，经过一年无聊的等待和徒劳的搜寻，没有比这更好的消息了。我们只能想象他当时感到了多么大的安慰。他差点就死心了，打算离开南美海岸前往好望角，也必定曾无数次虔诚地向天主和圣徒们求告。现在，当他几乎失去信心和希望时，幻念成形，梦想成真。不要再犹豫了。起锚，扬帆向西。众炮再次齐射，向皇帝查理五世致敬，众人也再次向伟大的统帅祈祷，在他的指挥下，麦哲伦要冒险前行。然后，他将义无反顾、毫不畏惧地进入这个迷宫。如果他能从这片阴暗的水域中找到出口，进入新海洋，他将是世界上第一个发现这条通道的人。麦哲伦率先驶入海峡，其余3艘船紧随其后。参考历法，麦哲伦便将其命名为诸圣海峡，但后人将其命名为麦哲伦海峡。

4艘船悄然且平缓地驶入幽暗、寂静的海湾，那景象一定是怪异且可怕的。首次有船队驶入这个一片死寂海湾。山丘犹如磁石山一样，密密实实地排列在海峡两边；天空阴沉沉的，好像这里永远会阴云密布；阴影笼罩着大海；就像冥河之上卡戎①的那只船一样，这几艘船

---

① 卡戎（Charon）：希腊神话中的冥河渡神，黑暗之神厄瑞玻斯（Erebus）和黑夜女神倪克斯（Nyx）之子。

无声地在暗影重重中穿行。远处白雪皑皑的山顶泛着光，这些白色巨人的冰冷气息随风飘向这些航海者。没人看到生物的踪影，但可以肯定这一带有人，因为夜里可以看到海峡南侧闪烁的火光，探险家们就把这一地区称作"火地"。（在随后数世纪，人们都会看到这些燃烧不息的火焰。因为火地岛人不知道如何生火，就在小屋里不停地烧木柴和干草。）但他们听不到说话声，也看不见活动的身影。麦哲伦为了某种目的派人划船上岸，但他们没有发现人类居住的迹象，只看到了一个死人的去处——几十座被遗弃的坟墓。他们偶然发现了死去的动物，那是一头巨大鲸鱼的尸体，被冲上了岸。它到这里来，只是为了在这有着永恒之秋的地方死去。探险者们愕然凝视着幽灵般的寂寥空间，凝视着恍若一颗死寂冰冷星球上的场景。继续航行，继续航行。这几艘船在微风中缓缓滑过从未有人航行过的水面。他们一次次放下铅锤，一次次未能触及海底，他们眺望前方，看海湾是否会闭合，无法通行。但在转过每一个弯之后，它依然是开放的，这条迷人的通道蜿蜒向前，不断延伸。

不过，这段航程同其他航程一样，危险而又令人沮丧。纽伦堡的宇宙学家们（舍纳，以及毫无疑问早于他的贝海姆）足不出户，置身于自己舒适的书房中，在他们的地球仪上标注了一条宽阔且适航的通道，但来到这里的人发现完全不是那回事。它被称为麦哲伦海峡，只是为了简便，也是一种委婉的表述。实际上，它是由一系列错综复杂如迷宫的海湾和锯齿状海岸，以及峡湾和海汊组成的，只有靠着高超技术和运气才能通过。海湾变得棱角突出，或聚集成奇特且无法计量的形状。有三四次，通道分了叉，难以判定哪条才是真正的通道，这条海峡会通往西方、北方还是南方？航行时要避开浅滩，绕过礁石，一次又一次，可怕的山上狂风大作，直冲下来，猛击水面。因此，有很长时间，麦哲伦海峡一直让水手们感到恐惧。在后来的几十次探险中，每次都有船只在这些环境恶劣的荒凉海滨失事。从这方面看，麦哲伦的航海技能实在太出色了。麦哲伦率先穿越了以他的名字命名的这条海峡，并在很多年间都是安全穿过海峡的最后一人。当我们回想起他那些操作不便的船、笨拙的鼓起的风帆和舵柄，并提醒自己他们不得不寻找一种方法通过主要航道和横向通道，并在指定地点重新集合，而且所有这一切都是在一个不合时宜的季节做到的，还要屡遭风暴侵扰，我们不能不惊讶于他所取得的成功，世世代代的水手也同样惊叹不已。

这一次，就如他生平每逢重大关口一样，麦哲伦展示出非凡的耐心，也展现出他令人肃然起敬的高瞻远瞩。他用了整整一个月探索这条"通道"。尽管内心的冲动不断催促他赶紧出发，前往南方的海域，但他耐着性子研究各种航道。每当航道分叉，他便把船队分开，派两艘船向北，其余的向南分别探查。仿佛这个孤僻的人生来就被幸运之神遗弃，知道自己永远不能指望走运，因此在面对种种选择时不会心怀侥幸，或通过扔硬币做决定。他探查了所有航道，执意要找到一条正道。如果说此前他一直靠着强大的想象力占上风，那么现在他却靠着执着这一最持重的品德取得了胜利。

继成功穿过"第一狭水道"之后，他们又穿过了"第二狭水道"。

然后，麦哲伦又到了一个分叉口，逐渐开阔的通道分出了左右两条航道。他再次把船队一分为二。圣安东尼奥号和康塞普西翁号探查东南方向，他本人乘旗舰与维多利亚号一起探查西南航道。他们约定最多5天后，在一条小河的河口重新会合。因为这条小河里有大量的沙丁鱼，他们提议将其命名为沙丁鱼河。船长们收到了详细指示。就在各船准备起航时，意外发生了。麦哲伦召集船长们报告可用的给养存量，并征求他们的意见。

征求他们的意见？发生了什么事？为什么突然之间摆出了民主的姿态？这个独裁者一向不承认船长们有权提问或质疑他下的每一道命令，现在竟然要为这么点小事把军官们当作伙伴对待，这是为什么？其实，他这种态度的改变非常合乎情理。在取得压倒性胜利之后，独裁者们常常发现，适时表现出宽以待人的态度是明智的，因为现在让众人畅所欲言只会有助于巩固自己的地位。

在找到那条"通道"或"海峡"之后，这位船队大队长再也不用担心别人的质疑了。既然他总算是稳操胜券，完全可以先人一步，亮出底牌。人在运气好时总是比在倒霉时更容易做到公正。于是，这个沉默寡言、独断专行的人打破了长久的缄默。他的秘密已经公之于众，就可以不必再遮遮掩掩了。

船长们一个个奉命来向麦哲伦报告现况。情况不太妙。补给品越来越少，最多还能维持3个月。对此，麦哲伦回应称：此行第一个目标已经实现；通往南海的航道已经找到了。

这一点是毫无疑问的。他的船长们怎么想？船队是满足于已取得

穿过麦哲伦海峡

的成就，还是继续向前，履行他对皇帝的承诺，找到香料群岛，并为西班牙拿下它？他不能否认食物短缺必然会导致严重后果。尽管如此，完成任务后，他们不仅会功成名就，还能因此暴富。他自己并不气馁。然而，他希望大家一起做决定，究竟是带着已有的荣誉回家，还是为了获得更多荣誉，朝着既定目标继续前进？军官们是怎么想的呢？

关于船长和领航员的回答并没有记录，但我们要是认为他们当中几乎没有人说什么，恐怕也不会错得离谱。他们对圣胡利安海滩上发生的一切，以及他们的西班牙伙伴们被肢解的情景记忆犹新，而且他们早已领教了这个葡萄牙人的心狠手辣，未必想要违背他的意志。然而，有一个人表示反对，他就是圣安东尼奥号领航员埃斯特旺·戈麦斯。他是葡萄牙人，大家普遍认为他是船队总指挥的亲戚。戈麦斯语气坚定地说，既然大家都认为我们好像是发现了那条"海峡"，那最好先返回西班牙，再带一支全新装备的船队回来，利用这条新发现的通道前往香料群岛。他认为现有的船已经不适合航海，补给也不够充

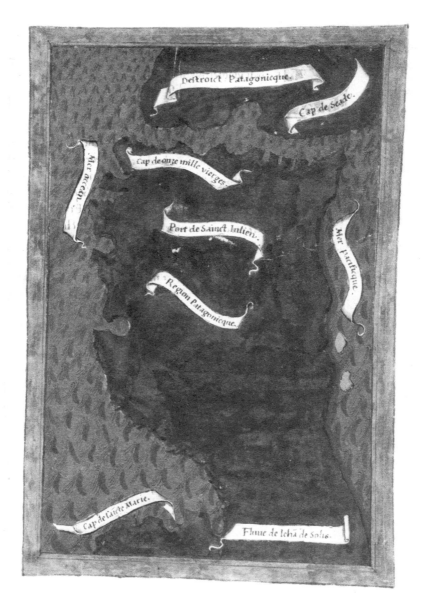

麦哲伦海峡

足，而且没人知道要走多远才能穿过这片陌生的南海，最终抵达目的地。千万别忘了，除非他们能迅速穿越这片无迹可寻的大海到达港口，否则船上所有人都会饿死。

戈麦斯的建议合情合理，而且看起来皮加费塔（他总是对反对他的偶像麦哲伦的任何人持怀疑态度）很可能错怪了这位经验丰富的领航员，指责他是个胆小鬼。客观地说，戈麦斯建议大家立即打道回府并享受他们赢得的荣誉，合情合理，无可指责。假如他的提议被采纳，指挥官和其余近200名注定丧命的探险队成员就会安全回家了。然而，麦哲伦更在意的是他不朽的伟业，而非他有限的生命。想要有英雄壮举，就要打破常规。首领又开始讲大道理。没错，他们面临重重困难；可能会忍饥挨饿，受苦受难；但是（这里，他的话得到了应验）"哪怕他们不得不吃帆桁上的皮革，他也要继续前进，去发现他允诺给皇帝的东西。他相信天主会帮助他们，给他们带来好运"。他这豪言壮语一出，会议就此结束，嘹亮的传令声从一艘船传到另一艘船，宣布继续航行。然而，麦哲伦向船长们下达密令，严禁向船员们透露物资严重短缺的实情，哪怕是暗示一下，也要被处死。

船长们默然遵命而行。要探查东南航道的船——梅斯基塔指挥的圣安东尼奥号和若昂·塞朗指挥的康塞普西翁号，奉命先行一步，很快就消失在蜿蜒曲折的海峡当中。另外两艘船——麦哲伦的旗舰和维多利亚号会放松一下。它们没有即刻扬帆，去探查西南方向的航道，反而在沙丁鱼河河口抛锚，因为麦哲伦认为在这平静而狭窄的水域，由一只人员齐备并带足给养的划艇侦察一下就足够了。麦哲伦命令指挥官 3 天后回来报告，之后他还能休养 2 天，因为另外 2 艘船要过 5 天才能回来。麦哲伦和同伴们在宁静的锚地愉快地休息了一段时间。在过去几天，当他们向西航行时，沿途风景有了很大变化。海岸上不再是光秃秃的礁石，而是草地和森林。近处的山丘显得更高了，远处冰雪覆盖的山峰显得更远了。空气温和了一些，清冽的泉水使船员们恢复了活力。过去几个星期，除了水箱里令人作呕的苦咸水，他们没别的可喝的。他们舒舒服服地躺在柔软的草地上，尽情欣赏嬉戏的飞鱼和其他海洋动物。这里有那么多可食用的植物，他们终于可以吃饱肚子了。大自然显得如此美丽，如此令人愉悦，皮加费塔不禁满怀热情地赞叹："我无法相信这世界上有像这个一样秀丽和美好的海峡！"

但是，与麦哲伦即将得到的激动人心的重大消息相比，这一段舒适而放松的小插曲、这些惬意的日子又算得了什么呢？没过多久，就传来了消息，因为到了第 3 天，划艇如约返回了，只见远处小艇上的人朝着旗舰拼命打手势，就像那天水手们发现海峡入口之后返回那样。这次的消息可是重要一千倍，他们找到了出口。他们亲眼看见了南海，就是这条海峡尽头的那片未知的大海。"大海！大海！"这是两千年前脱险的希腊人终于看到大海时发出的呼喊[1]。如今，一些人终于看到了只在巴尔沃亚探险历程中聆听过欧洲人欢声笑语的那片海洋，便以另一种语言再次发出了这种呼喊。

---

[1] 据公元前 4 世纪色诺芬在《远征记》中的记载，他所率希腊雇佣军在参加小居鲁士争夺波斯王位之战失败后，从波斯腹地撤回希腊。他们终于摆脱危险，看到大海时，士兵们大喊大叫："大海！大海！"

这是麦哲伦一生的巅峰时刻，是一个人能享受到的无比狂喜的时刻。他所有的期望都实现了。他信守了对皇帝的诺言。他成为世上第一人，再无他人，完成了此前成千上万的人梦寐以求的事；他找到了进入一片陌生海洋的航线。他的生命因这一成就而具有了意义；他生命中的这一刻使得他注定要流芳百世。

接下来发生的一件事出乎所有人的意料，谁都没想到麦哲伦这种严酷而内敛的人会有如此表现。这个严峻的战士突然激动万分，感情从未外露过的他再也抑制不住内心的冲动。他热泪盈眶，滚烫的泪水顺着饱经风霜的面庞流淌，滴入黑色的胡须里。

自长大成人后，这个刚强的男人第一次喜极而泣。

在麦哲伦隐秘而辛劳的一生中的短暂一刻，他尝到了富有创造力的人应得的极致快乐。他实现了长期以来支配着自己的想法。但他也注定要付出高昂代价之后才能享受这种快乐。他的每次成功都伴随着心如刀绞的失望。他能瞥见喜悦的苗头，却不能尽情享用它；就连这个狂喜时刻，他一生中无以复加的狂喜时刻，也不容他细细品味，转瞬即逝。他很快就开始心神不宁。另外 2 艘船怎么样了？因何迟迟不归？既然侦察艇已返回，宣布发现了通往南海的出口，继续搜索和侦察就是在浪费时间。圣安东尼奥号和康塞普西翁号为什么不来听听好消息呢？是什么耽搁了他们？麦哲伦越来越不耐烦地扫视着海湾深处。已经过了 5 天，超出了约定的时间。

出事故了？他们偏离了航线？麦哲伦再也等不下去了。他下令张帆，驾船驶入海峡去寻找失踪的伙伴。但是地平线上仍旧一片空白。

冰冷、死寂的海面上根本没有他们的踪迹。一点迹象也没有。

最后，在展开搜寻的第二天，远处出现了一艘船。那是可靠的若昂·塞朗指挥的康塞普西翁号。在船队中举足轻重、最大的圣安东尼奥号在哪里？若昂·塞朗也不知道。在出发那一天，圣安东尼奥号超过了他的船，之后就消失了。有段时间，麦哲伦没觉得什么地方不对，只是想到也许圣安东尼奥号迷路了，或者船长误解了他的命令。因此，他带领 3 艘船，探查了主航道上如今名为阿尔米兰塔兹苟峡湾一带的各个角落。他点燃烽火发信号，在石堆上插旗作标记，并放入指令，告知迷路后返回的圣安东尼奥号怎么做。但它没回来。它肯定是失事了。它一定是撞上了岩石，带着全体船员沉没了。但这是不可能的，因为天气一直都很好。另一种可能性好像更大，几天前圣安东尼奥号的领航员埃斯特旺·戈麦斯曾在会上坚决要求尽快返回西班牙，于是抗命，自行离去。他和西班牙军官们肯定控制了忠于麦哲伦的船长，带着船上所有物资逃走了。

麦哲伦不知道发生了什么。他只知道大事不妙。那艘船不见了，那是他船队中最好、最大、给养最充足的一艘船。但它究竟怎么啦？在这个无人区，没有人能告诉他这艘船是沉入了海底，还是已经逃跑了，正全速驶向西班牙。只有南极天空中那个众星簇拥、陌生的南十字座目击了全过程。只有它们知道圣安东尼奥号怎么了，只有它们才能消除麦哲伦的疑问。因此，麦哲伦很自然地召见了占星家兼天文学家安德烈斯·德·圣马丁，他替代了法莱罗随船队出行，是船队中唯一懂星象的人。麦哲伦让他占卜一下。他照做了，并且（毫无疑问，戈麦斯在最近一次会议上的表现给他的印象发生了作用）宣布了星象的信息。这条信息恰巧属实。他说，圣安东尼奥号已经脱逃，船长被囚禁了。

麦哲伦再次要做一个重大决定。他高兴得太早了。他的遭遇也会发生在步他后尘的弗朗西斯·德雷克身上，第一次与第二次环球航行中发生的事惊人地相似。船队中最好的一艘船在夜里潜逃。当他胜利在望时，一个同胞，一个跟他有血缘关系的人，背信弃义并在他背后捅了一刀。如果此前船队供给不足，那么现在就迫在眉睫了。圣安东尼奥号带走了船队的大部分给养，而剩下的 3 艘船又因为白白耽搁了 6 天，进一步消耗了给养。要是一星期之前前往未知的南海，前景会好得多，但要冒着极大风险，而在圣安东尼奥号逃走之后再去，就无异于自杀了。

麦哲伦从自豪和自信的顶峰跌入了茫然和困惑的深渊。巴罗斯的报告显得有些多余："他无比困惑，不敢贸然决策。"这段话清楚地表明，当时的麦哲伦惊慌失措，明显外露的焦虑情绪传染给了他的下属。几天之内，他第二次召集会议征求意见，应继续前行，还是折返西班牙；这次他要求得到书面回答，他极具远见地要留下书面记录，用以无可争辩地证明他曾咨询过船长们。

圣安东尼奥号上的反叛者和逃兵一回到塞维利亚，就会恶人先告状，以避免自己被控不服从命令，对此麦哲伦很清楚，事实也证明他的预见是正确的。他们会把他说成一个实施恐怖统治的人，反正他不在场，无法为自己辩护。他们会添油加醋，宣称他这个葡萄牙人手段多么毒辣，给国王卡洛斯一世钦定的官员戴上镣铐，将卡斯蒂利亚贵族斩首并肢解尸体，还流放其他人，不惜违抗国王的命令，以达到由葡萄牙人独掌船队大权的目的。为了消解这些控诉（其中一些不无道理）的效力，推翻他们的指控，即他在整个航程中恐吓下属并拒绝给他们发表意见的机会，麦哲伦现在发布了一个不同寻常的命令，其性质更多的是自卫，而不是友好的询问。此令以"在赤道以南53度诸圣海峡伊斯雷奥河口附近于11月21日发布"开始，正文如下：

> "我,埃尔南多·麦哲伦,圣地亚哥骑士团骑士及这支船队总指挥,充分认识到,对诸位来说,继续前行的决定似乎非同小可,因为你们认为早已过了适航期。本人从不轻视别人的意见或建议,一贯愿意与人讨论并在征询众人意见后再实施自决之事。"

军官们读着这段奇特的自我鉴定时，想必都会窃笑，因为如果说麦哲伦有什么典型特征的话，那就是他作为首领和总指挥顽固不化的独断专行。他们清楚地记得，这个征求他们意见的人，是怎样在过去9个月当中以铁拳应对任何提意见的人的。

麦哲伦本人知道，他们不可能忘记他以往的残暴，因为他接着提到："因此,谁都不应被圣胡利安港发生的事吓倒,因为你们都有责任大胆陈述涉及船队安全的意见。如果你们闭口不谈,就违背了自己的誓言和责任。"

他特意强调每个人都要以书面形式清楚地表明自己的意见，赞同继续前行，还是主张立即返回西班牙，并要列举理由。

然而，缺失了数月的信任，不是立刻就能恢复的。军官们曾受过惊吓，不敢冒险说实话。流传下来的只有安德烈斯·德·圣马丁的回答，从中可以看出，当此紧要关头，他和其他人是多么不情愿替麦哲伦分忧解难。这个占星家在回答时充分发挥了自己的特长，闪烁其词，不知所云。他声称，一方面，无法确定这条诸圣航道是否真的通向摩鹿加群岛，但又建议继续前行（只要是盛夏就行）。另一方面，考虑到船员们既疲劳又虚弱，走出太远也不对，最好在 1 月中旬调转方向。也许向东比向西航行更明智，不过，最终还是要麦哲伦定夺怎么做更好，选择天主给他指明的道路。我们几乎可以肯定，其他人的回答也同样含糊其辞。

　　当然，麦哲伦并不是真想听取众人的意见，只是做个样子，留待今天作为证据，表明他确曾征求过军官们的意见。他深知事已至此，已无回头路。他只能以征服者的身份回到西班牙，否则他就全完了。即便那个废话连篇的天文学家预言他会死，他也要继续前进。1520 年11 月 22 日，遵照他的命令，3 艘船起锚，几天后驶出了从此会以麦哲伦命名的这条海峡。他心怀感激，将出口处一个海角称为"心愿角"，并由此驶入了人迹罕至的太平洋。在地平线之外的某处一定是香料群岛——财富之岛；再往前一定是中国、日本和印度；在更远处，一定是祖国西班牙以及欧洲。让他们休息一会儿吧——这是他们最后一次休息，然后就会在创世以来从未有人横渡过的海洋中劈波斩浪。随后，在 1520 年 11 月 28 日，起锚，升旗，一阵炮火齐射后，3 艘孤独的帆船谦恭地向这片陌生的大海致意，犹如一名骑士问候一个邀他展开生死决斗的强大对手。

10

发现菲律宾

首次横渡当时这片无名海洋之举——"浩瀚如斯之海，超出人类想象"，马克西米利安·特兰西瓦努斯在信中如是说——堪称人类创下的不朽业绩之一。哥伦布驶入这片辽阔无垠的水域之旅，在当时及后世均被视为英雄壮举，但即使是那次航行，也无法与麦哲伦艰苦卓绝的航程相比。哥伦布所率三船，首次下水，装备崭新，补给充足。他的远航仅持续了 33 天。在他看到圣萨尔瓦多一星期之前，海上漂来一簇簇青草和新鲜的浮木，空中出现了陆禽，这些都使他确信自己正在接近某个大陆。他的船员身体健壮，船上有充足的物资，即使在最糟糕的情况下，无法到达他寻找的大陆，也可以返航回家。尽管他航行在未知之境，但他终究还有故乡为依托。

麦哲伦驶入的是一片无人之地，他身后不是熟悉的欧洲，有安全而舒适的港口，而是怪异、严酷的巴塔哥尼亚。他的船员历经数月的艰难，早已精疲力竭。饥饿与匮乏煎熬着他们，折磨着他们，还将继续恶狠狠地迎接他们。他们衣不蔽体，风帆已腐烂，索具已磨损。他们已数星期未曾看到过新面孔，也没有感受过女人的抚摸。虽然他们缄口不言，但在内心深处一定很羡慕那些大胆离弃他们的伙伴，那些伙伴趁着还来得及，鼓足勇气逃向故乡，而不用在一望无际、荒凉的海上漂泊无定，勉强度日。他们怀着这样的心情继续航行了20天、30天、40天、50天、60天，但仍未见到陆地，也没有任何迹象表明他们正在接近陆地。一周又一周，一周又一周，最后，离开巴塔哥尼亚海岸已经100天了，已然三倍于哥伦布向西航行的时长。麦哲伦的船队在虚空中航行了数千小时。自从11月28日心愿角消失在地平线上之后，他们既没有航海图，也没有测量工具。事实证明，法莱罗算错了距离。麦哲伦想，他肯定已经驶过了"西潘古"（马可·波罗对日本的叫法），驶过了被称为"旭日之地"的大日本。然而，就在他这么想的时候，他其实只穿越了这片汪洋的三分之一。因为眼前一片风平浪静，他便将其称为太平洋。

它表面的平静暗含着残忍，因为那一成不变的平静带给人无尽的苦难。这片海洋像一面蓝色的镜子在眼前不断延展，永远晴空万里，永远炙热，周边一片寂寥无声，总在远处、完美弧形的地平线，就像金属质感的一条线把海水和空气分开，持久不变。总是空阔而旷远的蔚蓝色大海包裹着这些渺小的帆船，唯有它们移动在这个静止的世界当中；天天都是耀眼的阳光，照亮一成不变的景观；夜夜都

麦哲伦海峡地图

有漫天清冷而无声的星星，无言面对徒劳吁求明示的人们。映入眼帘的永远是那些物件：同样的风帆、同样的桅杆、同样的甲板；船头还是那些锚，炮位上还是那些重炮和小炮；同样的桌子。总是那股有些发甜的腐臭味儿从闷热的船舱飘上来。早晨、中午和夜晚都是那些避不开的伙伴，天天都见到那些因绝望而僵硬的面孔，唯一的变化是因饥饿和病痛而消瘦。一天天过去了，眼睛越陷越深，越来越没有光泽；面容愈加枯槁，步态渐失弹性。他们像行尸走肉一般，双颊凹陷，脸色苍白。数月前他们还生龙活虎地爬上爬下，在暴风雨中收帆减速。现在他们像病人一样脚步踉跄，或者一动不动地躺在甲板上。加入了人类史上最大胆冒险活动之一的 3 艘船，如今都承载着没了人样的幽灵；每艘船都成了浮动的医院、移动的麻风病院。

在这次格外漫长的航程中，补给品渐渐耗尽，直至灾难性短缺。事务长现在能提供的是垃圾而不是食物。葡萄酒本可以滋润嘴唇，使人打起点精神，现在已一滴不剩。储存在肮脏容器中的淡水，经烈日暴晒后带了咸味，像水手们说的"变了味"，散发出难闻的气味，这些受苦受难的人只能捏住鼻子，喝下每天分到的可怜的定量，安抚一下火烧火燎的喉咙。除了偶尔抓到的鱼类，饼干一直是船员们的主食，如今也没有幸免，碎成了灰色、肮脏的粉末，爬满了蠕虫或蝇蛆，还被老鼠粪便污染了。老鼠也因没东西可吃，正在疯狂地啮噬这最后一点可怜的食物。这些本来令人厌恶的小动物已成为令人垂涎的美食。当水手们在船上四处追杀这些与自己争抢食物的强盗时，不只是为了杀死它们，还要将其尸体作为珍贵的美味保存起来。"老鼠成了抢手货，"皮加费塔写道，"我们要花半个金币才能买到一只。"有幸买到老鼠的人将其烤熟，贪婪地吞下这令人恶心的猎物。为了缓解饥肠辘辘的痛苦，为了产生吃一顿饭的感觉，人们就咀嚼混入一点腐烂饼干的锯末。最后，大家都饿得不行了，麦哲伦的预言应验了，"这些人饥饿难耐，被迫啃食为防磨损而包在主桅下帆横桁上的兽皮"（皮加费塔又说）。"这些兽皮，"他写道，"经过风吹、日晒、雨淋，已经变得硬邦邦的，我们只好把它们置于船外水里泡上四五天，泡软之后放在余烬上烤熟，再吃掉。"

我们不难想象，在这些意志坚强的人当中，即使是最强悍的，哪怕已习惯了苦日子，也无法长期忍受这样的饮食。由于食物中缺乏新鲜元素（我们今天称之为维生素），坏血病爆发了。牙龈肿胀、出血、溃烂；牙齿开始松动、脱落；患者口腔内形成溃疡，上颚疼得要命，即使想吃东西也吃不下，有些人因为营养不良而悲惨死去。幸存者因为食物短缺而身体虚弱。他们四肢瘫痪或者布满溃疡，挂着棍子一瘸一拐地走动，或者无力地躺在偏僻的角落里。在横渡太平洋的可怕航程中，至少有 19 人就这样在痛苦中死去，占此次探险剩余人员的十分之一。在第一批死者当中，包括那个被拐走的可怜的巴塔哥尼亚人，他们给他施洗并起名胡安·希甘特[①]。几个月前，他因为一顿饭能吃下半蒲式耳[②]饼干、能喝下一桶水而受到称赞。一天又一

---

① 希甘特（Gigante）：西班牙语，意为"巨人"。
② 蒲式耳（bushel）：谷物、水果、蔬菜等的容量单位。在英国，1 蒲式耳 =36.368 升。

天，能胜任工作的人持续减少；皮加费塔说得对，船员这么虚弱，这3艘船无法抵挡暴风雨。"要不是天主和圣母给我们带来这么好的天气，我们早就葬身大海了。"

这支孤单的船队在荒漠般的洋面上缓行着，简直度日如年，船上的人遭受着种种折磨，不仅如此，还要经受最深重的、希望破灭的痛苦折磨。就像正在穿越沙漠的人，他们的眼前出现了绿洲，棕榈树在微风中摇曳，满怀温情地想象着即将享受的树荫的清凉，不再忍受连日来令人目眩的刺眼阳光，耳边仿佛响起令人神清气爽的泉水的汩汩声，于是用尽最后一点力气挣扎着前行，结果发现自己被海市蜃楼捉弄了，因为幻影消失了，周边依旧是绵延无尽、残酷的沙漠。麦哲伦和他的追随者就被这种残酷的幻觉欺骗了。一天早晨，桅顶的瞭望员发出一声嘶哑的欢呼："陆地呀！"经过这么多天，这么多个星期，第一次看到了陆地。口干舌燥、饥肠辘辘的水手们冲到了甲板上；就连很长时间不能起身的病人，也都挣扎着站起来了。是的，他们确实正在接近一个岛屿。小艇上很快配备了人员。大家都梦想着喝到淡水，梦想着躺在树荫下。要是能感受到脚下的坚实大地，而非时刻晃动的木板，该是多么惬意啊！他们将无比失望。当他们靠近后才发现，这座小岛，以及后来另一个岛，都荒无一人，也无法居住，只是大海中一块寸草不生的岩石，没有淡水，也没有鲜果。上岛都是浪费时间。"我们在那里没有发现人类，得不到鼓励，也找不到任何食物，所以这个岛屿和圣保罗岛被统称为'不幸岛'。"我们继续穿越这片蓝色的荒凉海洋。一天又一天，一周又一周，这也许是人类苦难史上最可怕的一次航行、最为艰难和最为绝望的一次航行。

最后，1521年3月6日，在他们离开心愿角之后，第100次升起的太阳照亮了他们早就习以为常的一片浩淼。然而，就在这天早上，桅顶又传来了一声叫喊："陆地呀！"也该见到陆地了。在这一片虚空中再漂流两三天，我们恐怕就无缘一睹这一英勇事迹的记录了。这些船会带着行将饿死的船员们，像漫游的墓地一样，继续漫无目的地漂流，直到被风暴击沉或触礁沉没。但是，感谢天主，这个岛屿有人居住，可以让渴极了的人喝上水。船队刚一驶入海湾，并抛锚、收帆之后，灵巧的马来帆船就离开岸边，划向船队。这些五颜六色的小船，用缝在一起的棕榈叶做成船帆。这些一丝不挂的土著像猴子一样敏捷地爬上了船。这些不懂文明生活习俗为何物的不速之客，偷东西的手法非常娴熟，很快就把拿得动的东西一扫而空。转眼之间，船上的物件就像被施了魔法或变戏法似的消失了。他们砍断了系住特立尼达号

麦哲伦海峡的当地人

的划艇的缆索，洋洋得意地把小艇划向岸边。这些野蛮人夺取了这一精美的战利品，却没有觉得做错了什么。在头脑简单的异教徒看来，自己的行为是天经地义的。对他们来说，（因为裸体的人没有口袋）把他们想要的任何东西插到头发里是合情合理的，就像对西班牙人来说，教宗和皇帝宣布所有这些未被发现的岛屿及其居民

和牲畜都归信奉基督教的西班牙君主所有，也是合情合理的。

麦哲伦发现，这些土著人尽管没有皇帝和教宗的授权书，却还是想要得到他的财产。他必须有所行动，因为在塞维利亚编写的财产清单中有关小艇的记录是"为特立尼达号花费3 937.5西班牙金币采购"，而在这1万或1.2万英里之外的地方，它的价值不可估量。必须夺回被盗抢的划艇。因此，第二天，麦哲伦派遣40名水手携带武器登陆，要把它抢回来，顺便教训一下不诚实的岛民。土著人的一些棚屋被烧毁，但他们手里没有像样的武器，因此没怎么抵抗。

皮加费塔说，他们"不认识弓箭，中箭后会把箭拔出来，惊讶地看着它，这种举动不禁引起了敌人的同情。他们仅有的武器是一端固定着鱼骨的长矛"。他们惊恐万状，赶忙逃出射程，躲进灌木丛，避开这些可恶的野蛮白人的发射物。这下子西班牙人可以得到淡水供应了，并可以为找食物发动有效袭击。他们在土著人逃离的小屋里见什么就拿什么：家禽、鱼和水果。这下双方扯平了，互有偷盗，土著人掠夺西班牙人，西班牙人掠夺土著人。为了惩罚土著人，文明的盗贼给这些人世世代代以来的栖息地起了一个不光彩的名字：莱德隆群岛[①]，意思是"盗贼群岛"。

不管怎样，这次劫掠活动使西班牙人免遭死亡的厄运。三天的休息、新鲜水果、新鲜肉类，以及充足的淡水供应，使大部分船员很快恢复了健康。确实，有些人元气大伤，无法康复，在航行的后期死于

---

① 莱德隆群岛（Ladrones）：西班牙语中的Ladrone意为"盗贼"，今之马里亚纳群岛。

莱德隆群岛的船

疾病（其中一个是船上唯一的英格兰人）；还有几十个人依然虚弱不堪，筋疲力尽，无法继续工作。不过，最可怕的经历已经过去，他们重新鼓起勇气向西航行。一个星期后，一个岛映入眼帘，紧接着又一个，麦哲伦知道他们得救了。根据他的计算，这些一定是摩鹿加群岛。他认为已经到达目的地了。但是，虽然急不可耐，虽然迫切需要照顾病人，使饥饿的人恢复体力，他也没有草率行事。他没有在较大的苏卢安岛上岸，而是去了似乎无人居住的小岛，它被皮加费塔称为"呼穆奴"（即今之霍蒙洪岛）。鉴于船员们身体还很虚弱，他希望避免与土著人发生任何冲突，必须等到大家身体复元后，再进行贸易或战斗。病人被带到了岸上，享用新鲜、甘甜的淡水，还给他们宰杀了从莱德隆群岛的居民那里偷来的一头猪。让他们休养一下吧，不用太着急。

海洋征服者麦哲伦

然而，第二天下午，一些友好的当地人坐船从苏卢安岛过来了。皮加费塔瞪大眼睛看着他们带来的新鲜水果，他从未见过香蕉或椰子，后来证明椰汁对病人非常有益。双方就此开始了交易：鱼、家禽、棕榈酒、橙子以及各种各样的蔬菜和水果换走了一些铃铛、彩色玻璃珠子和其他一些不值钱的小物件。在忍饥挨饿了很长时间之后，这些或病弱或健康的人总算可以大吃大喝了。

是的，麦哲伦相信他已经到达了"应许之岛"，也就是香料群岛。不久他又意识到自己肯定算错了。假如这里真是摩鹿加群岛，恩里克应该能听懂当地人说话。但他听不懂。他们不是这个奴隶的同胞，所以探险队一定是到了别的群岛。错误又一次带来了新发现。麦哲伦的航线向北偏离了10度，结果就发现了一个完全不为人知的群岛，欧洲人从未觉得会有这些群岛。在寻找摩鹿加群岛过程中，他发现了菲律宾群岛，从而为皇帝查理五世赢得了一个省，与哥伦布、科尔特斯或皮萨罗发现的任何地区相比，这个省注定要被西班牙国王统治更长时间。同样，他也为自己建立了一个王国，因为根据合同条款，如果他和法莱罗发现的岛屿超过6个，他们有权拥有其中2个。他昨天还是一个穷困潦倒的冒险家，一个濒临毁灭的亡命之徒，现在却成了自己领地的行政长官，有权一直分享源自这些殖民地的一切收益，并因此成了世界上最富有的人之一。

经过漫长、沮丧，并且看起来徒劳无果的探寻之后，好运突然降临，实在是太激动人心啦！土著每天从苏卢安岛把大量新鲜、健康的食物送到露天医院，对病人的康复产生了显著效果。疗效不亚于这些食物的是心里总算踏实了，这是精神上的灵丹妙药。在这个热带海岸上经过九天的精心治疗，几乎所有人都恢复了健康，麦哲伦也做好了前往邻近岛屿的准备。然而，就在他起航前的最后一刻，发生了一件事，差点毁掉这个饱受折磨的人的好心情。他的朋友兼航程记录人皮加费塔在舷墙处钓鱼时，踩到淋雨后打滑的圆桅杆上，失足掉进了海里，当时没别人在场。这差点断送了他作为首次环球航行的首席记录者的前程，因为优秀的皮加费塔不会游泳，眼看就要淹死了。情急之下，他拼命抓住了拖在水里的主桅帆操纵索，一边紧紧抓着它，一边大声呼救。这位不可或缺的记录人被闻声赶来的船员拉上了船。随后，船队愉快地扬帆出行。所有人都知道，他们已经横渡了那片可怕的大洋，今后不会再闷闷不乐地望洋兴叹了。过了没几天，就见地平线上出现了一连串的岛屿。最后，在第四天，即 3 月 28 日，耶稣受难日前一天，船队抵达马扎瓦（即今之利马萨瓦岛），在那里短暂休息之后，继续前进，去寻找不再遥远的目标。

马扎瓦是菲律宾群岛中的一个小岛，小到只有用放大镜才能在地图上找到它。在这个岛上，麦哲伦经历了生平极不寻常的一个时刻。他阴暗而艰苦的生活被一次次闪现的幸福照亮，其强烈程度补偿了他为度过孤独而忧虑的漫漫时光所付出的超常耐心。这次导致他深感快乐的外部原因似乎并不起眼。这 3 艘满帆的外国大船刚一靠近马扎瓦岛海岸，好奇而友好的居民就涌向海滩。麦哲伦登陆前，派自己的奴隶恩里克作为使者先上岸，他想得不错，土著人会更信任与自己同种的棕色皮肤的人，而不是满脸胡须、奇装异服、全副武装的白人。

　　　　　　　　　　　海洋征服者麦哲伦

现在，奇迹出现了。岛民们围住了恩里克，叽叽喳喳说个不停，这个马来奴隶惊呆了，他居然能听懂大部分，明白他们在问什么。他被人从家里抓走已经好多年，很久都没听过家乡话了。这真是个奇妙的时刻，是人类史上十分了不起的一个时刻！自从我们这颗星球开始自转并公转以来，首次有个大活人绕了它一圈，又回到了自己的家乡。尽管他只是一个下属、一个奴隶，但这没关系，他的重要性在于他的命运，而不是身份。我们只知道他是奴隶，名叫恩里克，但我们也知道有人把他从苏门答腊岛上的家里抢走了，麦哲伦在马六甲买了他，又带着他到过印度、非洲和里斯本，然后又去了巴西和巴塔哥尼亚；他是世上第一个从家乡出发，越过海洋，环绕地球，最终又回到故乡的人。一路上，他见识了数以百计的民族、部落和种族，每一个都以各自不同的方式相互交流。之后，他回到了本民族当中，他能理解他们，他们也能理解他。

因此，麦哲伦知道自己到达了目的地，大功告成。他回到了马来人当中，回到了12年前他告别的那些人当中，当时他从马六甲出发向西航行，如今又要把这个奴隶带回那里。至于这将在明天还是很久之后才发生，是他本人还是别人最终抵达应许之岛，都已无关紧要，因为锲而不舍地环游地球的他，无论是跟着太阳向西还是迎着太阳向东，都必定要回到他出发的地方，就在他无可辩驳地证实了这一点的那一刻，他已在实质上完成了这一壮举。千百年来哲人们所怀疑的、学者们所梦想的，现在都已确定无疑了，这都归功于这个人坚持不懈的勇气。地球是圆的，因为有个人已经环绕了一周。

在马扎瓦的这段时光是整个旅途中最快乐、最舒适的。麦哲伦的运势达到了巅峰。三天后的复活节，也是不幸的一天的周年纪念日，当时他在圣胡利安港被迫以暴制暴，粉碎了针对自己的阴谋活动。从那以后他又经历了多少灾难、多少折磨、多少煎熬啊！他渡过了重重难关，熬过了不堪回首的饥饿和匮乏的日子，以及陌生水域中的急风骤雨之夜。他留在身后的还有最深重的苦难，月复一月啮噬他灵魂的可怕的不确定性，以及他可能将船队带入歧途的挥之不去的疑虑。他的追随者们也不再起内讧。危险的阴云已经消散，自己的任务业已完成，他这个虔诚的基督徒大可以一身轻松地庆祝复活节了。他这个弱小的凡夫俗子终于成就了多年来令他魂牵梦绕的不朽功绩。麦哲伦探明了西行航线，哥伦布、韦斯普奇、卡伯特、平松和其他航海家曾为此劳而无功。他发现了前人从未见过的陆地和海洋；作为获此殊荣的第一个欧洲人，乃至第一人，他还成功穿越了一片全新而浩瀚的大洋。在探索地球方面，他远超了所有的人。有了这一辉煌成就，有了这一重大胜利，接下来要做的实在不值一提。在可靠的领航员的引导下，他们用不了几天，即可到达世界上最富饶的摩鹿加群岛。然后他就履行了对皇帝的承诺。麦哲伦也终于可以拥抱好朋友弗朗西斯科·塞朗，他一直在给自己鼓劲和指路，这是多么让人高兴的事啊。然后，他会一刻不停地把香料装上船，沿着熟悉的航线满载而归，他会途经印度和好望角，一路上都是他了然于胸的港口和海湾。他会穿过西半球返回西班牙，满怀胜利的喜悦回到家中，他将以一个巨富、一个西班牙殖民地的地方行政长官和总督的身份，头戴不朽的桂冠出现在众人面前。

不必着急，稍安勿躁。苦熬了数月之后，他终于可以放松下来，尽情享受心想事成后的快乐了。就让探险归来的勇士们在这个祥和的港口休息一下吧。这里风景优美，气候宜人；当地人也很友善，他们依然生活在黄金时代①，性情温和、无忧无虑，不必像中了邪一样辛苦劳作。然而，除了喜欢宁静生活以外，这些淳朴的土著人还喜欢吃喝；西班牙船队那些饿得半死的人，曾长期被迫靠锯末和老鼠肉充饥，现在简直就像生活在天堂一样。

美味的新鲜食物具有无可抗拒的魅力，就连念念不忘感谢圣母和圣徒、无比虔诚的皮加费塔也犯了"大罪"。因为在这不单是一个星期五，一个普通的斋戒日，而是耶稣受难日的一天，麦哲伦派他和一个同伴去见岛主。卡兰布（岛主的名字）非常隆重地接待了他们，"在藤条编织的顶篷下，有一只像大帆船的独木舟，我们坐在尾部，因为没有翻译，我们就用手势交谈"，旁边正煮着一盘肥猪肉，香气扑鼻。出于对岛主的恭敬，也可能是太馋了，皮加费塔无法抗拒诱人的肉香，竟在最神圣、最严肃的斋戒日大吃香喷喷的猪肉，大喝棕榈酒。两名水手已很久没吃过如此丰盛的饭菜，刚刚吃饱喝足，卡兰布又邀请他们到自己的小屋参加第二场宴会。"我们盘腿坐在藤席上，就像坐在长凳上的裁缝"，客人们硬是又大吃了一顿，这次是烤鱼配新鲜生姜和棕榈酒，于是犯了罪的人罪上加罪。更糟糕的还在后面，因为皮加

---

① 黄金时代（The Golden Age）：希腊诗人赫西俄德按照希腊神话中神与人的关系把"人类时代"划分为五个阶段。第一个是黄金时代，人类无忧无虑地与神幸福地生活在一起，虔诚地听从神的旨意，因为食品丰富而不用劳动，身强力壮，不必担心疾病与死亡。

费塔和同伴刚吃完第二轮，国王的长子进屋问候访客，出于礼节，两个人开始吃第三轮。又上了两道饭菜，"一份酱汁鱼，一份米饭"，皮加费塔的同伴"吃喝得过多，醉倒了"，直接躺在了一张藤席上，成为第一个在菲律宾群岛狂饮后靠睡觉醒酒的欧洲人。我们可以肯定，在忍饥挨饿数月之后终于饱餐了一顿后，他一定梦到了天堂。

岛民们的热情丝毫不亚于他们饥饿的客人。横渡大海来到他们这里的客人真了不起，还带来了如此精美的礼物：磨光的镜子，让人可以亲眼看到自己的鼻子；闪亮的刀子；还有沉重的斧头，一下就能砍倒一棵粗壮的竹子。卡兰布穿戴上麦哲伦赠送的红黄相间的土耳其长袍和红帽子，向人们炫耀着。访客们还身披令人惊叹的盔甲，使他们刀枪不入。一名水手奉麦哲伦之命，穿上了一套钢甲，并让当地人用骨箭射他，毫发无伤的他则取笑他们。这个皮加费塔也很神奇，就像一个魔术师！他手握一根羽毛状的东西，一边听着土著人说话，一边用它在一张纸上比划，一阵沙沙声后，纸上出现了一些黑色的符号。这一定是魔法，因为两天后，他能复述他们对他说过的话。这些白皮肤的神灵在被他们称为复活节的星期日，进行了一场精彩表演，让当地人大开眼界。他们在海岸上摆放了一个箱子模样、奇怪的东西，他们说这是祭坛，上面有一个在阳光下闪闪发光的十字架。接着，排成两队的船员们都来了，其中船队首领和 50 个人盛装出场。当他们跪在十字架跟前时，那几艘船上发出了闪电，一阵雷声（尽管天空万里无云）响彻海面。

当地人深信，这些强壮的白人身上一定有某种神奇的东西。于是，他们怯生生且虔诚地模仿白人的动作，也跪下来，亲吻那个十字架。麦哲伦见状对他们说，他会让木匠们制作一个巨大的十字架，"立在附近最高的山顶上，所有人都可以看到它、崇拜它"，这些一直是异教徒的人听说后都很高兴，连声称谢。麦哲伦在几天之内就办成了几件大事。这些岛屿的国王不仅与西班牙国王结盟，还成了主内兄弟。西班牙国王赢得了新土地，教会和救世主则赢得了自然之子的纯朴灵魂。

在马扎瓦岛度过的一周，不仅收获颇丰，还十分惬意。但麦哲伦已经歇够了。水手们都精神焕发，信心十足：是时候继续踏上回家的路了。为什么还要拖延？既然他已有了这个时代最伟大的发现，再多发现一两个岛又有多大意义？他只需要前往香料群岛，完成自己的任务，履行自己的誓言，然后就全速驶向欧洲。他的妻子在那里等他回家，会抱给他看他出发后出生的孩子。他还要回去对背信弃义、半路逃跑的反叛者予以惩罚。还要回去展现给世人一个葡萄牙贵族的勇气、一群西班牙船员的决心和刚毅。他不能让朋友们再等下去了，也不能抛下一向信任他的人不管。

然而，一个人的天赋往往同时暗含着危险；麦哲伦的天赋是耐心，具备了等待和保持沉默的极强能力。他渴望载誉而归，以赢得那位新旧两个世界之主的感谢，但比这更强烈的是他的责任感。迄今为止，凡是他着手做的事，都会兢兢业业，圆满完成。这次也不例外，麦哲伦要在离开菲律宾群岛之前，多看看皇帝查理五世的新省，并把它打造为西班牙的永久资产。仅仅访问并吞并一个小岛远远不够。因为船员太少，无法留下代表和代理人，他必须跟群岛的主要统治者缔结条约，就跟与这个无足轻重的岛主卡兰布缔结条约一样，确保卡斯蒂利亚和阿拉贡的旗帜在各处飘扬，让十字架作为最高权威的永久标志矗立在这里。

当麦哲伦问卡兰布这一带哪个岛最大时，他被告知是宿务岛。麦哲伦提出需要一位领航员，岛主自告奋勇，如果可以的话，他将很荣幸地带麦哲伦前往。船队享有了岛主领航的莫大荣耀，但也因此耽搁了起航时间，因为卡兰布在丰收节上暴食暴饮，酩酊大醉，船队直到4月4日才在这位大肚岛主领航员的指引下起航。船队告别了这个在危难之际救助了探险队的幸福海岸。他们航行在平静的水域，路过美丽的岛屿，驶向麦哲伦选择的目的地——"因为，"值得信赖的皮加费塔写道，"他不幸的命运注定了本该如此。"

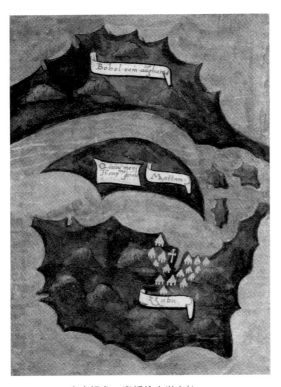

麦克坦岛，麦哲伦去世之处

11

麦哲伦之死

（1521 年 4 月 7 日—1521 年 4 月 27 日）

经过三天平静而愉快的航行，船队驶进了宿务岛。海岸上村庄星罗棋布，说明此地人口稠密。卡兰布指引船队直奔首府。麦哲伦一眼就看出了，他在这里将要打交道的邦主或国王远比身边这个伙伴更重要，因为沿途可见多艘外国帆船，还有众多本地快速帆船。他想要大造声势，表明自己是雷电之王。麦哲伦下令船队鸣放礼炮，突如其来的巨响吓得淳朴的岛民四处逃窜，躲藏起来。紧接着，麦哲伦派恩里克上岸当翻译，并指示他要有礼有节，告诉岛上的统治者，雷声并无敌意，只是船队首领想用这种魔法表达他对宿务国王的敬意。船队首领本人只是世界上最伟大的君主的仆人，奉君主之命，横渡世界上最为浩瀚的海洋，寻访香料群岛。他在途中得知，宿务国王极为明智有礼，便决定登临拜访。这位首领，恩里克说，这位霹雳船队的首领，打算向陛下展示当地从未见过的各类贵重物品，并与他进行贸易。首领不会久留，只希望在与声名显赫的君王建立友好关系，并当面表达善意后，即刻离开该岛。

宿务王胡玛邦可不像莱德隆群岛的裸体野蛮人或巴塔哥尼亚的巨人那么天真。他见多识广，懂得金钱和金钱的价值。这位偏居一隅的棕皮肤国君是一位政治经济学家，实行高度文明的做法，向在自己港口靠泊的每艘船征收过境费。他是一个头脑冷静的商人，大炮的轰隆声没有让他心慌，译员的甜言蜜语也没有让他感到受宠若惊。他淡然回应恩里克说，他无意禁止别人进入港口。他欢迎这些陌生的白人，也很乐意跟他们做交易，但每艘船无一例外都要支付港务费。因此，这3艘大船的首领必须首先依例交纳贡金。

奴隶恩里克知道，他的主人身为西班牙皇家船队总指挥和圣地亚哥骑士，绝不会同意向一个无足轻重的小国君进贡。任何类似举动都等于默认了这个依照教宗谕令属于西班牙的省份享有主权或独立地位。因此，恩里克大胆地建议胡玛邦免除这次贡金，不要冒险与雷电之王发生冲突。在商言商的国王再次拒绝：先进贡，再交朋友。若不照例缴费，就别想进港。不能破例。他还传召了一位穆斯林商人来作证。那人乘中国式帆船从暹罗来，已二话没说交了钱。

这位贵人来到现场，脸色随即变白。他一看到那些大船，紧绷的船帆上有圣地亚哥骑士团的圣雅各十字图案，立刻明白了。唉，在东方这个偏远的角落，贸易从未受到异教徒的干涉，如今这些恶魔之子出现了。这些杀人犯，这些穆罕默德的敌人，带着可怕的大炮和火绳枪来到了这里。对他这样的人来说，今后不可能再有和平的贸易和丰厚的利润。他急忙低声对国王说，必须谨慎行事，千万不要招惹这些不速之客。他解释说，他们就是那伙人（他把西班牙人和葡萄牙人弄混了），掠夺并征服了卡利卡特、整个印度和马六甲。没人能抵挡这些白魔。

这一见识封闭了另一个环。在世界的另一端，在不同的星光下，欧洲又一次触及欧洲。麦哲伦一直在向西航行，所到之处此前均未见过欧洲人，当地人从未听说过白人；没有一个人见过欧洲人。就连初入印度的瓦斯科·达·伽马，都能听到一个阿拉伯人用葡萄牙语向他问好；但麦哲伦自两年前离开西班牙以来，从未有人承认过他的征服者身份，西班牙人好像一直游荡在遥远且无人居住的星球上。巴塔哥尼亚人视他们为天外来客；莱德隆群岛的居民看到他们就逃跑了，好像他们是魔鬼或者妖精。终于，在这个地方，在这世界的另一端，欧洲人遇见了认识或听说过他们的人，从此建成了一座跨越大洋连接欧洲与新世界的桥梁。这个环封闭了。再航行几天，驶过几百英里的海面，他就会遇到已两年未见的欧洲人，会遇到基督徒和同道、同一信仰的兄弟。假如麦哲伦此前还在怀疑自己是否真要心想事成，那么现在所有的疑云都已烟消云散。此刻，两个半球对接了，奇迹发生，环球一周的愿望就此实现了。

穆斯林商人的警告显然对宿务国王产生了影响。他心里一惊，连忙取消了收港口费的要求。他为了显示自己热情好客，首先宴请了麦哲伦的使者。紧接着就出现了第三个迹象，确切无误地表明，探险英雄们已接近目的地。席间端上来的菜肴不再用草垫或木盘，而是用瓷器盛放。这些瓷器直接来自中国，那个马可·波罗笔下的半神话国度。日本和印度，也一定近在咫尺。麦哲伦几乎已经实现了哥伦布的梦想：

向西航行，直至东印度群岛。

外交上的问题刚一解决，双方就开始正式互致问候并做交易了。皮加费塔奉命以全权代表的身份上岸，宿务王宣布自己准备与强大的皇帝查理五世签订永久和平条约，而麦哲伦则想尽全力促成这种友好关系。科尔特斯和皮萨罗等征服者一上岸就开战，野蛮屠杀并奴役当地人民，只知道强取豪夺。麦哲伦与他们截然不同，是个更有远见、更为仁慈的发现者，只想和平进入。他起初就打算通过友谊和条约，而不是流血和暴力手段吞并这几个省。麦哲伦坚持仁义待人，这种鲜明的道德优势凸显出他在同时代征服者中卓尔不群的气质。他原本就是一个严厉而内向的人。正如他在圣胡利安港反叛事件中所表现的，他在船队中维持着铁的纪律，不留情面。但是，他固然严厉，却不残暴，这一点值得称道。在人们的记忆中，他没有令科尔特斯和皮萨罗名誉扫地的罪恶污点，如烧死印第安部落首领和折磨瓜特穆斯①。其他征服者觉得在与异教徒打交道时不必信守承诺，但麦哲伦在整个航程中都没有因背信弃义而蒙羞。他至死都恪守与当地首领们订立的每项协议，这种优秀的诚信品质是他最好的武器，并为他赢得了不朽的声誉。

此时，买卖开始了，双方各取所需，都很满意。最令岛民们称奇的是这些外国人带来的铁，这种硬金属特别适合制造刀剑、长矛、鹤嘴锄和耕犁。他们反而对黄金没多大兴趣，就像1914年时的战争狂一样，愿意用黄金换铁。在欧洲14磅铁很便宜，但在这里其价值高达

---

① 瓜特穆斯（Guatemozin，1497？－1525年？）：阿兹特克帝国末代统治者。

15 枚达克特以上。麦哲伦意识到有必要提醒部下当心，并责令大家不要对黄金表现出狂热，"否则，"皮加费塔写道，"每个水手都会为黄金卖掉自己的一切，这会对我们日后的贸易造成永久的伤害"。疯狂聚敛黄金的举动会让当地人觉察到黄金在西班牙人眼里很珍贵，这将扰乱市场。

麦哲伦准备利用宿务岛岛民的无知，但坚持不用缺斤短两的手段欺骗他们。一向放眼未来的麦哲伦，不想因小失大，为短期收益付出长远的代价，并影响他为赢得新省居民好感所作的努力。事实再次证明他是对的。原住民和这些强大的异乡人关系好到连国王及其多数臣属都不禁要成为基督徒。其他西班牙征服者利用拉肢刑具和异端裁判所、通过酷刑和火刑柱，经年累月的所获，轮到虔诚但不狂热的麦哲伦时，无须动武，仅用几天工夫就实现了。

我们可以从皮加费塔的记述领略到，在使大批人皈依基督教的过程中，麦哲伦表现得多么富有人道情怀和自由精神。"船长告诫他们，不要因为害怕或讨好我们而信奉基督教。如果他们真想成为基督徒，就必须是出于内心真诚的愿望和对天主的爱。如果他们不信基督，西班牙人也不会伤害他们。不过，信了基督的人会得到更多的爱和更好的待遇。然后，他们齐声高喊，他们希望成为基督徒，不是出于恐惧，也不是为了取悦我们，完全是自愿。他们顺服于他，希望他像对待自己的子民那样待他们。于是船长眼含热泪拥抱了他们，握住宿务王和王子的手，并告诉他们，他以对天主的信仰和对皇帝的忠诚发誓，他们从此将与西班牙王国永久和平共处，对方则回以类似承诺。"

随后那个星期天，1521 年 4 月 14 日，西班牙人庆祝了他们的重大胜利。他们在镇中心的市场上搭起了一个支架，并挂满饰物和棕榈枝。他们拿来船上的几张地毯铺在顶篷下，上面放置了两个包着锦缎的宝座，一个是麦哲伦的，另一个是宿务王的。正对着宝座的是一个祭坛，远远望去，它周围簇拥着成千上万个棕皮肤的土著人，静候即将开始的精彩表演。船队首领此前很明智地躲在幕后，由皮加费塔出面安排大部分活动，现在万事俱备，他大张旗鼓地登场亮相。率先出场的是40 名披坚执锐的士兵，紧随其后并走在麦哲伦前面的，是高擎卡洛斯一世国王丝质王旗的旗手。麦哲伦在塞维利亚教堂领受了这面旗帜，如今它首次在这个西班牙王国的新殖民地迎风招展。麦哲伦及其下属跟在旗后，迈着整齐的步伐列队行进。就在他上岸的那一刻，船上响起了礼炮。冷不丁的炮声吓得观众四散。但当他们发现国王（事先被告知要发生什么事）镇定地坐在宝座上时，他们又跑了回来，兴致勃勃地围观那个被人竖起的巨大的十字架。国王和他作为王子的侄子以及另外 50 多个人在十字架前跪下，一起受洗。麦哲伦作为国王的教父，给这个异教徒的胡玛邦起了查尔斯的教名，以向他的欧洲宗主国致敬。王后长得很漂亮，嘴唇和指甲都涂成了鲜红色，论时尚，她比欧美的姐妹们超前了 400 年。她在受洗时得名乔安娜，两位公主也都有了西班牙语的教名，分别是卡塔里娜和伊莎贝拉。不用说，马扎瓦和邻近岛上的首领们肯定都会紧随他们的国王兼酋长。王族受洗的消息不胫而走。第二天，从邻近岛屿来了更多原住民，加入了这场神奇的仪式。几天之内，几乎所有首领都宣誓与西班牙结盟，并接受了洗礼。

没有比这更辉煌的成就了。麦哲伦达到了目的。他发现了通向世界另一边的海峡。他为卡斯蒂利亚和阿拉贡王国赢得了物产丰富的新岛屿；无数人接受了真信仰；其间的重大成就是他兵不血刃就完成了这一切。天主保护了这个信仰虔诚的人，把他从任何凡人都无法忍受的匮乏和危险中解救出来。这位船队总指挥内心洋溢着犹如强烈的宗教情绪般的安全感。他已克服了无数艰难险阻，接下来还能有什么更难做的事吗？他在获得如此辉煌大捷之后，还有什么能危及他的事业呢？他满怀一种谦卑的信念：为了天主和皇帝，他可以赴汤蹈火。

这个信念将他带向毁灭。

麦哲伦事事成功，仿佛天使为他照亮了道路。他找到了出路，为国王征服了新的岛屿，要是换一个比他更爱虚荣的人，早就连忙赶回家享受胜利果实了。但麦哲伦这位矢志不渝的精算师不想就此罢手，还要确保自己发现的岛屿永久归属西班牙王室。他希望并相信新受洗的查尔斯国王会信守诺言。但查尔斯·胡玛邦不过是菲律宾的众王之一，而要造访所有岛屿，赢得所有岛主的支持并改变其信仰，就会耗时太久。这位总指挥的职责是尽快到达香料群岛。就巩固西班牙在菲律宾群岛的势力而言，麦哲伦能想出来（总是未雨绸缪）的办法似乎只有一个，即让查尔斯·胡玛邦这个唯一的天主教酋长成为该地区所有酋长的盟主。此后，宿务王查尔斯将作为西班牙国王的总督行使职权，且必须拥有高于其他酋长的威信。西班牙国王的朋友不能与其他君主平起平坐，而是要凭着他跟雷电之王结盟的关系，在整个群岛享有无可匹敌的地位和权威。麦哲伦向宿务王申明，若有其他酋长胆敢抗命，他会提供军事援助。这并非一时兴起的想法，而是深思熟虑后的政治举措。

碰巧，就在那几天，麦哲伦就赶上了一次演示的机会。宿务附近有个叫麦克坦的小岛，岛主西拉普拉普总在伺机反抗宿务王。自从西班牙人到来之后，他就一直在竭力阻止其他首领向这些人提供必要的食物。西拉普拉普对西班牙人的敌意似乎并非全无道理。在海上航行了这么久，性饥渴的船员们急切地搜寻当地妇女寻欢，因此导致他的小岛上某处发生了一场骚动，并有几间小屋被烧毁。在麦哲伦看来，拒绝提供物资的举动给了他展示实力的最佳理由。他要让宿务王以及其他土著首领都彻底看清，支持西班牙人有多么明智，而胆敢反抗雷电之王的人会遭遇多么悲惨的下场。这次宣示武力不需要流太多血，但比话语更有说服力。因此，麦哲伦告诉胡玛邦，他要教训一下不听话的西拉普拉普，让他今后表现好些。奇怪的是，宿务王对这种热情的拔刀相助并不领情。也许是因为他担心西班牙人一走，那些被制伏的部落就会趁机作乱。若昂·塞朗和巴尔博扎都警告麦哲伦，不要进行如此不必要的讨伐行动。

麦哲伦其实也没想要大打出手。他只想为西班牙的新盟友查尔斯酋长立威，确保查尔斯对其他酋长们的领导权。如果反叛的西拉普拉普俯首称臣，那对他和大家都是好事。麦哲伦与其他好战的征服者截然相反，坚决反对不必要的杀戮，因此他先派奴隶恩里克和那位暹罗商人去见西拉普拉普，表达和平的心愿。麦哲伦只要求西拉普拉普承认宿务王的盟主地位，并把自己置于西班牙的保护之下。假如他接受这些条件，西班牙人就会待他是好朋友。假如他不接受，就会让他尝尝西班牙的锋利长矛的滋味。

西拉普拉普回答说，他的人也有长矛。虽然这些长矛只是竹子的，但尖端已淬过火，如果西班牙人胆敢进攻，就会发现他们的长矛威力无比。收到这个傲慢的讯息后，麦哲伦别无选择，只能通过诉诸武力来维持西班牙的最高权威。

他被迫借助于武力裁决。

在整个职业生涯中，麦哲伦一直展现出谨慎和远见的两大性格特征，此时我们头一次发现这些特征都消失了。这个精于算计的人头一次明显失算了。宿务王曾提出派遣1 000名战士一起攻打麦克坦岛，而麦哲伦本可轻松调动己方的150人出战。面对占据压倒性优势的大军，这个蕞尔小国肯定不堪一击。但是，麦哲伦不想大开杀戒。在这次征讨中，他最关心的是西班牙的声誉。身为两个世界的皇帝委派的船队首领，麦哲伦不可能把家里都找不出没破洞的坐垫的土著视为平等对手。攻打这样一群岛民根本不用大动干戈。麦哲伦另有打算。他想要证明，一个身体强壮、全副武装的西班牙人可以单枪匹马以一敌百，要借着这次军事行动确立西班牙人刀枪不入、不可战胜的神话，同时，胆敢迎战西班牙王师的草莽酋长惨败的消息，会像野火一样传遍各岛。几天前麦哲伦在旗舰上用来娱乐马扎瓦和宿务岛酋长们的滑稽戏，就要再次开演，只是这次规模更大、更严肃：要让大家看看，一名身披甲胄的西班牙士兵被20个手持长矛和短剑的土著人攻击，却毫发无损。

这会给桀骜不驯的西拉普拉普以同样的教训。正是出于这种考虑，原本谨小慎微的总指挥只带了 60 个人出战，并请宿务王，以及前来助战的 1 000 名士兵，不要登上麦克坦岛，而是在快速帆船上观战。他们不必参战，只须现场观摩，领教一下几十个西班牙人有多强大，不费吹灰之力就能击败各岛上的首领、酋长或国王。

老谋深算的麦哲伦这次判断失误了吗？根本没有。历史经验表明，派 20 来个披坚执锐的欧洲人去对抗 1 000 名拿着鱼骨长矛、赤身裸体的野蛮人、印第安人或其他什么人，绝非荒唐之举。科尔特斯和皮萨罗率领三四百人，战胜了成千上万的墨西哥及秘鲁印第安人，征服了庞大的王国。与他们面临的困难相比，麦哲伦对一个小岛的讨伐就像举行阅兵式一样简单。可以肯定，麦哲伦并未预见危险，因为这个虔诚的信徒习惯于在重大行动前举行弥撒，并和手下人一起领受圣餐，但在进攻麦克坦岛之前，他没有这样做。在他看来，放几枪，猛击几下，西拉普拉普那些可怜的喽啰们就会抱头鼠窜。西班牙的武士们无须流太多血，就会在这些岛民心中永久刻下西班牙战士不可侵犯的英名。

1521 年 4 月 26 日这个星期五的晚上，当麦哲伦率领 60 个人上船要穿过两岛之间的狭窄海峡时，当地人声称他们看到屋顶上有一只奇怪的、叫不出名的黑鸟，有点像乌鸦。当时还有一件真事，不知何故，所有的狗都开始狂吠。这些西班牙人跟野蛮人一样迷信，惶惶不安地在胸前划十字。但是，这个敢于进行史上最伟大海上探险活动的人，可能会因为一只乌鸦呱呱叫了几声就折返，或害怕与一个赤身裸体的首领及其一帮可怜的追随者打一仗吗？

然而，对麦哲伦来说，不幸的是，这个不起眼的酋长有独特的海岸构造充当强大的盟友。离岸不远处有一片珊瑚礁，船只无法通行，因此，西班牙人手上的精良武器——极具杀伤力的火绳枪和弩，从一开始就无法发挥效力；通常情况下，火绳枪一响，就足以使野蛮人闻声逃窜。

麦哲伦让 20 个人留在船上，然后率领 40 名全副武装的士兵毫不犹豫地跳下船，蹚水前进。他身先士卒的行为，就如皮加费塔所写的那样，"作为一个称职的牧羊人，他不会抛弃自己的羊群。"他们在齐腰深的水里走了很长一段才到岸边，守在那里的大量土著，一边大喊大叫，一边挑衅地挥舞盾牌。双方旋即开战。

在这场战斗的各种记载中，皮加费塔的记述应该最可信，因为他亲自参加了战斗，而且还中了箭。"我们跳进水里，"他写道，"水有齐腰深。在到达陆地之前，我们要涉水两箭之距，我们的船被礁石挡住，无法跟我们一起前进。我们发现岸上有大约 1 500 名岛民，他们分为三组，一组从正面阻挡我们，另外两组从侧面袭击我们。船长也把自己的人分成两组，以便更好地防卫。我们的火枪手和弩手从船上射击了半个小时，但毫无用处，因为距离太远，子弹和箭都无法穿透敌人的木盾，充其量只能伤及他们的手臂。船长命令射手们停止射击（显然是想要为后面的战斗保留弹药），但在混乱中没人理会他的命令。当岛民们意识到我方火枪和弩几乎伤不到他们后，便不再后撤。他们喊声越来越大，左右跳动，使我们无法瞄准目标。他们一齐向前推进，在盾牌的掩护下，用箭、标枪、尖端淬过火的矛、石头甚至污物攻击我们，令我们防不胜防。有些人开始向我们的船长投掷带铜尖的长矛。

"为了震慑敌人，船长派了几个人去放火烧岛民的小屋。没想到他们的攻击更凶猛了。眼看有二三十个房子猛烈燃烧起来，一些岛民跑去救火，还杀了我们两个放火的伙伴。其余人开始向我们猛攻。他们发现，尽管我们有盔甲保护身体，但双腿暴露在外，于是就专打我们的腿。船长的右脚中了毒箭，于是下令稳住阵脚，缓慢撤退。但我们的人一听说后撤就一哄而散，他身边只剩下了七八个人。他已经跛足多年了，无法迅速撤退。此刻我们遭到来自四面八方的长矛和石头的攻击，无力抵抗。由于距离太远，我们在船上的射石炮也帮不上忙。于是，我们边打边撤，退至距海岸一箭远之处，海水已深及膝盖。但岛民们依然不依不饶地追着我们打，不断捡起他们已经扔出的长矛，结果，一支矛就可以连续刺伤五六个人。他们认出了船长，把他当作集中攻击的目标，他的头盔有两次被击落。在我们几个人的帮助下，他像一位英勇的骑士那样坚守岗位，奋力拼杀，不想再后退一步。

"我们就这样战斗了一个多小时，直到一个土著用竹矛刺中了船长的脸。他不顾一切地用长矛刺入那个土著的胸膛，没有拔出来。但当他想要用剑时，却由于右臂此前被刺伤，只能从剑鞘中拔出一半。周围的敌人见状一齐扑向他。其中一人手持一把长弯刀，重重地砍在他的左腿上，他俯身倒了下去。之后，这些土著一哄而上，用手中的长矛、弯刀或其他利器刺穿他——我们的镜子、我们的光明、我们的慰藉、我们的忠实向导——直至杀死了他。"

麦克坦岛，麦哲伦死亡的场景

就这样，麦哲伦（如同其后继者者、大航海家詹姆斯·库克一样）在接近完成不朽功绩之际，惨死在与一群赤身裸体的岛民发生的小规模冲突中。这个堪比普洛斯彼罗①的天才，征服了自然，战胜了风暴雨，制服了众人，却死在一个名叫西拉普拉普的宵小手上。虽然死亡剥夺了麦哲伦的生命，却不能夺走他的胜利。在取得了如此丰功伟绩之后，他的生死好像并不那么重要了。但是，紧接着他悲壮的结局，是一段颇具讽刺意味的插曲。同样是这群西班牙人，几天前还被捧上天，根本不把麦克坦岛的小酋长放在眼里，如今却丢尽了颜面。他们没有立刻召集其余士兵去抢回被杀首领的尸体，而是像懦夫一样，派代表跟西拉普拉普谈判，要买回尸体。他们想用一些铃铛和几块花布换取总指挥的遗体。但是这位战胜西班牙人的小酋长在精神上胜过麦哲伦那些怯懦的同伴。西拉普拉普不愿为了几面镜子、玻璃珠和彩缎就把对手的尸体交出去。他珍惜自己的战利品，因为现在消息已传遍各岛，说西拉普拉普大酋长像杀一条鱼或一只鸟那样，轻而易举地消灭了雷电之王。

没人知道麦哲伦的尸体的下落，也不知道他的肉体最终被置于哪种元素当中：火、水、土，还是空气？没有目击者告诉我们。假如他真已入土，他的坟墓所在仍是秘密。这个拼尽全力揭示了未知世界最后隐秘的人，自身的一切痕迹消失得无影无踪。

---

① 普洛斯彼罗（Prospero）：莎士比亚戏剧《暴风雨》中的米兰公爵。在其弟安东尼奥篡夺爵位后，普洛斯彼罗同幼女流落荒岛，靠魔法降服精灵和土著凯列班。

麦哲伦之死

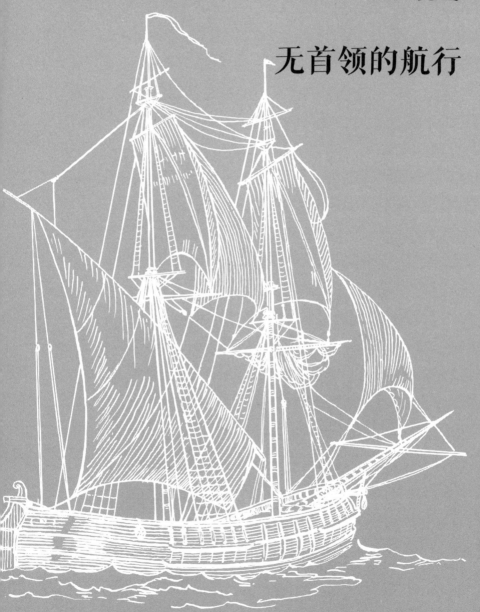

12

无首领的航行

（1521 年 4 月 27 日—1522 年 9 月 6 日）

　　西班牙人在这次小小的冲突中仅损失 8 人，这在他们全部兵力中所占比例极低。然而，领导人的阵亡使这次失败产生了灾难性后果。这些陌生的白人原本在纯朴的岛民眼中像神灵一样，随着麦哲伦之死，他们头顶的魔幻光环倏然消散了。征服者的威力和成功都依赖这个光环。若非守护天使般的无敌神话作后盾，即便有勇有谋，有耐力和强大的武器，科尔特斯和皮萨罗也不可能战胜成千上万的敌人。这些全知的生物，能用棍棒一样的武器发射雷电，在受到惊吓的当地人看来，他们刀枪不入；他们不会受伤，因为箭从他们盔甲上掉落时已经不再锋利。在美洲，当地人几乎不可能从他们手上逃脱，因为他们会和体型巨大、速度比人快得多的四脚兽合体。征服者时代流传下来的一个故事，最能说明这种恐惧的麻痹作用有多大。它说的是一个西班牙人在河里淹死了，印第安人接连三天都在小屋里观察那具尸体，不敢碰它，唯恐这个陌生的神祇会复活。一直等到尸体高度腐烂之后，他们才打起精神，准备展开进一步抵抗。而当其中一个"白神"受了伤，当无坚不摧的征服者仅仅失败一次，所有魔咒均告解除，没人再信他们的无敌神话。

现在就是这样。宿务王面对雷电之王未进行任何抵抗就投降了。他恭顺地接受了他们的信仰，坚信这个十字架代表的外来神比他之前敬拜的木制偶像更强大。他跟这些天外来客称兄道弟，期望自己很快就能成为群岛中最强大的君主。现在，他和 1 000 名战士在快速帆船上观战，看到最不起眼的酋长之一西拉普拉普击败了那个"白神"。他亲眼看到，他们的雷电虚弱无力；看到身着闪亮胸甲、据说是刀枪不入的人，从一个小小首领的裸体战士面前可耻地逃跑了。最后，他看到这些人的首领在他那些勇猛同胞的欢呼声中倒在长矛之下。

也许一次有力的反击仍然可以挽回西班牙人的声望。假如麦哲伦的继任者采取果断行动，召集全体船员，乘船前往麦克坦岛，并夺回伟大航海家的尸体，并随后严惩匪首及其部落，由此产生的震慑力也会让宿务王心怀畏惧。然而，唐·查尔斯·胡玛邦（不久后他就不再使用这个教名）看到的却是战败的西班牙人派出谈判代表去见得胜的酋长，希望买回麦哲伦的尸体。但是，看啊，麦克坦小岛上的小头领朝"白神"们打了个响指，轻蔑地把他们的代表赶出了宫殿。

白人的懦弱行为不可避免地使宿务王心生异念。也许他有些失望，就像凯列班对特林鸠罗感到失望一样，那个可怜的傻瓜发现自己过于轻信，把一个吹牛的人奉为神灵。此外，西班牙人还用种种方式破坏自己跟岛民之间的良好关系。探险队刚返回，彼得·马尔蒂雷找到一些船员，询问麦哲伦死后岛民们态度转变的缘由。作为亲历者，热那亚的马丁一语道出了实情："主要是因为强奸妇女。"尽管麦哲伦做出了种种努力，还是无法阻止漫长航行后性饥渴的手下强奸主人们的妻子。他徒劳地试图制止这些暴力和淫荡行为，为此还惩治了内弟巴尔博扎，因为他在岸上连住了三晚。首领去世后，这种事态进一步恶化。不管怎样，当这些凶猛的侵略者的军事威力在胡玛邦眼中大打折扣之后，他们就彻底丧失了他的尊敬。

西班牙人一定已觉察到岛民们的敌意，因为他们很快就变得不耐烦了。就让他们装够能赚钱的货物，早点去香料群岛吧。麦哲伦的继任者更有商业头脑，不想继承他们的伟大领导的遗志，以和平友好的方式为西班牙赢得菲律宾群岛，以及传播基督信仰。为了尽快办成事，他们急需麦哲伦的奴隶恩里克的帮助，因为只有他能跟当地人交谈以促进实物交易。就从这件小事上即可看出，麦哲伦借以获得巨大成就的收服人心之术与他一起消亡了。忠诚的恩里克同主人并肩战斗到最后一刻。他负了伤，被带回船上后一动不动地躺在垫子上——也许是受伤太重，也许是像忠诚的狗一样在哀悼心爱的主人。因此，杜阿尔特·巴尔博扎的做法实在愚不可及，他在与若昂·塞朗共同当选船队总指挥后，对这位忠诚的仆从恶语相向，使其心生怨恨。他毫不客气地呵斥这个可怜的人，别以为主人死后狗就能无所事事，或者自己不再是奴隶，那是痴心妄想。他们回到里斯本后，就会把恩里克转交给麦哲伦的遗孀，在那之前他必须服从命令。如果他不马上起来上岸，为易货生意当翻译，就会被狠狠地揍一顿。马来人是一个凶猛而危险的种族，绝不会容忍侮辱。恩里克很清楚麦哲伦已在遗嘱中解除了他的奴隶身份，并给他留下了一笔可观的遗产，但他此刻暗中咬紧牙关，不动声色地忍受着巴尔博扎的侮辱。这家伙想要剥夺他的权利，而且不明白他身心都受到了伤害，这家伙骂他是狗，还把他当成狗对待，早晚会为此付出沉重代价。

这个颇有心计的马来人将自己的怨愤深埋在心里，乖乖地去了市场当翻译。但他趁机鼓起勇气用母语透露了别的情况。他告诉宿务王，西班牙人打算找机会把未售出的剩余货物装上船，然后溜走。查尔斯应先发制人，夺取西班牙人的货物，并扣留他们的3艘好船。

恩里克提出的这个建议，很可能就是宿务王的心里话。不管怎样，双方心领神会，一拍即合。两个人密谋了接下来的做法，并且没有走漏一点风声。双方依旧欢快地交易着；国王对他的新教友们表现出一如既往的热情；恩里克也听从了巴尔博扎的训斥，显得格外勤快。1521年5月1日，麦哲伦死去四天后，恩里克兴高采烈地给船长们带来了一个特别好的消息。他说宿务王已经备好了珠宝，打算送给他的宗主和朋友西班牙国王。为了让转交礼物的仪式尽量显得隆重，他已召集了各地首领和其他重要臣属到场，他想知道能否劳驾巴尔博扎和塞朗两位船长带着最尊贵的随从上岸，代表西班牙国王卡洛斯一世接受宿务王查尔斯的礼物？

假如麦哲伦还活着，他一定会联想起自己在东印度群岛的遭遇。当时，马六甲的君主也是热情地发出类似邀请，毫无防备的葡萄牙人上岸后便中了他的埋伏，惨遭杀戮。麦哲伦凭着一股勇气拼死救了弗朗西斯科·塞朗一命。但麦哲伦已经不可能警告他们了。于是，塞朗和巴尔博扎漫不经心地走进了新教友给他们设下的陷阱。他们接受了邀请。事实再次证明，占星家也无法预知自己的命运，因为安德烈斯·德·圣马丁显然没有占星，跟着一起去了。通常爱打探消息的皮加费塔运气较好，他在麦克坦之战中了箭，正卧床养伤，因此躲过一劫。

总共有 29 名西班牙人上了岸，都是海员中的佼佼者和经验丰富的领航员。受到隆重接待之后，他们被护送到一个棕榈叶棚屋入席。成群的当地人像是好奇的旁观者，十分热情地簇拥着客人们。但是，国王急于让西班牙人进棚屋之举，让领航员若昂·卡瓦略感到不安。他对纠察长埃斯皮诺萨说情况可疑，两人决定尽快回船队搬救兵，以便在发生不测时营救同伴。他们借故退席，划向大船。他们刚一上船，岸上就传来了喊声和尖叫声。多年前发生在马六甲的惨剧再次上演，当地人突然向毫无防备的西班牙客人们发难。狡诈的宿务王一举干掉了客人，收缴了货物，还得到了一些据说可以让西班牙人刀枪不入、所向无敌的武器和盔甲。

船上的伙伴一时吓呆了。之后，因为所有船长被杀，级别最高的卡瓦略下令各船驶近陆地，对准城里开炮。舷炮一次次轰隆作响。也许卡瓦略希望借此拯救一些身陷险境的同伴，但也许只是怒火中烧，借机发泄一下。就在第一轮炮弹砸向棚屋时，亲历现场的一些人眼前出现了令他们终生难忘的可怕景象。落入陷阱的若昂·塞朗，就跟他在马六甲的亲戚弗朗西斯科·塞朗一样，与袭击者展开殊死抗争，最终逃到了海滩上。敌人追上来，把他团团围住，随后他被解除武装并五花大绑。他无助地站在马来人中间，大喊着让船上的人停火，否则马来人会杀了他，同时要求卡瓦略派出划艇，带足货物去赎他。

双方一度眼看要谈成了，西班牙人可以用两门炮、几块铜锭和一些布料换回勇敢的船长。然而，当地人坚持要在物品送上岸后再释放塞朗。卡瓦略可能担心那些无赖再次出尔反尔，将物品和划艇一起扣下。不过，根据皮加费塔的记述，还有一种可能性，卡瓦略怀有不可告人的野心，担心塞朗得救后自己就当不成船长了，只能在他手下当领航员。总之，失去耐心的当地人开始痛下杀手。四肢被绑的塞朗身中数刀，在海滩上痛苦挣扎着，流血不止，周围是手持弯刀的凶手。塞朗的最后一点希望，就寄托在那3艘满员的西班牙船上，它们停泊在离陆地不远处，总指挥卡瓦略是他的同胞和密友，属于经历了无数次出生入死的患难之交。卡瓦略当然会不顾一切地来救他！他一次又一次呼喊着，恳求卡瓦略看在两人友情的份上，赶紧送赎金过去。他焦急地盯着停在不远处的小划艇。卡瓦略在犹豫什么，为何迟迟不动？作为老海员，塞朗明白船上一举一动的含义，他突然看到划艇被吊起来了。叛徒！叛徒！船队没有派人营救他，而是转向，驶离了这里。一阵微风鼓起了帆。塞朗心里很难过，一时无法相信自己的好兄弟会抛弃他这个首领、指挥官，让他四肢被绑着，无助地听凭凶手们发落。

他又一次发出嘶哑的呼喊，倾诉着深感绝望的痛苦。他终于明白了，船队真的已抛下他，扬长而去。他拼尽全力，隔着海面恶狠狠地诅咒卡瓦略，祈求天主在审判日要求这个假朋友对其行为作出解释。

这个诅咒成了塞朗的临终遗言。背叛了他的同伴在船上眼睁睁看着自己推选的首领被杀害。与此同时，在船队离开港口前，在当地人的欢呼声中，一群人拆除了麦哲伦竖起的大十字架。总指挥处心积虑，

246

海洋征服者麦哲伦

花费了数星期才取得的成果顷刻间化为乌有。这些西班牙人满脸羞愧，耳边萦绕着垂死的船长的诅咒，在取胜的野蛮人的嘲笑声中，像逃犯一样，撤离了当初他们在麦哲伦领导下如神灵般莅临的岛屿。

从可怕的宿务港逃脱后，众人刚要松口气，脑海中又不由得浮现出令人不堪回首的种种磨难。自从离开西班牙后，探险队遭受了一系列打击，其中在宿务停留期间遭受的打击最沉重。除了无可替代的麦哲伦之外，他们还失去了两位经验丰富的船长，巴尔博扎和塞朗。这二人对东印度海岸了如指掌，本可以在返航时发挥巨大作用。圣马丁的死亡，让他们失去了航海专家，而恩里克的叛变，让他们失去了译员。经过仔细清点，在塞维利亚签约的 265 人，如今只剩下了 115 人，不足以操控 3 艘船。现在最好放弃一艘船，凑足另两艘船上的人手。他们最后商定放弃康塞普西翁号，因为它早就开始漏水，无论如何都回不到西班牙了。他们在保和岛①附近"执行死刑"前，把所有值得留下的东西，小到一颗钉子和一根细绳，都转移到其他船上，然后将木头空壳付之一炬。火势越来越大，最终吞噬了康塞普西翁号，水手们不禁黯然神伤。两年来，这艘船曾是他们中许多人的家，现在它烧焦了，发出嘶嘶声，沉入了远离故乡的海域。想当年，5 艘船从塞维利亚港起锚，沿瓜达尔基维尔河而下，船上彩旗飘扬，人员充足。先是圣地亚哥号在巴塔哥尼亚海岸失事。随后圣安东尼奥号在麦哲伦海峡无耻地脱离了船队。如今，康塞普西翁号又在烈火中葬身海底。现在，仅剩

---

① 保和岛（Bohol）：位于菲律宾中南部的岛屿。

的 2 艘船并排驶向未知的水域，其中一艘是特立尼达号——麦哲伦生前的旗舰；另一艘是维多利亚号——最终享有完成麦哲伦探险使命并使他名垂千古的殊荣。

前路迷茫，规模锐减的船队这才深切地体会到，他们多么希望有麦哲伦这种真正的领导人、经验丰富的总指挥来指明航向。他们盲目摸索着在马来群岛中穿行。不知何故，他们没有驶向东南方向距离很近的摩鹿加群岛，而是转来转去，朝西南方向驶去。他们漫无目的地游荡了 6 个月，最终抵达婆罗洲和棉兰老岛。船队失去了总指挥，也失去了坚定的航向，更严重的后果则是纪律松弛。在麦哲伦的严格管束下，他们既不曾上岸抢劫，也没有海盗行为。海员们秋毫无犯，有犯必罚。这位首领牢记着自己曾向国王／皇帝发誓，即使在天涯海角，也要维护西班牙国旗的荣誉。他的继任者卡瓦略无德无能，只是因为麦克坦岛岛主和宿务王相继杀害了他的所有上司，才升任了船队总指挥。他不懂什么叫道德约束，是个寡廉鲜耻的海盗，见到什么都想抢到手。一看到帆船，就会袭击并劫掠；良心泯灭的卡瓦略在这段时间肆无忌惮地勒索敲诈，中饱私囊。他从不记账，既是会计又是出纳。为了维持秩序，麦哲伦从不允许妇女上船，而这位新任总指挥却从一艘捕获的帆船上带走了三个妇女，声称要把她们送给西班牙王后。渐渐地，就连一些胡作非为的船员都开始反感这个为非作歹的首领。德尔·卡诺报告说，当大家看清卡瓦略只顾谋取私利，不思效劳国王，就剥夺了他的指挥权，接替他的是一个三人领导小组：纠察长埃斯皮诺萨任特立尼达号船长，德尔·卡诺任维多利亚号船长，领航员庞塞罗任总指挥。

然而，指挥架构的更迭并未结束这种漫无目的的漂游。虽然偏离了航线，但周边到处是人口稠密的富裕岛屿，船队可以轻易通过易货和抢劫补充给养；但他们似乎忘了船队的初衷，即麦哲伦承担的任务。一次偶遇，他们找到了走出菲律宾群岛迷宫的线索。他们在棉兰老湾航行时，碰见一艘大型快速帆船。经过一番激战，他们照例夺占了这艘船。幸存的船长家就在德那第岛，肯定知道怎么去众人苦苦搜寻的香料群岛。是的，他确实知道航线，而且，他还认识麦哲伦的朋友弗朗西斯科·塞朗。总算有了正确航线。在承受了最后一次考验之后，他们终于可以直奔目标而去了。船队曾在毫无意义的游荡中，屡次接近，又一再错过。他们轻轻松松地航行了几天，就到了日思夜想了 6 个月的地方。11 月 6 日，德那第岛和蒂多雷岛的山峰出现在地平线上。"幸运群岛"——香料群岛已近在眼前。

　　"这位领航员，"皮加费塔说，"告诉我们这里就是摩鹿加群岛，我们内心充满了对天主的感恩之情。我们的大炮齐鸣，积郁已久的郁闷心情终于可以尽情发泄了。我们如此欣喜若狂，没什么奇怪的，想想看，再过 2 天我们就熬过了足足 27 个月，其间我们无时无刻不在寻找摩鹿加群岛，在无数岛屿之间东奔西跑。"

　　1521 年 11 月 8 日，他们登上了蒂多雷岛——麦哲伦梦寐以求的幸福岛之一。英雄熙德[1]战死后，被手下扶上战马，赢得了一场胜利；麦哲伦也一样，虽离世已久，但精神能量仍充盈着他的遗志。他的船、

---

[1] 熙德（El Cid，1043–1099 年）：西班牙史上的军事领袖和民族英雄。

他的船员，望着那应许之地，而探路者麦哲伦本人却无缘亲见，就如摩西不得踏足迦南地一样。他也不能与弗朗西斯科·塞朗相见，这位好友曾在大洋彼岸呼唤过他，以宏图大略激励过他。麦哲伦曾憧憬着有一天能拥抱他驾船环游世界来见的朋友，但塞朗几周前去世了，可能是中毒而死。因此，促成环球航行壮举的两位先驱，都为自己的远大志向献出了生命。

塞朗对香料群岛热情洋溢的描述真没有夸大。这里不仅景色壮丽、物产丰富，而且居民极其友好。"我们该怎么评价这些岛呢？"马克西米利安·特兰西瓦努斯在他那封著名的信中写道，"这里的一切都很简单，没那么珍贵，包括和平、舒适和香料。这些东西中最好的，也许是世上最好的，亦即和平，似乎由于人类的邪恶，被赶出我们的世界，来到这里避难"。此地的国王（塞朗曾是他的朋友和助手）闻讯，乘坐带丝质华盖的帆船迅速赶来。他像待亲兄弟一样招待客人。

"在海上颠簸了这么久，经历了这么多危险，"他说，"上岸好好享受一下吧，好好调养身体，就当这里是你们自己的家一样"。他欣然认可西班牙君主具有的最高权威；这位首领也很慷慨，不像其他土著首领那样，千方百计勒索他们，而是恳请他们别再送礼物了，因为"他拿不出值得送给我们国王的礼物"。

幸运群岛真的名副其实。西班牙人想要的一切，这里应有尽有：最昂贵的香料、食物和金粉；友好的曼苏尔自己无法提供的东西，就去邻近岛屿采购。船员们尝尽了种种悲苦，吃尽了物资匮乏的苦头，此时沉浸在幸福中，快乐无比。他们疯狂地购入香料和珍贵的极乐鸟，

果阿的市场

没有钱，就用衬衫、火枪、弩弓、斗篷和腰带交换。他们只要回家后，把这些轻而易举得到的财宝卖掉，就能发家致富。他们中许多人甚至想学塞朗，留在这个人间天堂。因此，对相当多的一部分人来说，在预定的出发时间之前不久传出的消息，不能不说是天随人愿：只有一艘船适合返航。无论如何，半数船员，大约50个左右，要留在幸运群岛，等另一艘船修好后再走。

　　不得不留下的那艘船是麦哲伦的前旗舰，特立尼达号。这艘船率先驶离桑卢卡尔，率先驶入麦哲伦海峡，并率先驶入未知的太平洋——始终一船当先，体现着首领和主人的意志。如今主人已离世，它也不能继续航行了。就像忠实的狗不愿离开主人的坟墓一样，这艘船也留在了麦哲伦苦苦寻找的群岛上。当时，船上的大水桶已灌满水，货舱里储备了丰富的给养，一担担香料搬上了船，圣雅各十字旗已经升起，上面印着"让这成为我们快乐返航的标志吧"字样。就在鼓起风帆的当口，老朽的船嘎嘎作响，接缝张开。船体四处都在渗水，而不是一处两处。为了赶在特立尼达号沉没前靠岸，必须赶紧卸货。要彻底修复，不再渗水，还需要好几个星期，而船队的 5 艘船中仅存的另 1 艘，又等不了那么久。如今已是出发后的第三年，是时候给皇帝查理五世送个信了，告诉他麦哲伦以生命为代价履行了承诺，并在西班牙旗帜下完成了史上最伟大的壮举。大家一致同意，特立尼达号一旦修复，就重渡太平洋，前往西班牙海外领地巴拿马，而维多利亚号则乘着顺风，向西穿过印度洋，绕过好望角，返回西班牙。

这两艘船的指挥官，戈麦斯·德·埃斯皮诺萨和塞巴斯蒂安·德尔·卡诺，即将永别。他们在过去两年半中结下了深厚情谊，曾在紧要关头并肩战斗。在圣胡利安港船员哗变的重大时刻，当时的纠察长埃斯皮诺萨对麦哲伦鼎力相助。多亏了他及时出刀，夺回了维多利亚号，才使航行得以延续。而德尔·卡诺当时还只是个候补，这个年轻的巴斯克人当晚站在反叛者一边。他积极帮助其他反叛者控制了圣安东尼奥号。麦哲伦心存感激，奖励了可靠的埃斯皮诺萨，并宽宏大量，赦免了叛徒德尔·卡诺。假如命运是公正的，确保麦哲伦的想法得以实现的埃斯皮诺萨，理应受命完成光荣的环球航行。但是，这些人选择了有辱使命的那个，这种做法虽显得很高尚，却有失公正。埃斯皮诺萨，以及特立尼达号上劫数难逃的船员，在多次迷失方向、屡经磨难之后，将悄然消失，得不到任何荣誉，并被没良心的历史所遗忘，而幸运之星却将不朽的荣耀加诸企图阻碍麦哲伦大业的那个人。

这是出现在世界的另一端令人心碎的场景：乘坐维多利亚号回家

的 47 个人，向在蒂多雷岛等待特立尼达号修复的 51 个人告别。那 51 个人直到最后一刻才离开维多利亚号，最后一次拥抱自己的同伴，并请他们把信寄给家人或捎个口信。同甘共苦两年半，这些语言不同、种族各异的人已然亲密无间。任何意见分歧都破坏不了他们的和谐关系。当维多利亚号起锚时，特立尼达号的船员依依不舍，他们划着小船或马来快速帆船，跟在开始行驶的维多利亚号旁边，争取多看一眼驶向祖国的人们的脸庞，并喊出最后一句问候。直到夜幕降临，胳膊也累酸了，他们才调转船头向岸边划去，同时，船上的舷炮齐鸣，作最后的告别。然后，维多利亚号孤零零地继续着永世不忘的环球航行。

这艘破旧的盖伦帆船，继为期 30 个月的前半程航行之后，又开始了绕地球航行的后半程。这段回家的航程堪称航海史上最伟大的英雄事迹之一；德尔·卡诺令人钦佩地完成了麦哲伦的遗愿，从而补偿了他对已故首领的不端行为。乍一看，分配给他的任务似乎并非特别困难。自世纪之交以来，葡萄牙的船随季风频繁往返于马来群岛和葡萄牙之间，就像钟摆一样有规律。当年阿尔梅达和阿尔布克尔克前往印度算是探险之旅，如今这条航线已被精确勘察过，具体走向和途中停靠点都已为人熟知。在东印度群岛和非洲的每个停靠港，如马六甲、莫桑比克和佛得角，都常驻着一个葡萄牙代理人和其他官员；在每一个停靠港都可以得到补给，也能轻易找到帮手和领航员。但是德尔·卡诺所面临的困难，不只是无法在这些葡萄牙人定居点停靠，还要设法避开它们，为此必须绕远并选择人迹罕至的航线。他在蒂多雷时就听一个逃难的葡萄牙人说过，葡萄牙国王曼努埃尔一世已下令扣押麦哲伦的船，并将船员当作海盗逮捕；事实上，他们在特立尼达号上的不幸的伙伴就遭遇了这种厄运。因此，德尔·卡诺只好指挥着这艘被虫蛀、漏水、超载的船（差不多三年前，在塞维利亚港，领事阿尔瓦雷斯曾说，他都不敢乘这艘船去加纳利群岛）穿过宽阔的印度洋，绕过好望角，沿非洲西海岸北上，途中不在任何港口停靠。只要看一眼地图，我们就会知道这一路会多么可怕，即使到了 400 年后的今天，对于装备精良的现代汽船来说，此行也是困难重重。

这次从马来群岛至塞维利亚的空前穿越始于 1522 年 2 月 13 日，起点是帝汶岛。德尔·卡诺再次把食物和淡水装上船；念及死去的主人的先见之明，他又一次让人将船只彻底检修了一次，填缝补漏，然后起锚，迎接将持续数月的风吹浪打。最初几天，他们看见过许多山峰耸立的岛屿，热带雨林从低处的山坡一直伸展到海滨。但适航季不等人，不容他们流连。德尔·卡诺必须用足尚存的季风，所以他没有登陆。航海者们没有踏上这些迷人的地方就离开了，这让具有强烈好奇心的皮加费塔很

马六甲平面图

　　　　　　　　　　　　　　海洋征服者麦哲伦

难过，因为他还没看够"奇妙的东西"。他觉得很无聊，就去找船上的土著（除了 47 名欧洲船员外，有 19 名土著人）了解这些迷人的小岛，借此消磨时光。这些棕色皮肤的人讲给他听的或许就是《一千零一夜》里的故事，那些奇特的传说令他心驰神往。他们告诉他，有个岛上生活着不到一巴掌高的人，但他们的耳朵长度与身高一样，因此他们可以把一只耳朵当枕头，另一只耳朵当被子。后来，他们经过一个岛，据说那是个女人岛，男人不得进入。尽管如此，风可以让这些女人怀孕，她们会杀掉生下来的男孩，只让女孩活下来并长大……渐渐地，这些岛都消失在蔚蓝的远方，随后，航海家们在辽阔而单调的印度洋上驶向西南方，在无比漫长的一段时间里，再也没有看见陆地。没有人，没有船，没有帆，没有声音；只有无边无际、永恒的蓝色虚空。

连着几个星期，他们都没听到一点声音，也没看到一张陌生的面孔。然后，船舱深处出现了一个大家都熟悉的幽灵，眼窝凹陷、面色苍白——饥荒来了。这个幽灵曾是他们在太平洋上形影不离的伙伴，这个曾杀害和虐待过他们的忠实同伴的幽灵，一定是偷偷上船的，因为它现在在他们中间潜行，贪婪地盯着他们惊恐的面孔。意想不到的

灾难让德尔·卡诺的精打细算落了空。维多利亚号储备了充足的食物，包括大量的肉，可以支撑 5 个月。但在帝汶岛上找不到盐，腌制不充分的猪肉在烈日当空的热带无法保存，

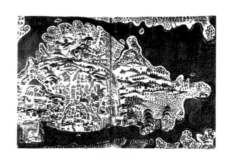

果阿平面图

腐烂变质了。船员们实在受不了腐肉散发的恶臭，只好把储备的肉全部扔进大海。现在他们的伙食只有大米和水，供应量持续减少，而且味道一天比一天难闻。坏血病又爆发了，又有人死亡了。到了 5 月初，生活条件恶化到骇人的程度，部分船员要求前往莫桑比克，宁可听凭葡萄牙人处置，也不想最后饿死。

但是，当德尔·卡诺取得指挥权时，这个曾经的叛乱者就下定决心，要像麦哲伦那样不屈不挠。同样是这个人，在南美洲海岸的哗变期间，曾胆怯地企图迫使总指挥放弃航行。现在他自己成了总指挥，却坚持让部下鼓足勇气面对困境，发下"我们宁愿死也不愿落入葡萄牙人手中"的誓言，而且能够使他们屈从于他的意志。因此，一旦时机来临，他就可以自豪地向皇帝禀告此事。在南非海岸好望角以东，他们大胆登上一处无人居住的地方，但一无所获，这片不毛之地上既没有淡水也没有水果，他们不得不继续航行，生活依然困苦。

他们绕行好望角的情形，用它最初的名称"风暴角"来形容显得更恰当。5 月 16 日，前中桅被暴风吹掉了，前桅下帆横桁也移了位。病弱的水手们拼尽全力修补损坏的部位；这艘船像受了伤的人一样，缓慢而痛苦地沿着非洲西海岸向北爬行。无论暴风骤雨或风平浪静，无论白天还是黑夜，那个残酷的害人精，那个灰暗的饥荒幽灵，始终如影随

---

① 坦塔罗斯的磨难（the tortures of Tantalus）：希腊神话中坦塔罗斯是宙斯之子，因受众神宠爱而骄傲自大。得罪了众神的坦塔罗斯被打入地狱，受尽苦难和折磨，饥渴难耐却喝不了眼前的水、吃不了头上的水果。后人以"坦塔罗斯的磨难"形容目标近在眼前却永远无法实现的痛苦。

形。祸不单行，众人还得经受另类折磨和嘲弄，即坦塔罗斯的磨难①。因为这次他们不像横渡太平洋时，船舱里连一点面包屑都不剩，而是装得满满当当的。维多利亚号满载着数百英担香料，也就是说这些饥肠辘辘的人携带的调味品足以给 100 万人烹调美食了。但嘴唇干裂、腹中空空的人怎么可能靠胡椒粒、肉桂充饥，或者把肉豆蔻当面包硬咽下去呢？在海上，最可怕的是"到处是水，但一滴都不能喝"；同样可怕的是，在维多利亚号上，香料堆积如山人却要饿死。日复一日，干瘪的尸体一具接一具被扔进大海。航行了 5 个月之后，他们于 1522 年 7 月 9 日抵达佛得角群岛，停泊在圣地亚哥附近。此时，原有的 47

桌山①处的好望角

---

① 桌山（Table Mountain）：南非著名的平顶山，是开普敦的地标和象征。

个西班牙人死了 20 个，19 个土著只剩下 4 个。

这里是葡萄牙殖民地中的一个港口。登陆就意味着将自己送入虎口，意味着快到家时却投降了。但饥饿使他们别无选择，因为配给的食物最多只能维持两三天。德尔·卡诺严令奉命上岸的海员，不得向葡萄牙人透露，维多利亚号是麦哲伦船队从东印度群岛返航的最后 1 艘船，让他们假称自己是从美洲过来的，另 2 艘船已先于他们回西班牙了，而他们因为失去前中桅耽误了时间。船上的惨状证实了这一说法。葡萄牙人没有详加盘问，也没派人上船察看，他们出于海上同行相助的精神，热情接待了明显饿得快不行了的海员们。他们给西班牙人送去了大量的水和新鲜食物；一次、两次、三次，小船满载食物从岸上归来。这个把戏似乎奏效了。得到了充分休息、优质食品和淡水的西班牙人基本上恢复了体力，船上的补给品已足以让他们返回塞维利亚了。德尔·卡诺再次派出划艇上岸去取回更多大米和水果，之后他就可以起锚，维多利亚号就真要取得最后胜利了。

但奇怪的是，那只小船一直没回来。船长很快就猜到怎么回事了。小船上有人可能说漏了嘴，或者拿了香料去换白兰地。葡萄牙当局肯定已经发觉这艘破船是死敌麦哲伦的，因为德尔·卡诺发现岸边几艘帆船正准备驶出，无疑是要来抓他。情况紧急，必须当机立断。只能丢下同伴听天由命了，自己逃命要紧。尽管维多利亚号上只有 18 个欧洲人和 4 个土著，想要驾着这艘漏水的船返回西班牙明显人手不足，但德尔·卡诺顾不上那么多了，匆忙起锚出发了。他逃离了危险，但这是一次奔向决定性的、重大胜利的逃跑。

尽管在佛得角群岛的停留短暂而危险，但正是在这里，勤奋的记录者皮加费塔在最后时刻注意到了一个奇异的现象，这成为他在环球航行期间的重大收获之一。他是世界上注意到这个现象的第一人，其新奇性和重要性随即激起同时代人的极大兴趣。上岸取给养的人回来时带来了惊人的消息：岸上是星期四，但船上明明是星期三。皮加费塔非常吃惊，因为近三年以来，他一天不落地写日记，从未间断地写下了"星期一、星期二、星期三……"，周而复始。难道他漏掉了一天？他去找领航员阿尔沃确认，后者也保存着完整的航海日志，记录了过去的每一天。阿尔沃也肯定当天是星期三。这些环球航行者一直在向西航行，其间有一天莫名其妙地从日历上消失了。皮加费塔报告的这个怪现象让欧洲人深感困惑。这一秘密，古希腊的圣贤，无论是托勒密还是亚里士多德，都未曾怀疑过，首次经由麦哲伦的探险活动引起了世人注意。这个发现——一个人按与地球自转相反方向环球移动一周就会多出一天，使 16 世纪的人文学者非常兴奋，如同我们这一代人听说了相对论那样。彼得·马尔蒂雷赶忙找到一位"智者"帮忙解释这件事，并向皇帝和教宗禀报。于是，当船友们带回了成千上万蒲式耳香料时，这位罗得岛骑士的旅行成果则是地球上最珍贵的东西——新知识。

然而，维多利亚号尚未到家。船体吱嘎作响，它拼命挣扎着，缓慢而疲惫地支撑着最后一段航程。离开香料群岛时，船上有 66 个人，现在只剩下 22 个。就在急需强有力的人手时，船上真正干活的不是 132 只手，而是不超过 44 只手。原因就是，在它抵港前不久，又发生了一场灾难。这艘旧船的接缝漏水了。总指挥下令"所有人都去抽水！"但涌进来的水似乎越来越多。难道要丢弃一些珍贵的香料，以便减轻船的重量？不，德尔·卡诺不愿损毁皇帝的财产。疲惫的船员们用两台水泵没日没夜地抽水，比服苦役的囚犯还辛苦，同时还要一刻不停地随着海风减弱或增强而张帆或收帆，操控舵柄，在桅顶放哨，手忙脚乱地应付各种日常工作。他们过得太苦了，熬过了一个又一个不眠之夜，东倒西歪地坚守着自己的岗位。"他们无比虚弱，"德尔·卡诺在给皇帝的报告中写道，"比以往都要虚弱"。然而，每个人都得持续不停地干两三个人的活。

即便如此，他们也只是勉强应付着漏水。最后，他们拼尽全力实现了目标。7月13日，这18位英雄离开了佛得角。1521年9月4日，当航期将满三年之际，瞭望员发出了一声欢呼，他看到了圣文森特角。在我们看来，圣文森特角是欧洲的尽头，但对他们这些环球航行者来说，这里是欧洲，是家乡的起点。渐渐地，地平线上出现了峭壁，他们心中又充满了勇气。向前！向前！只剩下两天两夜了。只剩下一天两夜了。只剩下一天一夜了。只剩下一夜了，只有一夜。现在，所有人都挤在甲板上，高兴得浑身发抖。是的，岸边有一道银色的豁口，那就是瓜达尔基维尔河在桑卢卡尔-德巴拉梅达旁入海之处。三年前，在麦哲伦带领下，265人从那个锚地起航。此刻，载着18名幸存者的一艘船正返回同一港口。他们抛锚、上岸。这18个人跪下来亲吻家乡的大地。世界史上最伟大的航行，首次环球航行就此结束。

责任心很强的德尔·卡诺立即给皇帝送了信。接着，他们开始品尝热情的人们送来的真正美味的面包。他们已经几年没有碰过松软芬芳的面包，没有尝过家乡的酒、肉和水果的味道了。人们盯着他们，就像见了鬼一样。然后他们就倒在草垫子上睡觉，昼夜不停地睡。他们提心吊胆了几年之后，终于可以躺在西班牙慈母般的怀抱中，安然入睡了。

第二天早晨，维多利亚号逆流而上，驶向塞维利亚，途中所遇大小船上的人们，纷纷投来惊异的目光，发出激动不已的欢呼。人们差不多已经忘了，这艘船是 1519 年出发并一直在海上航行的。塞维利亚和西班牙早已认定麦哲伦的船队不会回来了，没想到这艘凯旋的船此时正自豪地驶来。最后，远处的希拉达塔①映入眼帘。这是塞维利亚！这是塞维利亚！"开炮！"德尔·卡诺喊道，礼炮响彻河面。三年前，他们开炮，向西班牙告别；他们用同样的大炮庄严地向麦哲伦海峡致敬，又向未知的太平洋致敬；后来，他们又用这些大炮，向新发现的菲律宾群岛致敬；如今，他们用同样的炮声宣告自己完成了使命，到达了麦哲伦向往的目的地——香料群岛。当维多利亚号离开那些岛屿返回西班牙时，他们也曾开炮，向驻留在蒂多雷岛的战友道别。但是，只有在他们宣布"我们回来了。我们做了前人从未做过的事。我们是世界上最早的环球航行者"时，这些大炮的轰鸣才显得如此响亮、如此欢乐。

---

① 希拉达塔（Giralda）：塞维利亚大教堂的钟楼，兼具摩尔式和文艺复兴式的建筑风格。

13

归来及后续

塞维利亚的河边人头攒动，他们（如奥维多所述）赶来"欣赏这艘名船。它的航行是自天主创造并由人类繁衍生息以来，这个世界上发生过的最奇妙、最伟大的事件"。当那 18 个人走下维多利亚号时，人们满怀深情地端详他们：看到他们因虚弱和疲劳而步履蹒跚的样子；看到这些旷世英雄尽显弱不禁风、精疲力竭之态，每个人都在漫长的三年艰苦岁月中衰老了十岁。人们送来食物，邀请他们到家做客，恳请他们讲述冒险经历和遭受的苦难。但是，他们拒绝了。以后再说吧。现在他们必须履行首要职责，必须兑现他们在危难之际发下的誓言；必须举行忏悔仪式，他们列队前往维多利亚 - 圣玛利亚教堂和安提瓜 - 圣玛利亚教堂。虔诚的旁观者在队伍两边排成两排，神情凝重地看着这 18 名生还者每人手持一支燃烧的蜡烛，身着白袍，赤足走向他们最初出发之地，在那里感谢万能的天主，以意想不到的恩典，将他们从种种险境中解救出来，并让他们安然回家。风琴声再次响起，在昏暗的教堂中，司祭又一次把圣体匣举在这些跪着的男人上方，仿佛它是

一个光芒灿烂的小太阳。在向拯救了他们的天主和圣人致谢后，他们很可能也为三年前与他们一同祈祷的弟兄和伙伴的灵魂祈祷了。当年那些人，曾在这里仰望麦哲伦，看着他们的首领展开那面国王赏赐并由司祭祝福的丝质旗帜，他们遭遇了什么呢？淹死在海里、死于野蛮人之手、死于饥渴、死于坏血病、失踪或身陷囹圄。只有这 18 个人被命运神秘的判决赦免了，承蒙天主恩典，被选中享有胜利成果。他们低声祷告，为死者，为在麦克坦之战中牺牲的首领，为失去的 200 多名同伴。

与此同时，这 18 个人幸运归来的消息像野火一样传遍整个欧洲，闻者无不称奇并由衷地敬佩。自哥伦布航海以来，还没有哪一个事件令当代人如此激动。人们不再将信将疑了。怀疑，这一人类知识的最大敌人，已在地理领域被征服了。因为一艘船从塞维利亚港出发，一直向西航行，又返回塞维利亚港，这一点已无可辩驳地证明，地球是被连绵不断的海洋包围的球体。它最终超越了希腊人和罗马人的宇宙结构学，无视教会的否决，并破除了有关澳大利亚人和新西兰人必须头朝下走路的无稽之谈。地球周长也彻底确立了。其他勇敢的发现者能够而且将会在世界图画上填充许多细节，但我们这颗行星的基本形态是由麦哲伦发现的，并将一直存在下去。世界曾是禁区，但已被人类征服。史上这一著名的日子牢固确立了西班牙民族的自豪感。在西班牙的旗帜下，哥伦布开启了地理大发现的工作，在同样的旗帜下，麦哲伦完成了它。人类在 30 年间对自己的住处实现的认知超过了以往数千年的累积。尽管还处在半梦半醒中，但这一代人在获得了令人陶醉和惊叹的经历之后，也已意识到一个新时代，也就是现代，拉开了帷幕。

从这次旅行中获得的大量知识，激起了广泛的热情。即使是资助了船队的商约之家和商人克里斯托弗·德·阿罗，也理所应当感到高兴。他们本已将装备这 5 艘船的 800 万西班牙金币作为损失销账，但仅存的这艘船返航后给了他们足够的补偿。维多利亚号从摩鹿加群岛运回的 520 英担（约 26 吨）香料，产生了大约 500 达克特的净利，完全弥补了另外 4 艘船的损失——若 200 条人命忽略不计的话。

麦哲伦船队中的一艘船在环球航行后安全返回，全世界只有 10 多个人闻讯陷入了恐慌。他们就是乘坐圣安东尼奥号逃走，于一年前返回塞维利亚的叛变的船长和领航员。让别人高兴的消息在他们听来犹如丧钟，因为他们一直希望这些危险的目击者和原告永远不会返回西班牙，并在证词中公开说出了这一点。他们确信船队和船员早已沉入海底，并在皇家调查委员会面前，毫不犹豫地声称自己的反叛是爱国行为。几乎不用说，他们只字未提就在逃走之时，麦哲伦已经发现了海峡的事实，只说他们进了一个"海湾"，并宣称麦哲伦寻找的航线毫无用处，白费功夫。另外，他们竟然还大肆指控生还的德尔·卡诺，称他辜负了国王的信任，打算把船队交给葡萄牙人；他们自己则在扣押了梅斯基塔（被他表兄麦哲伦错误地任命为船长）后才保住了圣安东尼奥号。

的确，皇家调查委员会并不完全相信反叛者的说法，而且非常公正地宣称双方行为都很可疑。反叛者与领航员，还有忠诚的梅斯基塔，都被关进了监狱；与此同时，麦哲伦的妻子（她还不知道丈夫已去世）

被禁止出城。委员会决定，此事暂时搁置，待其他船和总指挥返回作证后再定夺。因此，宣告麦哲伦的一艘船回来的礼炮声，自然而然地把反叛者们吓得魂飞魄散。他们输了。麦哲伦成功了，他要对那些违背誓言和公海法律，抛弃了他并把他的船长铐起来的人进行可怕的报复。当他们听说麦哲伦已死，就又松了一口气。主要的原告不能说话了。当他们得知带着维多利亚号回国的是德尔·卡诺时，他们更放心了。德尔·卡诺是他们的同伙，跟他们一起参与了圣胡利安港的反叛。他绝不会指控他们犯了牵连到他的罪行。他会证明他们无罪，而不是不利的指控。麦哲伦之死有利于他们，德尔·卡诺的证词也一样。他们这样想是对的。没错，梅斯基塔出狱了，并得到了奖赏。而他们自己，多亏了德尔·卡诺的帮助，没有因哗变和脱逃受到惩罚，在普天同庆中被遗忘了。

德尔·卡诺的信使马不停蹄地赶往巴利亚多利德，送去维多利亚号安全返回的消息。查理五世皇帝刚见证了一个历史时刻后从德意志返回，即将见证另一个。在沃尔姆斯帝国议会上，他见识了路德破坏教会精神统一的决心。现在，他回到西班牙后，又会得知，与此同时另一位创新者改变了世界图景，并以自己的生命为代价证明了它在空间上的统一性。他急于听到更多探险故事（因为他曾亲自参与并促成了这项成就，这也许是他一生中最伟大、最持久的胜利），当天就传令召见德尔·卡诺，要他挑选两名最可靠和最聪明的船员，并携带涉及这次航行的全部文件前来觐见。

德尔·卡诺没费多大工夫就选好了要带着去巴利亚多利德的两个

随从，自然是"最可靠且最聪明的"皮加费塔和领航员阿尔沃；但对于皇帝的另一个愿望，即上缴有关此次航行所有文件的要求，他的做法有些暧昧。遗憾的是，有人怀疑问题出在德尔·卡诺的态度上，因为他带来的文件中没有一句是麦哲伦亲笔写下的。（事实是，麦哲伦在这次航行中所写现存的唯一一份文件由葡萄牙人保留着，他们在扣押特立尼达号时，在船上发现了它。）人们断定，作为恪守职责的船队首领，麦哲伦当然知道这次使命意义重大，一定会写日记，只是有人出于嫉妒把它销毁了。那些在中途哗变，反对麦哲伦的人很可能不愿让皇帝了解太多实情；结果就是在麦哲伦死后，他亲笔记下的每一行字都神秘消失了。同样蹊跷的是，皮加费塔那本价值连城的日记也失踪了。在这次觐见时，他亲自将日记原件交给了查理五世。原件内容不可能与皮加费塔后来的叙述完全相同，后者充其量是原始日记的摘要。此外，曼图亚大使的一份报告可佐证两者内容迥异的观点。大使于 10 月 21 日明确指出皮加费塔有一本完整的日记，承诺三周后提供这本日记的概要。后者正是存世的皮加费塔的探险报告，虽然它得到了各个领航员的笔记以及彼得·马尔蒂雷和马克西米利安·特兰西瓦努斯的书信的补充，但仍有不少遗漏。我们很容易猜到皮加菲塔日记何以被销毁；因为一些人认为就该消除涉及西班牙军官对抗葡萄牙人麦哲伦的任何文字

马克西米利安·特兰西瓦努斯的《麦哲伦航海记述》扉页

记录，从而凸显出巴斯克贵族德尔·卡诺的胜利。我们推断，忠诚的皮加费塔对于把麦哲伦打入冷宫的做法十分不满。他觉得这事有失公正。世界上存在一种长盛不衰的趋势，那就是奖励那些有幸完成某一工作的人，而忽略那些事先付出心血并使之成为可能的人。这一次，荣誉和报酬的分配尤其不公平。在关键时刻犯上作乱、企图阻止麦哲伦做事的德尔·卡诺将所有荣耀、所有荣誉、所有尊严据为己有。他早先所犯的一桩罪（为逃避惩罚，就加入了麦哲伦的探险队），即卖了一艘船给外国人，也被正式宣告无罪，还获得了500达克特的补助金。皇帝将其擢升为骑士，并授予他盾形纹章，用以象征着德尔·卡诺是这一不朽功绩的执行者。在纹章的中心位置是两根交叉的肉桂棒及肉豆蔻和丁香图案，上方立着的头盔顶着地球，地球周围自豪地刻着"环绕我的第一人"的字样。麦哲伦事业的所有荣光，都被加在了曾在中途要阻碍他的那个人身上。

麦哲伦的寓言形象

皮加费塔的航海记录首页

皮加费塔缄口不言，但思绪万千。这位忠诚得令人感动的青年平生初次意识到，我们这个世界永远充斥着不公正。他以最快的速度逃离了是非之地。朝臣们可能对麦哲伦的功绩无话可说，小人可能会抢走麦哲伦的功劳，但皮加费塔知道是谁的想法、谁的辛劳、谁的付出使这一丰功伟绩成为可能。在皇宫中，他不敢贸然发言，但为了正义，他决心在子孙后代的心目中张扬麦哲伦的荣耀。他在涉及返航过程的航行记录中，不会提及德尔·卡诺的名字，只以"我们航行""我们决定"的字句暗示德尔·卡诺并未取得超越其他任何人的成就。让宫廷奖赏这个窃取功名的人好了，尽管他曾在紧要关头千方百计要破坏这一伟业；这一伟业本身是不朽的，其声誉理所当然归于那个得不到报酬和荣誉的人。忠心耿耿的皮加费塔站在了失败者一边，以极具说服力的言辞替无法开口的逝者伸张权利。

罗得岛骑士皮加费塔写道："我希望这位胆识过人的船长声名永存。他集诸多美德于一身，其中之一尤其令人钦佩不已：即使身陷险境，他都矢志不渝。他比我们任何人都更能耐受饥饿的折磨。当今世界上没有谁比他更懂得制图学和航海术。他把此前从未有人敢于冒险去看或发现的事情揭示出来，这就是最好的证明。"

但是，麦哲伦这个真正完成伟业的人，在胜利时刻却不在场。最先揭示谜底的总是死亡。直到此刻，直到他的设想圆满实现后，人们才看清这个独行者的悲剧，他毕生只能承担责任，却永远不能享受成功的果实。为了一件大事，命运从千千万万人当中选择了这个默默无闻、寡言少语、沉着冷静的航海家，他为实现一个理想不惜搭上全部身家性命。他的使命召唤他去劳作，而不是去享乐，把他当作出师的学徒工派出去干活，没有感激，也没有恩典。他人坐享其成，他人抢走头功，他人在庆祝活动中受到欢迎。尽管他自始至终都严于律己，但命运以更严酷的方式对待这个顽强的军人。正因为他集聚了全部精神力量，专心去做这件事，才得以找到环绕地球的路线。但命运不许他完成环球之旅。他只能旁观，只能伸手去够胜利的花环；因为当他想把花环戴在头上时，命运说："够了。"并打掉了那只伸出的手。

麦哲伦

海洋征服者麦哲伦

除了努力做成这件事以外，他一无所获。他没能因此衣锦荣归，无缘欢庆胜利并名噪一时。因此，当噩耗传来，麦哲伦的遗嘱真的生效后，没有什么比重读遗嘱文本更让我们痛苦的了。探险队回家了，他出发时的祈愿却未得到满足。他为自己和亲人努力争取的一切回报，分文未得。在他英勇牺牲之后，他在遗嘱中对自己财产所作的周密处置，没有一条得到后继者的执行。即使是最纯真、最虔诚的愿望也遭到了无情拒绝。麦哲伦本想自己能安葬在天主教大教堂，却曝尸在异国他乡的海滩上。他本想在他的灵柩停放处举行 30 次弥撒，得到的却是西拉普拉普手下的大群士兵围着他被摧残的尸体欢呼雀跃。他本想在葬礼当天会有三个穷人得到衣食，但最终没有一个人得到了他曾承诺的一件灰色斗篷、一顶帽子、一件衬衫和一双鞋，并为他的灵魂向天主祈祷。他指定给圣十字军的银子，捐给囚犯的救济金和希望给修道院和医院的捐赠，都没有支付。因为当时没人负责执行他的遗嘱，而且，假如他的伙伴设法把他的遗体带回国，也没钱买裹尸布。

可是，麦哲伦的继承人不是很富有吗？合同上不是说他们会分得探险收益的五分之一吗？他的遗孀不是塞维利亚最富有的女人之一吗？不是约定他的孙子和重孙子要成为新发现岛屿上的阿德兰塔多，以及世袭总督吗？不，麦哲伦没有继承人，因为没有人执行遗嘱。事实上，没有人能从其条款中获利。他的妻子比阿特丽斯和独生子罗德里戈相继去世，相距不到一年，那时维多利亚号尚未返回塞维利亚。（至于比阿特丽斯怀上的二胎，据说是流产了。）他一下子就绝了后。没人能继承他的家族纹章；没人、没人、没人。所有的预想都是徒劳的，枉费了这个贵族世代传承的苦心、丈夫和父亲的爱心与善良基督徒的诚心。的确，他岳父迪奥戈·巴尔博扎还活着，但他一定诅咒过那一天，这个不祥的客人，这个"鬼船船长"①跨进了他家的门槛。这位不速之客娶了他女儿，而她现在已经死了；他带着他唯一的儿子杜阿尔特·巴尔博扎出海，而杜阿尔特再也没回来。麦哲伦散发着灾难性的晦气。无论是谁，只要跟他交朋友、帮助他，就会陷入他的黑暗事业；只要信任他，就会为此付出沉重代价。这件危险的大事就像吸血鬼，毁掉了它的拥趸的幸福，并夺走了他们大多数人的生命。麦哲伦的搭档法莱罗回到葡萄牙后遭到监禁；为麦哲伦铺平道路的阿兰达，遭到了羞辱性的调查，并倾家荡产。麦哲伦曾承诺让恩里克成为自由人，但在主人死后他立即被当作奴隶使唤；麦哲伦的表弟梅斯基塔，因忠于他而被关押了三次；杜阿尔特·巴尔博扎和若昂·塞朗都在他们的首领死后数天内在宿务被杀。而叛乱分子德尔·卡诺则攫取了本应属于忠实的人和死难者的一切荣耀和利益。

更悲惨的是，麦哲伦为之献出生命和一切的事业似乎毫不重要。他为西班牙夺取香料群岛，并为达目的付出了生命的代价。然后，起初的一项英雄事业，却以一笔微不足道的商业交易而告终。查理五世皇帝以 35 万达克特的价格把这些岛屿卖给了葡萄牙。麦哲伦发现的那条航线几乎没人走，由此证明它没有给任何人带来好处。即使在他死

---

① 鬼船船长（Flying Dutchman）：传说中一艘被判在海上漂泊至最后审判日的船。也指其船长。

后，那些试图以他为榜样的人仍然面临危险。太多的船只希望顺利通过麦哲伦海峡，却惨遭厄运，于是航海家们曾在数十年间避开这个危险的通道，宁愿在运货时耗时费力地通过巴拿马地峡进出太平洋。全世界曾为发现这条海峡而欢呼雀跃，最终却因它太危险而被刻意回避，并在不到一代人的时间里，几乎被人遗忘，再次成为一个传说。麦哲伦环球航行过了大约 40 年后，著名史诗《阿劳加纳》①干脆宣布麦哲伦海峡已不复存在，它无法被发现，也不可通航，要么是因山体滑入挡住了去路，要么是一座岛屿突起阻塞了水道。

麦哲伦海峡被发现 58 年后已成为遥远的传说，没想到大胆的掠夺者弗朗西斯·德雷克竟能利用它，向西班牙在南美洲西海岸的殖民地发动突袭，并抢劫满载白银的西班牙大商船。于是，西班牙人在此处匆忙建造了要塞，以阻止其他海盗通过。奉西班牙君主之命驶入海峡的西班牙舰队不幸遭遇海难，要塞由此得名"饥饿港"（Puerto Hambre），以铭记巴塔哥尼亚的西班牙殖民者的悲惨下场。从此以后，这条麦哲伦曾期望成为欧洲与南海之间主要通道的航线，只有零星的捕鲸船或其他船偶尔驶过。1913 年秋，威尔逊总统扭动了华盛顿的一个开关，打开了由美国人开凿，连通太平洋和大西洋的巴拿马运河的水闸，使麦哲伦海峡变得多余了。命运的裁决是，从此以后，它将仅仅具有纯粹的历史或地理意义。这条渴望已久的海峡将不会成为每年

———————————

① 阿劳加纳（La Araucana）：拉丁美洲殖民地时期最早一部史诗，在拉丁美洲和西班牙文学史上占有重要地位。

成千上万艘船经过的路线；西班牙不会因它变得更富裕，欧洲也不会因它变得更强大；它永远也不会成为通往东印度群岛最近、最方便的通道。结果，在世界上所有可居住的地区中，人烟稀少的巴塔哥尼亚南部和火地岛周边海岸仍然是最荒凉的地方。

但在历史上，现时的实用性从来不能决定一项成就的道德价值。只有增加了人对自己的认识，增强了人的创造冲动，才能永久地增加人类的财富。一个人使人类增进对自身的了解并增强自己的创造冲动，才能永久地增加人类的财富。从这个意义上说，麦哲伦的所作所为超越了同时代的人。也许他最值得称道的声名，是他没有（像大多数领袖那样）为了某个理念让无数人牺牲生命，主要是献出了自己的生命。因此，值得人们永远牢记的，是这位太平洋先驱所具备的自我牺牲的勇敢精神，以及那 5 艘破旧、寂寞的帆船所进行的辉煌探险之旅，它们在人类向未知世界发起的圣战中扬帆远行，其中只有一艘在环绕世界后凯旋。人们也会永远铭记麦哲伦，是他孕育了这种奇思异想，多亏了人类头脑中能量的神秘转换，他的梦想最终成真。因为经过多年徒劳的摸索，人类借助于对地球真正周长的认知，首次发现了自身能量的真正维度，意识到了自己的伟大，并重新体验到了快乐，增强了勇气。麦哲伦的事迹永久地告诉我们，一个理念，一旦以天才为翅膀，并以激情为强劲驱动力，就会拥有超越大自然的力量，而一个人仅以其短暂的一生，就能把被一百代人认定的白日梦转化为现实，成为不朽的真理。

时间表

麦哲伦出生：1480 年

在东印度群岛战时服役：1505—1512 年

在非洲服役：1513 年

受到国王曼努埃尔一世接见并被解除葡萄牙公职：1515 年

放弃葡萄牙国籍后抵达塞维利亚：1517 年 10 月 20 日

与西班牙国王签署协议：1518 年 3 月 22 日

船队离开塞维利亚前往桑卢卡尔：1519 年 8 月 10 日

从桑卢卡尔起航：1519 年 9 月 20 日

抵达特内里费岛：1519 年 9 月 26 日

离开特内里费岛：1519 年 10 月 3 日

抵达里约热内卢：1519 年 12 月 13 日

离开里约热内卢：1519 年 12 月 26 日

抵达拉普拉塔河：1520 年 1 月 10 日

离开拉普拉塔河：1520 年 2 月 2 日

抵达圣胡利安港：1520 年 3 月 31 日

圣胡利安港哗变：1520 年 4 月 2 日

克萨达被判死刑并处决：1520 年 4 月 7 日

失去圣地亚哥号：1520 年 5 月 22 日

离开圣胡利安港：1520 年 8 月 24 日

离开圣克鲁斯河：1520 年 10 月 18 日

抵达麦哲伦海峡入口：1520 年 10 月 21 日

船队进入麦哲伦海峡：1520 年 10 月 25 日

圣安东尼奥号脱逃：1520 年 11 月

船队进入太平洋：1520 年 11 月 28 日

途经圣保罗岛：1521 年 1 月 24 日

蒂布龙群岛：1521 年 2 月 4 日

抵达莱德隆群岛：1521 年 3 月 6 日

菲律宾苏卢安岛：1521 年 3 月 16 日

菲律宾马扎瓦岛：1521 年 3 月 28 日

麦哲伦在麦克坦之战被杀：1521 年 4 月 27 日

若昂·塞朗和杜阿尔特·巴尔博扎之死：1521 年 5 月 1 日

烧毁康赛普西翁号：1521 年 5 月

圣安东尼奥号抵达塞维利亚：1521 年 5 月 6 日

维多利亚号和特立尼达号抵达摩鹿加群岛：1521 年 11 月 8 日

特立尼达号被判定不再适航：1521 年 12 月 18 日

维多利亚号离开蒂多雷岛返航：1521 年 12 月 21 日

维多利亚号离开帝汶岛：1522 年 2 月 13 日

维多利亚号绕行好望角：1522 年 5 月 18 日

维多利亚号抵达佛得角群岛：1522 年 7 月 9 日

维多利亚号在桑卢卡尔：1522 年 9 月 6 日

维多利亚号（航行了差 12 天就 3 年）在塞维利亚抛锚：1522 年 9 月 8 日

《来自巴西大陆的新闻报道》

这本小册子于 1507 年由奥格斯堡的埃哈特·奥格林和一位匿名印刷商同时出版，其中包含对一支葡萄牙探险队更早发现麦哲伦海峡（约 1502—1503 年）的错误描述。此处复制了斯瓦比亚方言（德语）文本原件的开头……

Item wist das auff den Zwelfften tag des Monadts Octobers Ein Schiff aufs Presillg landt hye an ist kummen vmb geprech der Victu-alia, So dan Nono vñ Christoffel de Haro vnd andere gearmirt oder gerüst haben. Der Schiff sein Zway, durch des konigs von Portugal erlaubnuss vmb das Presilglandt zu beschriben oder zu erfaren Vnd haben das Lanndt in Sechs oder Syben hundert meyll weyt deschribi-ert, dann man das vor wissen hat gehabt. Vnnd da sie kommen sein ad Capo de bona sperantza, das ist ein spitz oder ort so in das meer get, gleich der Nort Assril, vnd noch ein grad höher oder weyter. Vñ do sie in solche Clima oder gegent kommen sein Nemlich in Viertzig grad hoch, Haben sie das Presill mit ainem Capo, das ist die spitz oder ein ort, so in das mer get, funden. Vn haben den selbigen Capo vmbseylet oder vmbfaren, vñ gefundē, das der selb Calfo gleich ist gangen wie Europa leyt mit dem Syt ponente leuante, das ist gelegēheyt zwischen dem auffgangk oder Ost, vnd nyderganngk oder West, Dann sie haben auff der anndern seyten auch die landt gesehen, Als sie bey Sechtzig meyllen vmb den Capo kommē sein, zu geleicher weyss als wen ainer in Leuanten fert, vnd die skritta (!) de gibilterra passiert, das ist, furfert, oder hyndurch einfarn, vnd das landt von Barbaria sicht. Vnd als sie umb den Capo kūmen sein, wie gemelt ist, vnd gegen vns Nordwestwertz geseylet oder gefaren haben. Do ist vngewitter so gross worden, auch windt gewesen, das sie nicht weyter haben kunnen saylen, oder faren. Do haben sie durch Tramotana, das ist Nort, oder mitternacht, wider her vmb auff die annder seyten vnd Costa, das ist landt, von Presill müssen faren. Der Piloto, das ist der schiffuerer, oder Schiflayter, So mit dysem Schiff gefaren ist, ist mein fast güt frewndt. Ist auch der berümbtest so in der konig von Portugal hat. Ist auch etlich Rayss in India gewesen, der sagt mir vnd ver-mayndt, das von sollichem Cabo dye Presill, das ist ein anfangk des Presill landt, vber Sechshundert meyl gen Malaqua nit sey. Vermayndt auch in kurtzer zeyt durch solichen Viagio, das ist weg oder rayss, von Lisibona gen Malaqua zufaren vnd widerumb kumen, das dem kunig von Portugal mit der Specerey ein grosse hilff wirdt pringen. Sie finden auch das das landt võ Presill hynumb get byss gen Malaqua……

海洋征服者麦哲伦

国王陛下与麦哲伦和法莱罗签订的关于发现香料群岛的合同

——摘自闵明我（西班牙传教士，原名 D.Martín Fernández de Navarrete）所著《旅行及发现汇编》第 4 卷（马德里，1837 年）

我，弗朗西斯科·德·洛斯·科沃斯，所拥有的涉及与印度签订的契约和香料协议的法令的书籍中，有一份国王陛下与费迪南德·麦哲伦和鲁伊·法莱罗签订的契约。其内容照抄如下：

你们，鲁伊·法莱罗及费迪南德·麦哲伦，两位葡萄牙骑士，已向我禀告，愿承蒙天主护佑，扬帆远行，去探求未知的土地，并将其纳入本王治下。所述事宜均已详尽立约如下：既然你们，葡萄牙骑士鲁伊·法莱罗及费迪南德·麦哲伦，愿效力本王，我委托你们前往我方拥有宗主权之海域，探寻岛屿、陆地、香料等物，借此助益本王及本土。因此，本王与你们签约如下：

你们将在海洋上顺利航行，并在我方界内搜寻所求之物。鉴于他人闯入同域有失公平，鉴于你们独自承担了这一重任，本王决意并保证在今后 10 年间，不准许任何人沿同一航线、在同一区域探航。若有人想担负此任，并前来征求本王许可，本王将在颁发许可令之前告知你们，以便你们做出是否授权的决定。若你们能够在自行拟定的期限内完成这项事业，即可承担它，前提是你们与提出此探险活动者拥有同等数量、装备精良、满员的船只。当然，倘若本王派遣其他探险队，或想准许其他人出海搜寻岛屿和大陆，本王可如此行事，但会将其意图勘察的范围限定在圣米格尔岛以外南海未被探索的部分。此外，若总督，或无论现在还是将来谨遵本王命令者，或属本王臣民或封臣者，愿前往南海海域探索，并为获得新发现而派船前去，那么他们可以这样做，而不受上述规定或本协议任何条款的阻碍。然而，如果你们愿前往这些区域之一探寻，你们可以这样做，前提是它不处于未被发现和未知的领海范围内。

你们在展开这次探索之旅期间，不得越界侵犯葡萄牙国王、我岳父及其后继者的领地，也不可损害其利益。我珍视促使你们为本王进行这次发现之旅的决心。为奖励你们效力本王，助力扩张王权，并付出辛劳和冒险，你们将获得所发现全部陆地和岛屿的收益的二十分之一，还将为子孙赢得这些陆地和岛屿总督头衔的永久继承权。你们还将获得额外补偿，即自今日起，你们获准并有机会每年用自己的船，或你们选择的任何船，用你们看来最有利的形态和方式的投资，运送 1 000 达克特等值货物进出这些陆地和岛屿。你们可在那里任意出售和投资，并付给本王二十分之一的特许经营费，而无需缴纳其他的一般税，甚至包括以后将要征收的税。本规定将在你们第一次航行返回时生效，在你们仍处于航行期间不适用。

为使你们得到更多回报，本王命令你们在将来发现的岛屿中，为本王挑选 6 个之后，可以从中挑选 2 个给你们自己，在扣除成本之后，将可获得其利润中的五分之一。

为表明本王对此事的支持，鉴于这次航行将由你们付出巨大的人力物力，且本王亦愿意予以补偿，故在扣除船队成本后，你们将在为本王带回的净利润中分得五分之一。为使你们能够更好地实现上述设想，也为使这一冒险计划更有把握取得成功，本王宣布保证为你们装备 5 艘船：皆配备两年所需的船员、食物和武器，其中包括船队运行所需的船长、熟练水手和普通水手，以及约定的其他人员，共计 234人。本王将立即下令，让塞维利亚的印度商行（商约之家）的公职人员立即启动这项业务。

因本王决意向你们保证以上所述最终得以实现，所以假若你们当中有一人去世，惟愿上述权益悉数归生者所有，一如两人均存活之情形。

为维持信任、秩序和必要的确定性，本王必须也将会为上述船队指定监察员、司库和会计各一人来管理所有账目。

我向你们保证，并郑重承诺，我将根据上面所述保护你们。为此，我于 1518 年 3 月 22 日在巴利亚多利德签下我的名字。

为使本合同持续有效且所有条款得到履行，你们已请求该合同得到确认和批准，并在必要时续签。本王深知你们以及你们可能发现的一切对王国的助益，深知你们将为本王及王权付出何等努力，本王赞赏你们的能力并理解此次航行及其所有发现会让你们殚精竭虑。为了永恒纪念你们本人以及你们的付出，使你们的辛劳得到回报，并激励他人同样尽心效力，本王自愿在充分了解事实的情况下，以绝对王权担保、确认并批准本合同及其内容，并下令，无论现在还是将来，本合同必将逐条得以执行、保全和履行。通过这一文件，或皇家抄写员签署的副本，我责令本王亲爱的儿子费尔南多亲王、王公、高级教士、公爵、伯爵、侯爵、贵族、骑士团团长、他们的指挥官和骑士、城堡总管、枢密院成员、法官、法警以及王国境内各城镇所有机构和官员，无论现行的还是今后上任的，均将依照其职责，承认和执行上述合同，且无论与之相悖的法规和许可是什么，都不能违反本合同或其任何部分。

如果你们希望本王就我的文件和上述合同事宜出具函件，本王授权司库及其代表在你们需要并提出申请时将函件送达你处。本王已委托主管大臣、公证人和其他官员执行、提交并确认它，并在此过程中不得为难你们，违者将被处以 10 000 西班牙金币的罚款，充作本王收入。此外，本王命令向你们出具该文件或皇家抄写员署名的该文件副本之人，在 300 天内传召你们来宫廷觐见，无论本王在何处居住；否则，他将受到上述处罚，且必须出示确凿证据，证实他已将其向你们出示，以便本王知道自己的指令是否得到执行。

1518 年 3 月 22 日，巴利亚多利德城。国王。

我已奉皇室理事会大臣之命，让人从上述书上摘录了本条法令，我在此确认该法令得到了完整且准确的抄录。

弗朗西斯科·德·洛斯·科沃斯

1523 年 1 月 24 日，巴利亚多利德

对麦哲伦船队、船只和船舶设备的成本说明

　　——摘自闵明我（西班牙传教士，原名 D.Martín Fernández de Navarrete）所著《旅行及发现汇编》第 4 卷（马德里，1837 年）。（单位：西班牙金币，简称"金币"）

　　228 750：康塞普西翁号的价值，包括其设备和划艇总重 90 吨。

　　300 000：维多利亚号的价值，包括其设备和划艇总重 95 吨。

　　330 000：安东尼奥号的成本，包括其设备和划艇总重 120 吨。

　　270 000：特立尼达号的价值，包括设备和划艇总重 110 吨。

　　187 500：圣地亚哥号的成本，包括设备和划艇总重 75 吨。

　　24 188：包括将上述船只从加的斯和桑卢卡尔运至塞维利亚的费用 20 438 金币和代理人胡安·德·阿兰达为购买这些船从塞维利亚到加的斯所花费的 3750 金币。

　　13 482：使船从船台下水的日工费。

104 244：5 艘船上的木工费用。

129 539：船体填缝的工费。

6 790：为上述船只锯木板的木工的人工费。

175 098：用于制作横梁和木板的木材成本，以及用于修理船只的木料费用。

142 532½：船底金属制品的费用。

31 670：用于船体填缝的麻絮的费用。

72 267½：用于船体填缝和润滑的树脂、焦油和油脂的费用。

53 852：用于涂抹船体的动物脂油的费用。

149 076：为这次航行购买的 173 块备用帆布的费用。

32 825：用于缝制船帆的针线的费用，以及缝制船帆的人工成本。

37 437：桅杆和帆桁的费用。

3 937½：特立尼达号配备的一条小艇的费用。

15 475：这些船配备的水泵和大小钉子的费用。

6 563：这些船的舵柄的费用。

9 364：水泵所用麻袋、把手和皮革的费用。

1 285½：6 卷动物筋的费用。

3 687½：购买粗绳子的费用。

4 204：使船从船台下水所需的 8 个滑轮组的费用。

27 672½：船队的索具以及装备索具所需的费用。

511：舀树脂的 3 只长柄勺的费用。

1 962：运送 13 批压舱物的费用。

807：用来制作沙袋和其他船舶压舱物的 32 厄尔①布匹的费用。

438 335½：为此次航行装备船只的船公司员工的薪水和膳食费用。

42 042：购置 13 个锚的费用。

1 008：船上 8 个大小锯的费用。

1 762：船队配备的各种螺旋钻和钻头的费用。

663：用来拉住从船台下水的船只的 6 个多爪钩的费用。

2 495：76 个用于涂抹焦油和油脂作业，并在航行中用来储存的皮袋的费用。

4 277：船体填缝所需烧柴费用。

1054½：支付给将船从桑卢卡尔带至塞维利亚的领航员的费用。

324 170½：221 英担的缆绳、捻接绳、浮标索以及 1 000 厄罗伯②用于制作船用绳索的大麻的费用。其中包括 38 972 金币的人工费和价值 14 066 金币的锚索、浮标绳和接缝拉紧绳。

25 029：80 面旗帜及其彩绘装饰和一面王室标准塔夫绸旗帜的费用。

49 584：新造一艘双桅帆船的费用。

84 144：其中包括杜阿尔特·巴尔博扎从塞维利亚前往毕尔巴鄂时花费的 7 500 金币；安东·谢苗诺把钱带到毕尔巴鄂花费的 3 750 金币；支付给来自毕尔巴鄂的那艘船装货费 24 390 金币，另外还有 48 504 金币用于船只和马车的杂项支出。

---

① 厄尔（eu）：英国旧时测量布的长度单位，1 厄尔 =45 英寸。
② 厄罗伯（arroba）：西班牙旧时重要单位。在墨西哥等拉美国家，1 厄罗伯 ≈ 11 公斤；在巴西，1 厄罗伯 ≈ 15 公斤。

大炮、火药和杂项

160 135：58 门野战炮、7 门鹰炮、3 门射石炮、3 门帕萨穆罗炮。除了船上已有的大炮，这些武器都来自毕尔巴鄂。

109 028：其中 104 200 金币用于购买 50 英担火药，4 828 金币用于从丰特拉维亚运货的费用。

5 477：在毕尔巴鄂购买 165 磅训练用火药的费用。

11 633：船队大炮用的铁、石制投掷物和铁球的费用。

3 850：制作鹰炮、帕萨穆罗炮和野战炮的炮弹所用模具的费用。

39 890：221 厄罗伯零 7 磅铅的费用，其中 84 厄罗伯用来填缝，其余用于制作炮弹。

3 276：擦亮大炮的支出。

8 790：其中 4 290 金币用于士兵们食宿，每天金额固定，其余 4 500 金币作为他们的补贴和杂费支出。

弩弓、火绳枪、盔甲和其他武器

110 910：100 套可防护胳膊和肩膀的盔甲、头盔和 100 个胸甲的费用。

33 495：从毕尔巴鄂购买 60 把弩弓和 360 打箭的费用。

10 500：购自比斯开的 50 支枪的费用。

6 375：船长的全套衣帽装备和 2 套完整盔甲的费用。

6 800：购自毕尔巴鄂的 200 块圆盾牌的费用。

680：船长收到来自毕尔巴鄂的 6 把军刀的价格。

44 185：从毕尔巴鄂购买 95 打矛、10 打标枪、1 000 支长矛、200

支长枪、6 支矛头和 6 根长矛杆的费用。

2 499：120 个线球和 7 个谷勺的费用。

3 553：养护武器和皮革的费用，6 磅清洁它们的金刚砂的费用，以及购买 3,000 枚钉子和 200 个备用搭扣费用。

5 611：大炮的 50 个火药筒和 150 厄尔灯芯的费用。

船队的给养及花费

372 510：饼干的费用，其中 363 480 金币是每英担 170 个金币的 2 138 英担零 3 磅的饼干的费用，圣地亚哥号船购买饼干的费用是 6 375 金币，租用麻袋和运输饼干的花费是 2 655 金币。

590 000：购自赫雷斯的葡萄酒的费用，其中 508 瓶花费了 511 347 金币，78 653 金币支出如下：运费 37 870 金币；进口费 18 428 个金币；付给贡萨洛·迪亚斯 6 324 金币，他旅行 93 天购买葡萄酒的费用；3 320 金币用于吊起 420 个酒桶；购买软木塞和防水油布钉的费用，以及为此派人从塞维利亚出发前往赫雷斯送信花费了 6 115 金币；胡安·尼古拉斯购买葡萄酒花费了 4 790 金币，他在赫雷斯装货和在塞维利亚卸货时雇用保镖花费了 1 806 金币。

23 037：50 蒲式耳豆子，90 蒲式耳鹰嘴豆和 2 蒲式耳扁豆的费用。

58 425：为船队购买 47 英担和 5 厄罗伯食用油的费用。

62 879：200 小桶凤尾鱼、166 打鱼干和鲟鱼、9 打牙鲷和 63 打克特穆罗鱼的费用。此外还有 17 英担零 23 磅鱼干。

43 908：以不同价格购买的 57 英担零 12 磅腌猪肉的费用。

17 735：其中在桑卢卡尔购买 7 头牛花去 14 000 金币， 3 头猪花费了 1 180 金币，其他肉类花费了 2 560 金币。

26 434：以不同价格购买的重 112 英担零 6 磅的 984 块奶酪的费用。

393 623：其中 230 017 金币用于以不同价格购买的 417 个小酒桶、253 个大酒桶和 45 个发酵桶。

提供给船队的食品和其他物资

15 451：21 厄罗伯 9 磅糖的费用，每厄罗伯 720 金币。

3 655：从莫格尔运来 200 英担醋并运上船储存的费用。

2 198：250 串大蒜和 100 捆洋葱的费用。

5 997：18 英担葡萄干的费用。

1 130：16¼ 桶无花果的费用。

2 922：12 蒲式耳带壳杏仁的费用，包括运费。

8 980：54 英担零 2 磅蜂蜜的费用，包括运费。

750：2 英担无籽小葡萄干的费用。

1 554：3 罐刺山柑花蕾的费用。

1 768：食盐的费用。

1 575：3 英担零 22 磅大米的费用。

380：1 蒲式耳芥末的费用。

5 779 ：船队所需温柏果酱的费用。

13 027：船队的药品、药膏、各种油膏和蒸馏水的费用。

5 927：5 大桶面粉的费用，配给船队中的每艘船。

船队所用铜器和其他杂物

21 515：船队铜器的费用，其中 6 165 金币用于购买 5 只重 280 磅的大铜锅；3 700 金币用于购买 5 只 132 磅的铜水壶；7 695 金币用于购买 2 个重 171 磅的铜烤炉；1 215 金币用于购买 1 只重 27 磅的铜水壶；2 200 金币用于购买煮树脂的 55 磅重的大水壶。铜匠卡夫雷拉给一个水壶加了底并另加了 11 磅铜，为此获得 540 金币。

884：用于给各船配备 10 把大刀。

516：用于购买 42 个用来配给酒和水的木量器。

3 440：8 英担蜡烛和 42 英担动物脂油制成的蜡烛；还有 20 磅羊毛废料，便于必要时自制蜡烛。

1 430：89 只灯笼的费用。

495：用于船只祈福的 9½ 磅装饰蜡烛的费用。

8 860：40 车木材的费用。

1 280：40 厄尔帆布的费用，每艘船得到 8 厄尔用作台布。

476：14 个平底锅的成本。

158：1 根水壶链条的费用。

256：12 对带有铁管的风箱的费用。

1 530：购置 22½ 磅蜡，用于给缝制船帆和盔甲的线打蜡。

768：船上食品贮藏室 12 把大刀的费用。

204：5 个大铁勺的费用 。

5 834：100 个大浅盘、200 个汤盘、100 把切肉刀、66 个木质大浅盘的费用，全部产自毕尔巴鄂。

240：20 个指路灯笼的费用。

330：12 个（6 大 6 小）漏斗的费用。

125：5 个榔头的费用。

995：前述 14 个平底锅之外的 18 个平底锅的费用。

653：药房的杵和臼的费用。

3 622：船上管理员收到的 35 把挂锁的成本。

2 891：船队的脚镣、手铐和锁链的费用。

200：用于制做护套的 8 块铁的费用。

240：加固镐等工具的 20 磅钢材的费用。

297：在已发现的国家用于称量秤砣和其他物体的经过测试的 1 英担铁秤砣的费用。

2 400：50 把鹤嘴锄和锄头的费用。

1 600：20 根铁棍和控制杆的费用。

2 531：56 根铁棒、榔头和 2 把大铁锤的费用。

1 200：2 个铁灯笼的费用。

360：给管理员的 8 只钳子的费用。

1 224：12 个钻孔器、6 把锥子、5 个船钩的费用，均购自毕尔巴鄂。

24 938：给管理员的 19 英担零 12 磅的小块铁的费用。

10 639：船队的垫子和篮子的费用，其中 9 290 金币花在了 128 块室内小地毯上，1 349 金币花在了船上用来装饼干的 87 个篓子和 22 个装武器的大筐上。

30 254：渔具费用，其中包括 2 张拖网花了 8 500 金币；6 根钓杆花了 125 金币；拖网的软木花了 425 金币；捕鱼用的亚麻和细绳花了 8 663 金币；购自比斯开的捕鲸叉和鱼叉花了 8 715 金币；10 500 个鱼钩花了 3 826 金币。

船队必需品一览表

9 147：其中 3 000 金币用于购买铁匠铺所需全套工具；6 147 金币用于购买来自比斯开的大风箱、一个铁砧和一些鼓风管。

1 211：15 本记账簿的费用，其中 5 本记录船队的开支，其余 10 本给军官（官员）记账。

2 635：付给了装货的装卸工。

2 125：船队 2 个理发师的 2 个细磨刀石和 1 块磨刀石的费用。

2 895：供船员娱乐的 5 面鼓和 20 只铃鼓的费用。

16 513：教堂装饰物以及船队司铎主持弥撒所需全部物品的费用。

5 735：给了领航员。其中 3 700 金币支付给了把船队从塞维利亚带到桑卢卡尔的领航员；1 985 金币给了把船驶出桑卢卡尔港的领航员。

11 250：给了罗德里戈·德·加拉伊，他在船队得到装备直到离开塞维利亚期间提供了服务。

7 500：给了胡安·德·拉奎瓦，作为他在此期间提供服务的报酬。

12 014：用于购买水银和朱砂、灯芯草绳、熟皮和铜。

5 625：给了从葡萄牙宫廷派出的那位男子，以支付其费用。

45 000：付给了皇家信使和胡安·德·卡塔赫纳。

6 750：那艘卡拉维尔帆船以及带信到加那利群岛的男子的报酬。

15 000：给了船队司库路易斯·德·门多萨，换成 40 达克特用于在加那利群岛购买必需品。

船队所携带的物品和船员的薪水

1 154 504：预付 4 个月的薪水给船员。

1 679 769：船队为了贸易而携带的货物以及丝绸、服装及礼品的价值。

船队的航海图、象限仪、经纬仪、磁针和钟表

68 182：购置航海图和象限仪的支出，其中 1 125 金币给了努尼奥·加西亚用于购买制作图表的羊皮纸；900 金币用于购买一打羊皮纸，864 金币加买一打；13 125 金币购买了 7 张航海图；11 250 金币购买了 4 张航海图；13 500 金币购买了 6 张航海图；1 121 金币购买了 6 个木质象限仪；750 金币购买了一个木制经纬仪；4 500 金币给麦哲伦用于购买 1 个地球仪；4 500 金币付给了麦哲伦用于购买 6 个金属经纬仪；4 080 金币付给了麦哲伦用于购买 15 根磁针；1 875 金币付给麦哲伦用于购买 15 个木制和青铜象限仪；476 金币用于购买一些盒装的镀金罗盘，麦哲伦将其与地图一并呈送给了国王；340 金币为地球仪购买了 1 只皮箱；612 金币用于购买 12 个沙漏；750 金币用于购买 2 枚磁针；600 金币用于购买 6 个罗盘；750 金币支付给努尼奥·加西亚用于购买 2 枚磁针；136 金币用于修复 1 枚损坏的磁针；884 金币用于购买 4 个罗盘所用的 4 个大箱子的费用；6 094 金币用于购买

贝尔纳迪诺·德尔·卡斯蒂略从加的斯送来的 16 枚磁针和 6 个钟表。

船队开支总结

3 912 241：船队 5 艘船及其装备、武器、火药、盔甲和长矛的费用（如上所列，各项合计实为 3 912 971 金币）。

415 060：用于购买铜、渔具及支付信使的费用；用于购买航海图、象限仪、经纬仪、指南针、钟表等等的费用（如上所列，各项合计实为 414 565 金币）。

1 589 551：饼干、葡萄酒、油、鱼、肉、奶酪和蔬菜的费用；还有装酒和水的木桶和瓶子的费用。

1 154 504：支付给包括船长和军官在内的所有人 4 个月的薪水。

1 679 769：用于贸易的货物、丝绸和布料衣服及礼品的费用。

因此，船队的支出总额为 8 751 125 金币，船队剩余并存储在塞维利亚的物品价值 416 790 金币，扣除后的总支出为 8 334 335 金币，其中 6 454 209 金币是国王捐助的，1 880 126 金币由克里斯托弗·德·阿罗筹集。